Tu n'es (pas) un imposteur

Le guide d'un scientifique sur le phénomène d'imposture

Marc Reid

Tu n'es (pas) un imposteur

Le guide d'un scientifique sur le phénomène d'imposture

Marc Reid

ISBN 978-1-7392462-7-3

© 2023 Marc Reid

Aussi par Marc Reid

You Are (Not) a Fraud

(No) Eres un Impostor

Pour Amanda, Adaline et Lachlan

Table des matières

Crédits	i
Note de l'auteur	iii
Préface	v
Chapitre 1 : La naissance d'un imposteur innocent	1
Chapitre 2 : Ce n'est pas un syndrome	13
Chapitre 3 : Ne plus être seul	35
Chapitre 4 : Les imposteurs authentiques	55
Chapitre 5 : Trouver une perspective	89
Chapitre 6 : Échouer mieux	119
Chapitre 7 : Comparaisons sociales	167
Chapitre 8 : Questionner votre cerveau	209
Épilogue : La responsabilité des dirigeants	253
Remerciements	267
À propos de l'auteur	271
Remarques	297

Crédits

Copyright © Marc Reid 2022. Tous droits réservés.

Marc Reid a fait valoir son droit moral en vertu de la Loi sur le droit d'auteur, les dessins et les modèles et les brevets de 1988 pour être identifié comme l'auteur de cette oeuvre. Aucune partie de ce livre ne peut être utilisée ou reproduite de quelque manière que ce soit sans l'autorisation écrite de l'auteur. De courts passages peuvent être cités à des fins d'interviews, de critiques ou de presse avec autorisation et doivent être crédités.

Tous les efforts ont été faits pour que ce livre soit exempt d'erreurs ou d'omissions. Cependant, l'auteur, l'éditeur, le rédacteur en chef ou leurs employés ou fournisseurs respectifs ne sauraient être tenus responsables des blessures, pertes ou dommages causés à une personne agissant ou s'abstenant d'agir en raison du matériel contenu dans ce livre, que ces blessures, pertes ou dommages soient dus ou non à une négligence, une omission, une violation du devoir ou une faute de la part de l'éditeur, de l'auteur, du rédacteur en chef ou de leurs employés ou fournisseurs respectifs.

Éditeur : NullaFraus Publishing (Marc Reid Ltd)

Rédactrice : Kirsten Rees | Éditrice de livres & Coach d'auteurs
Correcteurs : Kirsten Rees, Dominic Pattison, and Anne-Lise Pellat
Vérification des faits et relecture finale : Holly Moore
Mise en forme : Leanpub
Contact : *Voir la section **Contacter l'auteur** à la fin du livre.*
Hashtag des médias sociaux du livre : #TuNesPasUnImposteur

Note de l'auteur

Depuis le moment où j'ai pour la première fois griffonné mes propres pensées sur le sentiment d'être un imposteur, et pendant tout le processus de préparation de ce livre, j'ai rassemblé de nombreux livres, notes, blogs, vidéos, conférences, journaux intimes et publications de revues sur le soi-disant syndrome de l'imposteur. Dans la mesure du possible, j'ai fait tout mon possible pour reconnaître les sources originales.

Il est également important de noter que mes pensées, affirmations et interprétations décrites ici sont (sauf dans le cas de reconnaissances particulières) entièrement les miennes. Mais ne vous méprenez pas, je partage tout cela pour vous aider à gérer les expériences d'imposteur qui pourrait vous retenir. Je vous offre mon histoire avec une sincérité absolue, et je ne cherche en aucun cas à représenter une institution ou un organisme public particulier. Je ne souhaite pas rejeter la faute ou pointer du doigt qui que ce soit pour ce que vous êtes sur le point de lire.

C'est entièrement de ma responsabilité. Pour vous.

Préface

Ma promesse unique envers vous dans ce livre est de vous montrer les histoires cachées, les données obscures et les outils pratiques qui vous aideront à gérer vos expériences d'imposteur. Permettez-moi d'abord de vous faire découvrir les raisons qui m'ont poussé à écrire ce livre.

Sur une carte du monde, l'Italie est la célèbre version géographique d'une botte. Juste au-dessus du genou de la botte, dans le nord du pays, la ville de Bologne représente un havre architectural pour les amateurs du Moyen Âge et de la Renaissance. Parmi la mer de toits rouges rappelant le célèbre plat de pâtes de la région (c'est d'ici que vient la sauce bolognaise), Bologne abrite son plus grand titre de gloire, l'Università di Bologna : la plus ancienne université du monde occidental. Depuis près de mille ans, depuis 1088, les armoiries de l'université arborent fièrement une devise rappelant au monde ce qu'une université devrait être :

« *Alma mater studiorum* » ou « *Mère nourricière des études* »[1]

Si vous quittez l'Italie et vous dirigez vers le nord-ouest sur la carte du monde, vous atteignez finalement l'Université de Cambridge au Royaume-Uni, où se trouve la Cambridge University Press, vieille de 500 ans. Sur ses armoiries, cette maison d'édition affiche une image qui véhicule un autre message de l'idéal universitaire. L'alma mater – ou « mère nourricière » – se dresse immense, fière, angélique. Son corps maternellement curviligne est au centre des armoiries de la Presse. D'une couronne enroulée sur sa tête s'élève un château. Des mèches de cheveux descendant jusqu'à la taille rencontrent un piédestal derrière lequel se tient la mère. Elle tient un calice dans sa main gauche pour représenter l'accomplissement spirituel. Sa main droite berce le soleil, brillant d'une vive clarté pour l'illumination intellectuelle. Et autour des armoiries, la devise :

« *Hinc lucem et pocula sacra* » signifiant « *d'ici, la lumière et les coupes sacrées.* »[2]

Allez encore plus au nord en Écosse, et vous verrez les armoiries de l'Université de Glasgow. Le blason porte un Livre de la Connaissance occupant la position la plus élevée, comme une source de savoir au sommet du blason. Ce livre est placé au faîte d'une hiérarchie de symboles représentant l'histoire de la plus grande ville d'Écosse.

Depuis leurs débuts, les universités ont été conçues et perçues comme des lieux où le savoir et le progrès pouvaient circuler librement. Que vous soyez à Bologne, Cambridge, Glasgow ou dans une autre ville universitaire, les universités ont été conçues comme des lieux de découverte pour ceux qui cherchent à comprendre la Nature et tout ce qu'elle renferme. Des lieux exempts de conflits politiques, d'apathie, de banalité, les universités étaient destinées à être des terreaux fertiles où le savoir pouvait croître sans restriction. Mais avancez rapidement jusqu'aux universités modernes du XXIe siècle et une mauvaise herbe parasitaire pousse sur les verts immaculés de la vie universitaire utopique. Il y a un sujet de discussion qui a été quelque peu mis de côté, hors de vue mais pas hors de l'esprit. Et il n'est plus tabou.

Plutôt que d'offrir de la nourriture pour l'esprit, une littérature toujours plus abondante montre que la culture universitaire court un grave danger de devenir le centre insidieux d'une tragique crise de santé mentale.

Cette tache sombre sur la vie académique se manifeste par des signalements plus élevés que la moyenne de mauvais bien-être, un équilibre travail-vie personnelle difficile et un stress invalidant. Parfois, cela est même allé jusqu'à avoir de graves impacts sur la santé mentale.[3] Les étudiants[4] et le personnel[5] ont tous deux utilisé le suicide comme seul moyen d'échapper. La perception utopique de l'université comme un refuge est en train d'être redéfinie en un parcours de survie. De plus, les médias sociaux engendrent de nouveaux comportements et des cultures universitaires qui protègent à tort les étudiants des idées difficiles et controversées qui pourraient choquer.[6]

Il y a une série inquiétante de rapports sur les problèmes de santé mentale des étudiants et du personnel[7] dans le secteur de l'enseignement supérieur. Ces rapports sont dispersés mais néanmoins convergents, et ils ont tous cristallisé en 2017.[8] Un examen de la santé mentale commandé par la Royal Society et le Wellcome Trust - deux des organismes les plus respectés et les plus fiables de la communauté scientifique britannique - a été rendu public. Bien que ces chiffres spécifiques se concentrent sur la situation au Royaume-Uni, la littérature rassemblée pour l'examen de 2017 de la Royal Society et du Wellcome Trust prend en compte une vaste source de données, y compris l'Amérique du Nord, l'Asie, l'Australasie et le Royaume-Uni. l'étude visait à déterminer quels (le cas échéant) « besoins spécifiques en matière de santé mentale » il y avait parmi les chercheurs.

Il est utile de prendre un moment pour comprendre pourquoi l'étude sur la santé mentale de 2017 a été commandé. Si vous regardez les statistiques pour la population de l'Angleterre seulement, il y aurait six millions de personnes souffrant d'un problème de santé mentale à un moment donné. Six millions ! C'est assez de personnes pour remplir un stade de football de première ligue cent fois. Six millions représentent environ un dixième de la population de l'Angleterre et 2 % du nombre total d'utilisateurs de Twitter en 2017. Plus de personnes en Angleterre souffrent d'un problème de santé mentale qu'il n'y a de personnes dans tout le Danemark. Six millions est un chiffre énorme et c'est horrifiant.

En termes monétaires, les niveaux déclarés de maladies de la santé mentale coûtent 26 milliards de livres sterling au Royaume-Uni et plus de 1 000 livres sterling par employé dans toute la nation active. Si vous ne pouvez pas vraiment vous représenter combien 26 milliards de livres sterling représentent, imaginez que chaque livre sterling était une seconde dans le temps. Vingt-six milliards de secondes correspondent à près de cinquante mille *années*.

En 2020, un rapport connexe de Wellcome ne présentait pas un tableau plus reluisant, partageant la statistique alarmante selon laquelle plus de la moitié des chercheurs au Royaume-Uni et dans le monde ont cherché de l'aide pour l'anxiété ou la dépression.⁹ Sur Twitter, j'ai personnellement récupéré 15 000 tweets sur le sujet de la santé mentale universitaire publiés entre 2017 et 2021. 99 % de ces tweets ont été publiés au cours des deux dernières années.

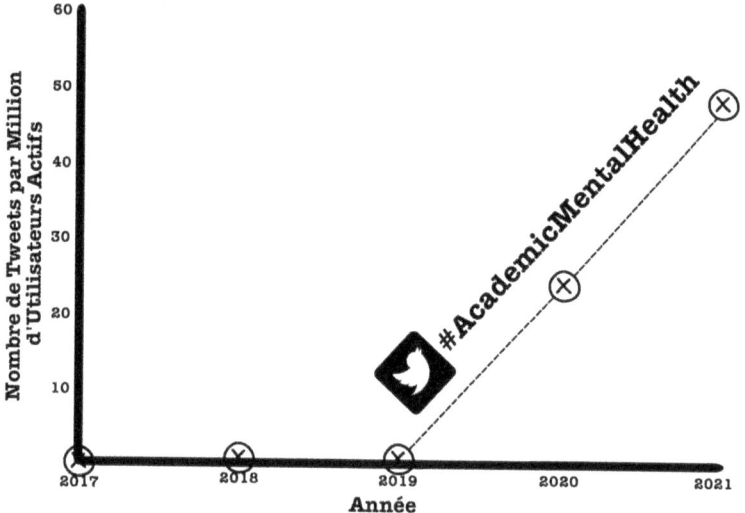

Augmentation du nombre de tweets contenant « #AcademicMentalHealth », corrigée pour le nombre d'abonnés actifs à Twitter par année.

Même en tenant compte de l'augmentation de la base d'utilisateurs de Twitter au fil du temps, il est toujours vrai que l'utilisation du terme « défenseur de la santé mentale » a augmenté de plus de 700 % depuis 2013.

La crise de la santé mentale dans le milieu universitaire est vaste.

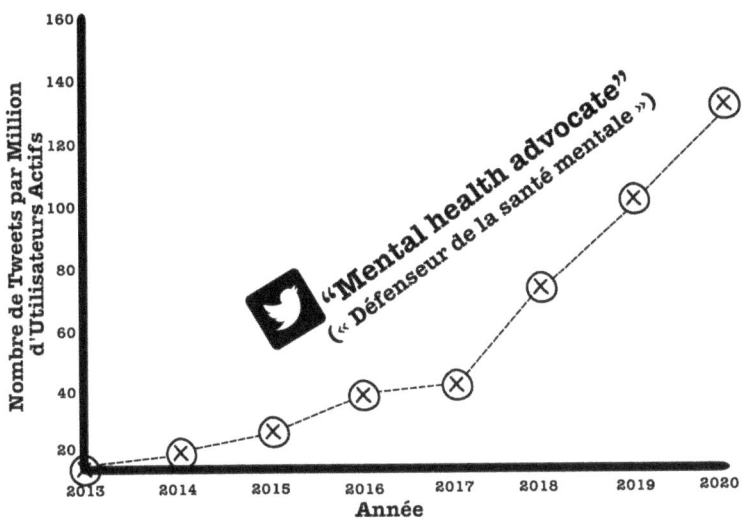

Augmentation du nombre d'occurrences de l'expression « défenseur de la santé mentale » sur Twitter, corrigée pour le nombre d'abonnés actifs à Twitter par année.

Alors, qu'est-ce qui rend l'environnement de l'enseignement supérieur si stressant ? Pourquoi ce secteur est-il le siège d'une telle préoccupation puissante ? N'oubliez pas que le nombre croissant de rapports sur les problèmes de santé mentale concerne à la fois les étudiants et le personnel. Pour les étudiants, une raison de l'augmentation est que le nombre d'étudiants diplômés - de premier cycle et de troisième cycle - augmente chaque année. Par exemple, le nombre de diplômés de doctorat a doublé au cours des vingt dernières années jusqu'au moment où j'écris ce livre.[10] Malgré le nombre croissant de diplômés, les emplois disponibles dans le secteur n'ont pas augmenté dans la même proportion.[11]

Pour le personnel universitaire, les sources de financement limitées ont atteint un plateau dans certains domaines de recherche et diminué dans d'autres, mais la concurrence pour les subventions reste aussi féroce qu'elle l'a toujours été. La situation est plus difficile pour les jeunes universitaires qui commencent aujourd'hui qu'il y a une génération.

L'équilibre entre vie professionnelle et vie privée, la pression pour publier, la concurrence pour les emplois, les contrats à court terme, le soutien managérial incohérent et la concurrence croissante dans le secteur de l'éducation contribuent tous à une communauté au bord du gouffre. L'enseignement supérieur se rapproche d'une dépression mentale collective.[12] L'enfer anxiogène de l'emploi incertain a même conduit la sociologue Vik Loveday à inventer le terme *universitaire névrosé*.[13] Le phénomène des médias sociaux exagère la tentation de se comparer constamment aux autres avec un contexte épuisant.

Au moment de l'écriture, cela fait plus d'une décennie que j'ai traversé le système d'enseignement supérieur britannique et commencé ma carrière scientifique. Donc, cela fait un moment que j'ai franchi pour la première fois les portes de l'université, plein d'espoir, d'inspiration et avec beaucoup plus de cheveux sur la tête que maintenant. Pendant ces dix années et plus passées dans l'enseignement supérieur, et pendant toute ma vie, j'ai sincèrement aimé la science. Mais ces dernières années, j'ai commencé à remarquer un changement inquiétant dans mon comportement qui ne reflétait en rien mon meilleur moi.

Les réflexions et les prises de conscience que vous lirez dans ce livre ont commencé à un carrefour de ma carrière universitaire. Pour moi, une série de changements favorisant la progression de ma carrière m'a révélé un type de stress particulier... un stress que je n'aurais jamais cru possible. Alors, ne lisez pas mon histoire isolément. Prenez-la plutôt comme une incitation à analyser plus profondément vos propres points de pression professionnelle.

Ayant été formé comme scientifique, le carrefour qui me donnait des sueurs froides a pris la forme d'une question de carrière :

Industrie ou université ?

Où ma carrière doit-elle aller ? Pour quels emplois dois-je postuler ? Quel genre de scientifique ce choix fera-t-il de moi ? Y a-t-il une décision correcte ? Vais-je aimer ce choix ? Le regretterai-je pour toujours ?

Et après avoir parlé avec beaucoup d'autres, j'ai réalisé que je n'étais pas seul. Beaucoup d'entre nous ressentent cela. Quoi qu'il en soit, de plus en plus de questions remplissaient mon esprit d'inquiétudes et d'angoisses inutiles. C'était comme un enchaînement de dominos qui s'effondraient les uns après les autres dans un chaos organisé. Encore et encore, les questions tournoyaient dans mon esprit, se rassemblant en une masse grise et informe d'anxiété ; tourbillonnant, s'assombrissant, grandissant et gémissant. Ces sombres pensées avaient une faim qui ne pouvait être rassasiée. Un stress professionnel monstrueux prenait le dessus, et ce de manière très particulière.

Toute modestie mise à part, j'ai accompli beaucoup dans ma vie universitaire jusqu'à présent. J'ai réussi à terminer le lycée avec rien de moins qu'un A. J'ai obtenu mon diplôme en tête de ma classe de chimie à l'université, réalisé un doctorat primé et décroché un poste de recherche postdoctoral prestigieux. Lorsque j'ai commencé à écrire ce livre, je commençais ma carrière de chercheur universitaire indépendant : diriger mon propre laboratoire, encadrer mon propre groupe, établir des collaborations et travailler avec des entreprises.

En chemin, j'ai obtenu divers prix, récompenses, bourses, subventions et honneurs. J'ai rédigé et publié des articles évalués par des pairs dans des revues prestigieuses et donné des conférences dans plus de pays à travers le monde que je n'ai de doigts et d'orteils. Si vous pouvez excuser mon arrogance ici, comprenez que je suis un surdoué classique.

Je dois probablement ressembler à ce type insupportable à la fête qui ne parle que de lui-même, mais faites-moi confiance, il y a une bonne raison de vous parler de tout cela concernant ma propre carrière.

Vers les étapes ultérieures de ce qui pourrait être considéré en toute sécurité comme une carrière réussie dans la science jusqu'à présent, j'ai remarqué que je devenais de plus en plus fatigué. Anéanti, même. Mes pensées ont commencé à me raconter une nouvelle histoire, me disant que je n'étais pas du tout réussi. Au cours de cette progression de carrière de plus de dix ans menant à mon premier emploi universitaire, mon esprit se retournait lentement mais sûrement contre moi.

Au fur et à mesure que j'en apprenais de plus en plus sur la vie dans le monde universitaire, un nouveau monstre émergeait des questions de carrière tourbillonnant dans ma tête :

Suis-je assez bon ?

Étais-je prêt pour ce chemin ? Étais-je vraiment qualifié ? Savais-je suffisamment de choses ? Devrais-je même m'en préoccuper ? Pourrais-je jamais être aussi bon que toutes les autres personnes qui empruntent le même chemin ?

Je doutais de mes capacités et faisais habituellement de maudites comparaisons entre moi et mes pairs. L'enthousiasme à l'idée de sculpter de manière créative ma propre carrière universitaire après un amour de toute une vie pour la science était en danger. Ma carrière était éclipsée par l'un des nombreux monstres à l'origine des problèmes de santé mentale dans l'enseignement supérieur :

Le soi-disant[14] *Syndrome de l'imposteur* : le sentiment que vous êtes un imposteur, que vous n'êtes pas à la hauteur de votre travail et que vous êtes toujours en danger d'être « découvert ».

Au fur et à mesure que vous avancez dans ce livre, vous découvrirez l'exercice de journalisation que j'ai utilisé pour m'aider à consigner mes propres pensées sur le fait d'avoir l'impression d'être un imposteur. Ensemble, nous examinerons ce que signifient les expériences d'imposteur pour les 800+ participants issus de l'enquête de recherche qui découle de ma journalisation et qui sous-tend désormais ce livre. Nous examinons de plus près les pensées et les sentiments infondés d'infériorité auxquels de nombreux étudiants et membres du personnel de l'enseignement supérieur sont confrontés. Avoir l'impression d'être un imposteur a failli me noyer. Je partage les découvertes qui m'ont empêché de creuser un trou mental dont je ne serais peut-être jamais sorti.

Avoir l'impression d'être un imposteur n'est pas un syndrome.

Tenir un journal et étudier le problème m'a énormément aidé. Cela m'aide toujours. En traitant mes pensées névrotiques comme n'importe quel autre problème scientifique, j'ai ressenti un incroyable soulagement lorsque j'ai commencé à comprendre ce soi-disant syndrome de l'imposteur de manière plus détaillée. J'ai appris des autres personnes qui ont traversé le doute de soi et en sont ressorties éclairées de l'autre côté.

Dans le processus, j'ai découvert des oeuvres littéraires magistrales presque oubliées. J'en suis venu à apprécier le pouvoir de la persévérance pour les écrivains, les acteurs, les chercheurs et les politiciens à supporter ce que l'on pourrait appeler le Syndrome de l'Imposteur. À travers mon histoire et celles des autres, je voulais disséquer et analyser l'expérience d'avoir l'impression d'être un imposteur afin de la rendre plus facile à gérer.

J'ai réfléchi très profondément à la question de savoir si je devais divulguer tout cela à quelqu'un d'autre que moi-même. Cela a commencé, après tout, comme un exercice pour m'aider à faire face aux pensées qui menaçaient d'écraser ma carrière avant même qu'elle ne commence. Mais il y a eu un moment où j'ai su que je devais le partager.

Lorsque j'ai pris la parole lors d'une conférence sur les carrières en chimie pour de jeunes étudiants et chercheurs, j'ai saisi l'occasion de tester sur le terrain une partie du contenu émergent de ce livre. J'ai parlé du terme omniprésent « Syndrome de l'Imposteur » et me suis retrouvé à trembler, au bord des larmes, en partageant mes expériences pour les étudiants qui pourraient souffrir de manière similaire. Au lieu d'être moqué, j'ai été accueilli à bras ouverts. Et lorsqu'un étudiant, timide et curieux, s'est approché de moi après ma présentation et a dit : « Ça m'a vraiment aidé », j'ai été submergé. À partir de ce moment-là, je me suis dit que si mon histoire aide une autre personne, cela en vaudra la peine.

Avant de continuer à lire, permettez-moi d'être clair. Je ne suis pas un psychologue de formation. En fait, je ne suis pas non plus sociologue, psychiatre, conseiller ou chercheur en sciences sociales. Je suis simplement quelqu'un - en tant qu'étudiant et mentor - qui a ressenti et ressent encore le poignard dentelé des expériences d'imposteur ! (Mon brouillon de livre s'intitulait à l'origine *Retirer le Poignard* avant d'être finalisé.) J'ai été dans l'oeil de la tempête mentale et me suis laissé emporter par son périmètre violent. J'ai étudié cette lutte mentale particulière dans les moindres détails. Je la connais bien. Bien que je ne sois pas clinicien ou psychologue, je suis scientifique. Et en tant qu'universitaire qui a travaillé dans une université, ma vie s'est déroulée dans l'un des environnements les plus notoirement névrotiques et compétitifs que nous connaissons. C'est un terreau fertile pour toutes les dimensions de l'expérience de l'imposteur et bien plus encore. J'ai vu, entendu, vécu et enseigné à des étudiants dans de nombreux scénarios où le sentiment d'être un imposteur a montré son vilain visage.

Tu n'es (pas) un imposteur parle de la manière dont j'ai appris à gérer mes expériences d'imposteur et à continuer d'avancer. Je voulais partager les moments difficiles, les histoires et les données qui m'ont aidé à reconnaître les expériences d'imposteur et à comprendre au mieux comment les gérer. Remarquez, je n'ai pas dit « guérir » le Syndrome de l'Imposteur. Je n'ai pas dit « écraser », « résoudre » ou « étouffer » le Syndrome de l'Imposteur.

Ce n'est pas quelque chose à guérir, mais quelque chose à reconnaître et à gérer.

Ça a l'air facile, n'est-ce pas ? J'ai débité les conseils de développement personnel comme si j'étais une sorte de messie millénaire. La vérité, c'est que mes propres difficultés à avancer sans cesse dans ma carrière ont eu un véritable impact sur ma santé mentale. Ce livre partage cette histoire et offre les connaissances libératrices que j'ai acquises en cours de route. Vous en apprendrez davantage sur l'histoire du *Phénomène* de l'Imposteur (en anglais, « Imposter Phenomenone »), sur qui il touche et pourquoi. Vous réfléchirez aux véritables imposteurs et à ce que nous entendons vraiment lorsque nous définissons le succès comme étant simplement « la chance ». Allant plus loin, vous danserez avec l'échec, les rejets et les comparaisons sociales de manière nouvelle. Des manières productives ! Et vous, l'imposteur en puissance, apprendrez un peu ce que sont (et ne sont pas) ces pensées dans votre tête.

Si vous êtes arrivé jusqu'ici, je suis prêt à parier que vous dansez avec l'ambition. Vous avez quelque chose que vous voulez accomplir et vous êtes ici pour essayer de trouver au moins certaines des réponses aux obstacles que vous vous êtes imposés. Que ce soit le livre, un chapitre ou une phrase, j'espère sincèrement que quelque chose ici vous fera voir votre propre histoire sous un jour différent.

Hélas, quelle que soit l'ambition que vous portez et les questions que vous vous posez, seul vous pouvez répondre aux détails spécifiques. Ce n'est pas la partie la plus effrayante. Il y a quelque chose de plus que cette autonomie qui est tout aussi important à garder à l'esprit. Que ce soit maintenant, bientôt ou inconcevablement loin dans votre avenir, vous aurez quelqu'un d'autre à charge que vous-même.

Nous pouvons tous comprendre ce que sont les véritables imposteurs.

Nous pouvons tous comprendre comment être attentif aux comparaisons inutiles que nous faisons entre nous et les autres.

Nous pouvons tous comprendre comment le Phénomène de l'Imposteur pourrait toujours être là… mais il ne devrait jamais vous empêcher d'atteindre les objectifs que vous vous êtes fixés dans votre vie et votre carrière.

Marc Reid (8 juin 2022)

Lire et Journaliser

Pour chacune des sections de fin de chapitre **Vos défis de chapitre**, pensez à compléter le *Vous n'êtes pas un imposteur : Ressources de journal* qui l'accompagne au fur et à mesure.

La ressource contient des modèles prêts à l'emploi pour chacun des 18 défis présentés tout au long du livre.

Disponible là où vous avez acheté votre exemplaire du livre.

Chapitre 1 : La naissance d'un imposteur innocent

Je ne connais pas le bonheur. Mais la surperformance et une peur accablante ? Avec elles, je suis intime. Si vous êtes ici, cela résonne, et vous n'avez pas la moindre idée de quoi faire à ce sujet. Moi non plus.

Avant d'en venir à mes problèmes de carrière ou aux vôtres, permettez-moi de vous raconter une histoire.

Partie 1 – L'acteur intimidé

Un jeune acteur afro-américain se préparait à faire le saut périlleux du petit écran à la grande toile. Plein d'espoir et d'aventure, l'année 2000 offrait à l'acteur une chance rare de percer dans le monde impitoyable du cinéma. Au milieu de la boue des jeux télévisés ringards, un travail sans charme en tant que garde du corps, des publicités mineures, des films indépendants oubliables et des émissions annulées, c'était ça. Une chance de sortir de la médiocrité.

L'acteur en herbe était taillé sur mesure pour le rôle de tueur à gages qu'il jouait dans son premier film. Avant la télévision, l'acteur avait survécu à une carrière difficile dans le sport. Ce nouveau film, son premier film, était un moment unique pour commencer une nouvelle et audacieuse aventure. Il savait qu'une telle occasion pourrait ne jamais se représenter.

Finalement, le jour tant attendu arriva où notre jeune acteur ambitieux s'habilla pour le rôle. Ses répliques étaient répétées et il était prêt à y aller. La vedette du film, l'acteur principal, était également sur le plateau ce jour-là. Le réalisateur cria « ACTION ! », et il était temps de briller. Maintenant enveloppé dans son rôle d'assassin sinueux, notre jeune acteur prononça sa première réplique à la vedette du film. L'acteur principal se tourna pour répondre aux mots chuchotés dans l'air du plateau de science-fiction de banlieue. Lorsque leurs regards se croisèrent, le jeune acteur se figea.

Il y avait un problème.

Une inspiration soudaine de l'air froid de la nuit se coinça dans sa gorge. Les gouttelettes invisibles de glace coupèrent comme des dagues microscopiques. L'esprit du jeune acteur fut submergé par des pensées horribles, comme l'eau glaciale envahissant la coque d'un navire en train de couler. Comme venant de nulle part, en regardant dans les yeux de l'acteur principal, d'horribles murmures se firent entendre dans l'esprit du jeune acteur :

« *Tu ne mérites pas d'être ici.* »

« *Tu n'es qu'un stupide joueur de football !* »

« *Tu es une farce ! Ces gens vont te démasquer.* »

D'autres pensées continuaient à affluer dans son esprit, les unes après les autres, comme un essaim de sauterelles insensibles digérant et dégradant tout sur leur passage :

« *Ces gens vont te démasquer.* »

« *Tu es un imposteur. Tu es un faux !* »

« *Tu as trompé tout le monde. C'est fini. Ils vont le découvrir et ils vont TE VIRER D'ICI !* »

Le jeune artiste passionné avait l'impression d'être resté figé pendant des heures devant l'autre acteur. En réalité, il avait simplement cligné des yeux. Ce seul regard dans les yeux d'un collègue plus expérimenté l'avait amené à penser que ses propres efforts étaient en quelque sorte inutiles. Son ego en lambeaux n'était rien de plus que la cendre refroidie d'une cigarette sale, tombant dans l'air et se désintégrant sous ses pieds. Toutes ses pensées paralysantes vinrent d'un coup, avant même que sa montre n'ait eu la chance de faire un tic.

Par hasard, au même moment, il y eut un problème sur le plateau de tournage. L'éclairage était mauvais et ils durent refaire une prise. Un soupir de soulagement trembla doucement dans les poumons de l'acteur. Il avait gelé. C'était évident. Une chance de faire carrière dans le cinéma avait failli être gâchée.

Dans cette courte pause fortuite entre les prises, le jeune acteur eut une autre série de pensées.

Au lieu de répéter le cycle et de se déclarer comme un imposteur, il se mit au défi de se demander ce qui se passerait s'il écoutait l'assaut initial de pensées abusives qui lui disaient d'abandonner.

Voudrait-il vraiment revenir à sa vieille carrière sportive ? Voudrait-il vraiment retourner à des emplois de sécurité et balayer les sols ? Pas question. Lors de la deuxième prise, il prononça ses répliques et s'engagea à faire le meilleur travail possible. Depuis lors, il n'a regardé en arrière que pour raconter cette histoire à des personnes souffrant du même processus de pensée névrotique.

Cet acteur était l'ancien joueur de football américain Terry Crews. Près de deux décennies après cette expérience éprouvante en tant que jeune acteur, Crews est devenu un acteur célèbre dans la télévision et le cinéma. Il est également devenu un artiste, homme d'affaires et animateur de spectacle réussi. L'acteur principal qui l'avait tant intimidé lors de ce tournage était Arnold Schwarzenegger (qui, soit dit en passant, était un autre sportif devenu star de cinéma). Le film était *The Sixth Day*, un succès au box-office qui a été nominé pour le meilleur et le pire film en même temps.[15]

Lors de ce tournage fatidique en 2000, Crews avait rassemblé le courage de se repositionner. Il s'était initialement formé pour un emploi - le football professionnel - puis avait essayé de sortir de ce moule. Tout au long de ce processus, il était conscient du jugement de ceux qui pensaient qu'il perdait son temps et qu'il ne pourrait pas faire la transition. Plus que cela, il était presque paralysé par les doutes intérieurs quant à sa capacité à changer de carrière.

L'autre point clé de cette histoire est que Terry avait été ébloui par Arnold Schwarzenegger, un culturiste devenu acteur qui avait obtenu sa chance en luttant à travers de terribles films de série B et en persévérant face à des critiques constantes. Crews était tellement impressionné par la carrière cinématographique brillante de Schwarzenegger qu'il ne voyait pas comment les comparaisons qu'il faisait entre lui-même et Arnie étaient injustifiées. Terry n'était rien, un « personne » dans le monde du cinéma. Mais voici Arnold Schwarzenegger, un homme qui avait changé de pays et de carrière pour en arriver là où il était quand Terry l'a rencontré. Arnie était *The Terminator*, pour l'amour du ciel ! Le fait qu'Arnie avait une avance de vingt ans ne semblait pas avoir d'importance pour Crews lorsqu'il a eu son moment de désespoir. Cette comparaison instantanée suffisait pour que l'esprit de Terry Crews crie, le convaincant qu'il était une sorte d'imposteur.

Il y a quelque chose de remarquable dans l'histoire de Terry Crews que je n'ai pas encore souligné. Et c'est la partie de l'histoire qui résonne le plus avec moi et mes propres luttes contre l'impression d'être un imposteur. D'une manière ou d'une autre, à travers la panique et la douleur, Crews a pu se remettre en question sur ces pensées sombres et débilitantes qui ont failli ruiner sa nouvelle carrière d'acteur. Dans le calme momentané entre les prises, il a pu séparer consciemment la réalité de sa situation des pensées infondées qui auraient si facilement pu bloquer tout le film et sa participation à celui-ci.

La carrière d'une star de cinéma millionnaire peut sembler très éloignée de nos modes de vie, mais je suis prêt à parier que vous avez probablement remarqué des similitudes entre le processus de pensée autodestructeur de Terry et un moment mémorable de votre propre vie. Je parie qu'il y a eu un moment où vous avez remis en question votre propre valeur et votre position malgré l'abondance de travail acharné et de progrès bien documentés.

C'est ce qui m'est arrivé lorsque j'ai entendu Terry Crews parler de son histoire pour la première fois. J'étais assis dans le bus en route pour mon bureau universitaire, des écouteurs dans les oreilles, écoutant Crews être interviewé pour le célèbre podcast d'affaires, *The Tim Ferriss Show*.[16] Crews a raconté son histoire avec tant de passion et de coeur que j'écoutais attentivement, isolé du monde extérieur, saisissant chacune de ses syllabes. J'étais complètement captivé. J'ai entendu l'histoire de Terry et je l'écoutais vraiment. À chaque seconde qui passait, l'histoire de Terry résonnait avec la mienne, cochant toutes les mêmes cases d'avoir l'impression d'être un imposteur. Si l'histoire de Terry Crews ne vous convient vraiment pas, vous lirez des récits similaires de Kate Winslet (actrice oscarisée),[17] Leo Tolstoy (célèbre écrivain de chefs-d'oeuvre tels que Guerre et Paix), Gloria Vanderbilt (artiste et femme d'affaires renommée du 20e siècle),[18] Mike Cannon-Brookes (milliardaire de la technologie, co-PDG d'Atlassian),[19] Denis Diderot (polymathe français du 18e siècle),[20] Emma Watson (actrice de Harry Potter et célébrée sur scène),[21] et Neil Gaiman (romancier graphique).[22] Cette liste continue, et si vous cherchez d'autres histoires de personnes doutant d'elles-mêmes dans vos propres centres d'intérêt, vous en trouverez au moins une.

Je ne suis pas un acteur et je n'ai jamais été un sportif (du moins, pas un digne de ce nom). Cependant, j'ai aspiré à une carrière dans un environnement compétitif et j'ai longuement réfléchi à la question de savoir si je méritais vraiment de travailler là où je suis. Et je suis prêt à parier que vous êtes toujours là parce que vous avez votre propre histoire d'imposteur à raconter. Alors, permettez-moi de partager avec vous un peu plus sur la façon dont ces sentiments d'imposteur sont apparus en moi pour la première fois.

Chapitre 1 : La naissance d'un imposteur innocent

Partie 2 – Le faux dans la famille

Grandissant dans une famille ouvrière, j'étais toujours gentiment étiqueté comme « l'enfant intelligent ». À la maison, mon amour d'enfance pour les dinosaures et mon désir inexpliqué de devenir paléontologue provoquaient des plaisanteries apparemment inoffensives de la part de ma famille, disant que quelqu'un avait pris le « mauvais enfant » dans la maternité.* Il n'y avait jamais de malveillance à être ainsi catalogué à la maison. L'école était un peu plus difficile.

À l'école primaire (ou à l'école élémentaire, selon l'endroit où vous habitez), on me surnommait « Le Professeur », un surnom qui indiquait que j'avais tendance à bien réussir les devoirs et les contrôles en classe. À cette époque, être curieux et enclin à l'académisme était considéré comme quelque peu hors de l'ordinaire. Cela valait quelques railleries régulières (bien que bon enfant). L'apathie était de mise à l'école, l'aptitude ne l'était pas.

Mes enseignants, avec leur vue d'ensemble sur une classe remplie d'enfants hauts de trois pieds, pouvaient le voir le plus clairement. Ils pouvaient voir la place d'un élève parmi la foule et voyaient qu'un enfant qui montrait un intérêt académique serait probablement considéré comme une menace par les autres. Innocent mais parfois banni. J'avais des amis, mais j'avais aussi des ennemis. Lors de mon tout dernier jour d'école, une jeune enseignante, Mme Lockhart, a inscrit sur un de mes cahiers :

« *Bonne chance pour l'avenir. Fais-moi savoir quand tu découvriras la fontaine de jouvence.*»

---

*. Cette plaisanterie finirait inévitablement par se rattacher au fait que je sois devenu la première génération de ma famille immédiate à aller à l'université directement après l'école. Au fait, au cas où vous vous poseriez la question, cette histoire de dinosaures faisait de Ross Geller mon personnage préféré de Friends. Un choix qui a d'une manière ou d'une autre horrifié 95% des personnes que j'ai rencontrées.

À l'époque, je me sentais profondément encouragé. J'ai toujours ce cahier.

Rétrospectivement, être considéré comme « l'intelligent » à la maison et à l'école a semé des attentes dans mon esprit pour les années à venir. Ce n'est pas comme si j'étais un « garçon génie » dans ma jeunesse. Je n'ai pas pu faire mes lacets tout seul jusqu'à l'âge de huit ans. J'avais vingt-et-un ans avant de pouvoir utiliser une machine à laver sans surveillance, et je n'ai jamais pu conduire une voiture.

Curieux de tout, je travaillais dur et réussissais bien aux examens. J'ai été élu *Le plus susceptible de réussir* dans mon annuaire du lycée. En vérité, j'ai joué le rôle de ces premières étiquettes « d'enfant intelligent » que j'ai acquises à la maison et à l'école élémentaire. Depuis lors, l'attente d'être le meilleur, d'être la personne la plus intelligente dans la pièce, est restée avec moi. Chaque fois que cette position a été remise en question, j'ai paniqué. Silencieusement, régulièrement, douloureusement. J'ai paniqué.

Comme beaucoup de gens de ma génération (techniquement un Millennial, étant né à la fin des années 1980), j'ai énormément bénéficié des opportunités créées par mes parents et grands-parents issus de la classe ouvrière. J'ai été le premier de ma famille à aller à l'université directement après l'école. Seul mon grand-père maternel était allé à l'université avant moi, mais pas avant d'avoir quarante ans, après avoir accumulé une vie de métiers à forte intensité de main-d'oeuvre.

Professionnellement, j'ai consacré le premier tiers de ma vie à la science et à la construction d'une carrière dans le monde universitaire. C'est un peu comme grimper une échelle huileuse pour atteindre la fenêtre d'une grande maison. Certains échelons de l'échelle n'attendent que de vous enfoncer des échardes dans les mains. Cette montée difficile de l'échelle vers une carrière universitaire représente environ 3 à 7 ans pour un premier diplôme, 3 ans ou plus pour un doctorat, et plusieurs emplois postdoctoraux sur un nombre d'années mal défini, avant de finalement décrocher un poste d'essai en tant qu'enseignant, chercheur, correcteur d'examens, rédacteur d'articles, demandeur de subventions. Même alors, vous n'avez pas encore grimpé dans la haute fenêtre de la grande maison. Ce poste n'est pas encore permanent. Il ne sera peut-être jamais permanent. Il reste quelques échelons sur l'échelle, peut-être des échardes, et peut-être un effondrement complet qui vous renvoie en cascade vers le bas. On ne peut jamais savoir combien d'étapes il reste. L'auteur, conférencier et coach d'affaires Simon Sinek appelle ce parcours professionnel sans fin le Jeu infini. Et c'est justement la pratique qui consiste à essayer de monter au prochain échelon de mon échelle de carrière qui a conduit à des problèmes plus menaçants.[23]

Partie 3 – Convaincu d'être un imposteur

Lorsque j'ai commencé mon travail en tant que chercheur postdoctoral, après mon doctorat et avant la recherche indépendante, cela a marqué la première période prolongée de ma carrière où j'avais entrepris des recherches en dehors du confort de mon groupe de doctorat. Les gens que je connaissais, l'environnement auquel je m'étais habitué, la recherche de doctorat que je faisais, tout était devenu confortable et sûr. Ces jours de doctorat avaient certainement été parsemés de moments anxieux et passionnants passés dans d'autres pays, lors de conférences grandes et petites. Le passage d'un doctorat à un postdoctorat était tout à fait différent.

Ainsi, en plus de déménager dans une nouvelle ville pour mon postdoc, je pénétrais également dans un tout nouveau laboratoire avec de nouveaux équipements et de nouvelles personnes à apprendre. J'avais une bourse sur mon CV et de l'argent dans ma poche. Qu'est-ce qu'il n'y avait pas à aimer ? À bien des égards, je vivais le rêve du scientifique. Je grimpais l'échelle et je pouvais maintenant voir la fenêtre vers laquelle je visais. Mais tout a changé après le premier jour dans ce nouveau travail. En un instant, j'ai commencé à me comparer aux autres postdocs du groupe, en examinant leurs parcours, leurs publications et leurs expériences. La conclusion rapide tirée dans ma tête était :

Je ne suis pas aussi bon que ces gens. Comment diable ai-je réussi à entrer dans ce groupe ?

Cette pensée inquiétante a été aggravée par le fait que j'ai semé les graines du doute en recherchant les biographies professionnelles de mes nouveaux collègues sur Google avant même de les rencontrer en personne.

Au cours de mes premières années de doctorat, avant le postdoc, je plongeais joyeusement la tête dans un projet de recherche, lisais des articles, élargissais mes horizons scientifiques et exerçais ma créativité. Dans le travail postdoctoral, mon esprit me disait que je ne pouvais plus le faire. Dès ce premier jour dans le nouveau travail, j'ai ressenti une pression écrasante pour être le meilleur.

Les comparaisons pesantes que je faisais entre moi et les autres paralysaient ma productivité. Elles étaient presque assez puissantes pour écraser physiquement ma colonne vertébrale, exposant ma moelle ainsi que mon esprit. J'ai découvert que je ne pouvais plus apprécier mon travail comme avant. Comme le jeune Terry Crews commençant dans le monde du cinéma, une alarme immédiate et intime dans ma tête occupait désormais chaque instant de veille. Je me convainquais rapidement que j'allais être dépouillé de mon diplôme et humilié, défilant dans la ville comme un hérétique médiéval. Un paria professionnel. Une fraude dévoilée !

On pourrait penser que je détestais mon nouveau travail, mais ce n'était pas le cas. Les deux années passées à ce poste de postdoctorant ont été géniales à bien des égards. Ce qui persistait sous la surface, cependant, était mon doute de soi névrotique. Il était toujours là. Avec le rythme de la lumière du jour, ces pensées allaient et venaient. Aller et venir. Aller et venir. Et avec la régularité des jours, ma confiance s'épuisait de manière régimentée.

En secret, par désespoir, ce n'est qu'en ouvrant un document Word vide et en tapant ces pensées dans un journal que j'ai réussi à aller jusqu'à la fin de ce contrat de post-doctorant.

Même lorsque j'ai gravi les échelons et commencé mon premier poste académique indépendant (deux ans après le poste de post-doctorant), je suis passé par le même cycle de pensées. Durant les premiers jours de ma bourse de recherche indépendante, je suis allé rendre visite à certains universitaires plus expérimentés pour voir comment était leur vie dans le monde universitaire. À mes yeux, ces collègues avaient réussi. Ils avaient gravi les échelons, évité les chutes et retiré les échardes. Ils étaient libres et sereins, ayant franchi la fenêtre au sommet de l'échelle. Ils étaient dedans.

Avec un sentiment écoeurant de déjà vu, tout ce sur quoi je pouvais me concentrer, c'étaient les succès de ces autres universitaires, les subventions qu'ils avaient obtenues, le nombre d'étudiants qu'ils avaient. Je me sentais tellement ébranlé et paniqué après avoir parlé avec un collègue en particulier qu'après la réunion, j'ai arpenté les couloirs jusqu'à une cabine de toilettes, me suis assis sur la cuvette et ai tenu ma tête entre mes mains. J'étais enveloppé par la sensation que je me trouvais au MAUVAIS endroit. Le MAUVAIS travail. Comment avais-je réussi à tromper tout le monde en leur faisant croire que je pouvais faire une différence ici ? Ne gaspillais-je pas leur temps ainsi que le mien ?

J'étais ridicule. Sachant ce que je sais maintenant, il est évident que j'étais enfermé dans une vision égocentrique et étroite d'une situation qui était, en réalité, complètement sous mon contrôle. J'étais inutilement submergé par l'idée profondément enracinée que, à travers une comparaison éclair, je devenais instantanément sans valeur à l'ombre de mes collègues. Tout cela était absolument des conneries.

Lorsque je parlais à des collègues universitaires, je ne me suis jamais arrêté pour reconnaître qu'ils étaient des années devant moi, avec des expériences différentes, des formations différentes, des chemins différents menant au même carrefour de carrière. Je ne me suis pas arrêté pour penser qu'ils pourraient aussi se comparer à moi.

Dans mon doute persistant, pas une milliseconde n'avait été réservée pour que je réalise que mes collègues voyaient que j'avais une perspective différente et précieuse à apporter à l'équipe. De tels sentiments ont hanté ma carrière. Je sais maintenant, grâce à des histoires comme celle de Terry Crews et d'autres que je partagerai avec vous dans ce livre, que je suis loin d'être le seul à lutter avec les sentiments de ne pas en savoir assez.

Avoir l'impression d'être un imposteur, une fraude, un faux, quelqu'un qui attend d'être « démasqué », est largement connu sous le terme courant *Syndrome de l'Imposteur*. C'est quelque chose qui m'a pris un nombre embarrassant d'années à identifier en moi, et encore plus de temps à trouver un moyen de le gérer. C'est cette histoire de découverte et d'acceptation du soi-disant *Syndrome de l'Imposteur* que je veux vous raconter davantage. C'est une histoire qui commence, de manière assez appropriée, en découvrant que le mot « Syndrome » lui-même doit être remis en question avec plus de soin. Est-ce vraiment le nom que nous devrions donner à cette chose ?

Vos défis de chapitre

Le bas de chaque chapitre comprend des actions à essayer avant de continuer avec le livre. Défiez-vous de prendre en compte les points suivants dès maintenant avant de poursuivre :

1. **N'importe qui peut avoir l'impression d'être un imposteur. Trouvez les autres ! Les références 2-8 dans la section Notes pour le Chapitre 1 vous donnent un avant-goût, mais maintenant c'est à vous de découvrir ce fait par vous-même.**

Trouvez trois autres histoires de personnes qui ont dit avoir l'impression d'être un imposteur.

Trouvez une personne célèbre, un ami et un collègue ou un membre de la famille.

Qui sont-ils ? Quel était le scénario dans lequel ils se sentaient comme une fraude ?

2. **Développez une conscience de vos pressions internes et externes pour réussir.**

Quels sont les endroits autour de vous qui influencent votre vision du succès ?

Qui sont les personnes dans votre vie qui façonnent votre définition du succès ?

Qu'est-ce qui vous pousse à réussir, même lorsque personne ne regarde ?

Chapitre 2 : Ce n'est pas un syndrome

Connaître le nom de quelque chose ne signifie pas que vous en savez quelque chose. J'ai appris cela en construisant ma carrière dans le monde universitaire. Le jargon est le masque derrière il est plus facile de se cacher. Dans ce chapitre, je veux que vous vous penchiez sur la valeur de connaître quelque chose plutôt que de connaître son nom. Et encadrons cela à travers cette expérience horrible que nous appelons si souvent le « Syndrome » de l'imposteur.

Partie 1 – Apprendre à aimer le puzzle

Enfant, je me souviens avoir été curieux de tout. J'ennuyais mes parents fatigués et patients avec des questions sans fin sur la raison pour laquelle les choses sont ce qu'elles sont. Mon appétit pour les réponses n'était jamais satisfait. D'abord, c'était les dinosaures, puis les planètes, puis tous les gadgets géniaux dont disposait le justicier de bande dessinée Batman. Je suppose que je devais être un petit emmerdeur inoffensif. Heureusement, ma fascination enfantine pour le monde a persisté en grandissant, survivant aux moqueries légères dans la cour de récréation.

De la complexité régimentée dans un grain de sable à la catastrophe céleste de la lumière des étoiles, tout est impressionnant et tout est lié. C'est, comme le décrit Richard Dawkins, la *Magie de la réalité*.[24] Un peu ringard, certes, mais néanmoins vrai. Mon émerveillement pour le fonctionnement des choses est devenu lentement mais sûrement une quête de tout ce qui concerne la Science. Surtout la chimie.

L'une des choses que j'ai toujours aimées en chimie, c'est le casse-tête créatif de ses combinaisons infinies. Comme une boîte de Lego, des blocs discrets se rejoignent, grâce à l'ingéniosité et à l'imagination, pour donner d'innombrables structures, fonctions et matériaux. Le jeu créatif des Lego est la science de la chimie. Ce qui est encore plus séduisant, c'est que la façon dont les blocs de Lego sont assemblés étape par étape n'est pas toujours claire.

Vous pourriez laisser quelqu'un avec une boîte de Lego et revenir pour découvrir qu'un magnifique château a été assemblé en votre absence. Vous pouvez faire une supposition éclairée sur la manière dont ce château a été construit, tandis que l'ordre exact des étapes est caché à la vue. Ce n'est qu'en examinant de près les briques des murs que les méthodes du constructeur peuvent être découvertes. Sans cette connaissance, la structure du château ne peut jamais être reproduite fidèlement. Elle ne peut être miniaturisée ou agrandie sans risque sérieux d'effondrement. Sans savoir spécifiquement comment les briques sont chacune unies pour former la solidité macroscopique du château, on ne pourra jamais en construire un autre. Au final, savoir que la structure en Lego s'appelle un « château » ne vous dit rien sur l'origine du château ou comment il a été construit.

Au-delà de la chimie, des Lego et des châteaux, savoir comment quelque chose fonctionne, comment cela est venu à être, vous met dans la meilleure position pour améliorer cette chose particulière. J'ai constaté que c'était également le cas avec les sentiments d'être un imposteur. Un moment significatif de ma vie a été lorsque j'étais à mi-chemin de ma position postdoctorale et bien en route pour travailler dans le monde universitaire. Ce sentiment de ne pas être à ma place parmi mes pairs, de ne pas être assez bon, m'a épuisé mentalement. Il y avait la compulsion de me surmener. Mais, comme pour les mécanismes mystérieux derrière la construction avec la chimie et les Lego, j'ai réalisé que si je voulais jamais gérer mon doute de soi et gravir l'échelle de carrière, je devais simplement reconnaître ce qui m'arrivait. Savoir comment faire face aux sentiments récurrents de n'être rien qu'un imposteur était maintenant vital. Je devais comprendre l'action des rouages qui tournaient et broyaient de manière incontrôlable dans mon esprit. Un monument en briques Lego au sentiment d'être un imposteur se tenait sans créateur. Maintenant, je devais apprendre à le déconstruire pour construire quelque chose de nouveau. Connaître son nom ne suffisait pas. Je devais en apprendre davantage sur cette chose éthérée que je n'arrêtais pas d'entendre appeler le *Syndrome de l'imposteur*.

Partie 2 – La rose dans mon épine

Lorsque j'ai commencé à rechercher le Syndrome de l'imposteur, j'ai fait ce que tout le monde à l'ère d'Internet fait le mieux. Je l'ai googlisé. Je l'ai googlisé dur. Lorsque j'ai ouvert le navigateur Web pour commencer ma recherche, j'ai tapé les lettres de « S-y-n-d-r-o-m-e [espace] d-e [espace] l-'-i-m-p-o-s-t-e-u-r », lentement, délibérément et secrètement. La honte subtile de ma navigation sur le Web me donnait l'impression d'être un adolescent coquin recherchant quelque chose de beaucoup plus illicite.

Après avoir recherché le terme « Syndrome de l'imposteur » et lu la page Wikipédia obligatoire, dictionary.com et quelques autres pages oubliables, j'ai défilé profondément dans les résultats de Google et j'ai trouvé une conférence d'une heure des National Institutes of Health (NIH, un important organisme de financement de la recherche gouvernementale aux États-Unis).[25] C'était le 12e Symposium annuel des diplômés du NIH, et une foule de jeunes diplômés pleins d'espoir se taisaient alors que l'un de leurs pairs montait sur scène.

Un jeune homme bien habillé s'est levé pour présenter l'oratrice principale de la cérémonie. Légèrement voûté, il se tenait derrière un pupitre en bois verni, se penchant vers un microphone à col de cygne. Ses nerfs ne brillaient qu'à travers ses yeux écarquillés lorsqu'il accueillait l'oratrice : la psychothérapeute clinicienne, Dr Pauline Rose Clance.

Avec un sourire soulagé, l'étudiant quitta la scène. Alors que les applaudissements de la foule retentissaient, on pouvait voir le sommet de la tête de quelqu'un juste au-dessus du pupitre, mais ils ne s'arrêtaient pas pour prendre le même microphone que l'annonceur. Au lieu de cela, une petite vieille dame est apparue du côté gauche du pupitre en se dirigeant vers une petite table au centre de la scène. C'était le Dr Clance. Clance était de petite taille, mais une géante parmi le public étudiant respectueusement silencieux. Elle portait un costume impeccablement bien repassé, brillant et mauve, presque brun sous la lumière chaude de la salle de conférence. Une écharpe florale légère et des cheveux soigneusement taillés complétaient son look sophistiqué. Derrière des lunettes à monture dorée, elle cherchait une petite pile de papier A4. Elle n'était pas nerveuse à l'idée de tenir son discours sous forme physique, c'était plutôt comme si elle avait un message important à transmettre et ne voulait pas manquer un battement. Clance a accueilli les diplômés avec un sourire et a commencé à leur lire son histoire ; l'histoire de sa vie à enquêter sur le *Phénomène de l'imposteur*.

« *Attendez une minute* », ai-je pensé, intrigué par ce que ma recherche Google avait produit.

« *Imposteur... avec un 'o' ?* ». Ma confusion s'est approfondie.

« *Phénomène ?! Qu'est-il arrivé au 'Syndrome' ?* », ai-je sursauté.

Pauline Rose Clance fut l'une des premières psychologues praticiennes à étudier formellement l'expérience des personnes à haut potentiel se sentant comme des imposteurs. Avec sa collègue Suzanne Imes, elles ont inventé le terme « *Phénomène de l'imposteur* » à la fin des années 1970.

Enfant, Clance a grandi près des montagnes des Appalaches dans l'État américain de Virginie. Ayant persévéré dans sa petite école mal équipée, elle est ensuite entrée au lycée et y a prospéré. Elle a si bien réussi dans ses études qu'elle a été élue présidente de la classe senior lors d'un scrutin serré, battant le capitaine de l'équipe de football. Il est nécessaire de marquer une pause ici. Clance, fréquentant l'école en tant que femme dans les années 1950 et 1960, a battu un homme (le capitaine de l'équipe de football, rien de moins) pour devenir présidente de classe. Et elle n'a pas seulement obtenu le poste, elle a été élue. C'était une affaire importante.

Malgré toutes ces promesses, le lycée de Clance ne couvrait pas autant de niveaux que les autres écoles. Ses enseignants l'ont donc avertie qu'elle pourrait s'attendre à avoir de moins bons résultats que les autres élèves lorsqu'elle irait finalement à l'université. Les enseignants avaient tort. Clance a obtenu un doctorat en psychologie clinique de l'Université du Kentucky, l'une des quatre seules personnes d'une classe de quinze à le faire. Au cours de ce processus, elle est devenue régulièrement anxieuse avant les examens, mais elle a gardé ses peurs à l'intérieur pour ne pas irriter son groupe d'étude. Finalement, elle a réussi et a commencé sa carrière universitaire à l'Oberlin College dans l'Ohio.

À Oberlin, et plus tard à la Georgia State University, Clance a commencé à remarquer un comportement étrange et constant chez les étudiantes avec qui elle parlait. De jeunes femmes ayant de bonnes notes exprimaient de sérieux doutes quant à leur intelligence. Malgré les données objectives et dures présentes dans leurs dossiers éclatants, en dépit des éloges et du soutien de leurs professeurs, ces femmes croyaient sincèrement qu'elles étaient sur le point d'être démasquées. Elles avaient l'impression de ne pas mériter leur place dans le monde universitaire. Elles se sentaient comme des imposteurs.

Partie 3 – Le premier article sur les imposteurs

Alors que la vidéo du discours de Clance aux diplômés du NIH continuait, j'étais captivé par la familiarité des histoires qu'elle racontait. Les expériences qu'elle décrivait semblaient atrocement familières. C'était comme regarder droit devant moi mon reflet désespéré et enfin commencer à reconnaître ce que je voyais. Suite à ma recherche Google et au discours de Clance, j'ai creusé plus profondément pour trouver les articles de recherche originaux et comprendre davantage ce qui m'arrivait. J'ai commencé à lire.

À la Georgia State University, la collègue psychothérapeute de Clance, Suzanne Imes, observait d'étranges cas répétitifs de femmes qui avaient l'impression de ne pas appartenir aux cercles universitaires. Imes était l'une de ces femmes. Cela ressemblait à ce que Clance avait d'abord remarqué dans les discussions avec les étudiantes à Oberlin.

Ainsi, à la fin des années 1970, Clance et Imes ont travaillé ensemble pour comprendre ce qui se passait. En 1978, elles ont soumis leur travail dans un manuscrit intitulé *Le phénomène de l'imposteur chez les femmes à haut potentiel.*[26] L'expérience de se sentir comme une fraude avait enfin été nommée. C'était le début des études formelles sur les personnes à haut potentiel doutant d'elles-mêmes.

En lisant l'article fondateur de Clance et Imes, mes yeux glissaient sur les mots comme s'ils étaient des pièces d'or d'un trésor perdu depuis longtemps. Tout ce qu'elles écrivaient ravivait les souvenirs de ma propre expérience. Je lisais encore et encore, mettant en évidence des passages qui me semblaient comme s'ils avaient été soulevés de la page :

« ...ces [personnes] trouvent d'innombrables moyens de nier toute preuve externe qui contredit leur conviction qu'elles sont, en réalité, inintelligentes ».

Les recherches de Clance et Imes ont montré que, quelles que soient les preuves tangibles disponibles pour montrer aux femmes que leurs succès étaient mérités, elles pouvaient toujours transformer ce succès en un mensonge hideux. Les succès pouvaient toujours être expliqués par la chance ou, sinon par la chance, par quelque chose de tout aussi infondé.

Les recherches initiales sur le Phénomène de l'Imposteur étaient spécifiques aux expériences des femmes, car c'est là que le phénomène était le plus immédiatement évident à l'époque. On disait qu'il se manifestait par un sentiment de croire qu'elles ne pouvaient pas être aussi compétentes qu'un homme occupant une position professionnelle similaire. Les femmes avaient en elles des rôles sociétaux apparemment inférieurs, probablement dès leur plus jeune âge. En allant à l'université, en obtenant des diplômes avancés et en occupant des postes à responsabilité, ces femmes en conflit étaient, dans leur esprit, en train de briser les règles. Elles avaient dans la tête qu'elles étaient censées être les mères et les femmes au foyer du monde, et non des professionnelles pionnières. Beaucoup ne pouvaient tout simplement pas accepter que leur succès était mérité, malgré le fait que leur travail acharné et leurs études les avaient placées exactement là où elles méritaient d'être.

Les entretiens de Clance et Imes avec les femmes de l'article de 1978 contenaient des phrases de plus en plus familières associées à quelqu'un - homme ou femme[27] - présentant des signes caractéristiques du Phénomène de l'Imposteur :

« Je ne suis pas assez compétente pour faire partie du corps enseignant ici... Une erreur a été commise...».

«...mes capacités ont été surestimées ».

« J'étais convaincue qu'on découvrirait que je suis une imposteure ».

Dans quelle mesure ces phrases résonnent-elles en vous ? Ce n'est que plus tard, en lisant d'autres études sur le Phénomène de l'Imposteur, que j'ai réalisé que l'expérience n'était pas unique aux femmes.[28] Certaines études suggèrent que les hommes perçoivent et rapportent leurs expériences d'imposteur différemment des femmes.[29] D'autres reconnaissent qu'il y a un risque de confondre le fait que plus de femmes que d'hommes se présentent pour de telles études avec l'interprétation selon laquelle les femmes souffrent davantage d'expériences d'imposteur que les hommes.[30] Ce n'est pas une expérience définitivement genrée. Même avant de m'en rendre compte, le contexte du travail original de Clance ne semblait pas avoir d'importance. Les mots se lisaient comme si l'étude avait été écrite à mon sujet.[31]

Les premiers travaux sur le Phénomène de l'Imposteur partageaient également des théories sur les causes profondes de l'expérience. Pourquoi ces femmes brillantes sur le plan académique étaient-elles si fermement convaincues d'être des imposteures ? Deux des idées causales présentées par Clance se concentraient sur la famille immédiate d'une personne. Délibérément ou non, une famille façonne et nourrit sa fille sur la façon de voir le monde. Dans un scénario, les étiquettes de l'enfance ont de l'importance. La fille a un frère ou une soeur, ou un proche membre de la famille, qui est étiqueté « l'intelligent ». Elle, en revanche, est en quelque sorte « la sensible ». Cette étiquette, attribuée par ses parents, est différente de ce qu'elle est réellement devenue. Elle travaille dur et obtient un emploi destiné à une personne « intelligente ». La famille l'a étiquetée, traitée et lui a parlé comme si elle était « la sensible », et non « l'intelligente ».

L'effet malheureux, selon Clance et Imes, était que la femme adulte, réussie et progressiste, avait l'impression que sa position n'était pas méritée parce qu'elle ne faisait pas partie de son étiquette en grandissant. Elle était censée être « sensible », et non « intelligente ». De plus, elle pense que sa famille est secrètement déçue ou en colère qu'elle ait agi contre le rôle qui lui était assigné dans son étiquette de jeunesse. Le pire, c'est que, que ce soit moi qui l'écrive ou vous qui le lisiez, nous savons tous les deux que c'est une idée ridicule. Elle n'a pas besoin de se sentir ainsi. Néanmoins, ce n'est pas ridicule pour ceux qui sont au coeur de telles expériences.

Dans le deuxième scénario proposé comme origine du Phénomène de l'Imposteur, la famille dit à leur fille qu'elle ne peut rien faire de mal. Elle est si capable et si intelligente qu'il n'y a rien qu'elle ne puisse pas faire. Son intellect la transporte sur un tapis volant vers le succès avec aisance et grâce. Involontairement, la famille a tendu un piège rouillé et denté dans l'esprit de la jeune femme. Alors qu'elle traverse la vie avec un soutien parental formidable et des tonnes de louanges, elle est arrêtée dans son élan par le claquement sec... l'expérience de découvrir que certaines choses dans la vie sont difficiles.

Telle est la confirmation familiale du perfectionnisme de leur fille et de sa capacité à acquérir des compétences sans difficulté, que lorsque quelque chose se présente et que la fille trouve cela difficile, c'est un choc pour elle. On l'a élevée pour sprinter sur la piste de 100 mètres et gagner à chaque fois. Aucun problème. Mais lorsqu'elle découvre qu'elle doit courir 10 mètres de plus et franchir des haies, les choses changent. Maintenant, la fille tombe sur quelque chose qu'elle n'est pas capable de surmonter immédiatement. L'idée de révéler cela à ses parents lui fait honte. Si elle échoue, elle aura l'impression d'avoir été un imposteur toute sa vie. Grandir avec le sentiment d'être indestructible a involontairement planté une peur paralysante de l'échec dans l'esprit de la femme.

En rassemblant les idées d'origine de l'imposteur, Clance et Imes avaient suggéré que les attentes acquises socialement pourraient conduire à des doutes sur la position de quelqu'un plus tard dans la vie. Pensez-y. Si votre succès ne correspond pas au rôle qui vous a été attribué par l'environnement dans lequel vous avez grandi, alors vous êtes prédisposé à croire que votre succès est mal acquis. Vous devenez plus susceptible de souffrir des symptômes menant au Phénomène de l'Imposteur de Clance et Imes.

Les deux histoires d'origine - l'une concernant le fait d'être étiqueté d'une certaine manière, et l'autre la croyance que le succès serait toujours facile - m'ont fait reculer à nouveau dans la réflexion. En lisant les articles, j'acquiesçais en reconnaissant et secouais la tête avec incrédulité. Je laissais échapper de discrets éclats de « hmm » et de « huh », stupéfait de voir à quel point ces théories de l'imposteur m'étaient familières. Il y avait un profond malaise à voir comment cette recherche racontait de manière prédictive l'histoire de mes propres expériences. J'étais, après tout, le premier enfant de ma famille à aller à l'université directement après l'école. Sans le savoir et sans être coupable d'aucun crime, ma famille m'a étiqueté comme l'enfant « intelligent » et m'a soutenu en conséquence. En grandissant, je me suis imposé un rang de surdoué et j'ai créé un mirage d'attentes que je me suis mis la pression pour atteindre. Mon comportement est devenu caractéristique de quelqu'un souffrant d'expériences d'imposteur, ce qui nous amène à la façon dont vous pouvez repérer vos propres comportements révélateurs.

Partie 4 - Comportement et le Phénomène de l'Imposteur

Il y a (au minimum) trois habitudes qui font mûrir le cocktail d'ingrédients nécessaires pour vivre le Phénomène de l'Imposteur :

(1) **L'Imposteur travailleur acharné** : Si vous travaillez dur, vous vous épuisez par peur d'être démasqué. Ce travail acharné crée la deuxième habitude.[32]

(2) **L'Imposteur conciliant** : Vous portez un voile sous lequel vous cachez la plénitude de vos pensées. Vous dites ce que vous pensez que les gens veulent entendre, pas ce que vous pensez vraiment. Dans votre tête, si vous deveniez en désaccord, vous augmenteriez vos chances d'être démasqué.

(3) **L'Imposteur charismatique** : Et enfin, vous pensez que votre charme et votre charisme ont servi à tromper vos pairs en leur faisant croire que vous êtes l'un d'entre eux.

Dans chacun des trois cas, il y a du succès. Il y a aussi un mécanisme pour minimiser ce succès. Vous évitez de vous démarquer trop de la foule. Grâce à ce travail et aux contributions ultérieures, les médias ont diffusé l'idée dans le monde entier, donnant à Clance l'occasion de définir le Phénomène de l'Imposteur pour un public plus large. Dans une interview de journal, Clance a noté :

« ...*des gens de nombreuses professions différentes éprouvaient une peur obsédante de ne pas pouvoir répéter leurs succès et de ne pas être aussi brillants et capables qu'ils le souhaitaient ou le devaient, même s'il y avait de solides preuves objectives qu'ils étaient vraiment intelligents.* »

Au fur et à mesure que je lisais, les articles de recherche sur l'expérience de l'imposteur résonnaient à mes oreilles avec une clarté assourdissante. Progressivement, il devenait de plus en plus facile pour moi de voir que cette expérience d'imposteur n'était pas une entité unique. C'est le résultat froid et chronique de plusieurs comportements qui se liguent pour vous convaincre que vous êtes un imposteur. En fait, il provient d'une ou plusieurs sources et peut prendre plusieurs formes. C'est là que vient la confusion d'utiliser le terme « syndrome » plutôt que « phénomène ». Clance elle-même a réservé le terme *syndrome* pour les symptômes menant à un « diagnostic clinique officiel ».

Son choix du terme Phénomène de l'Imposteur (plutôt que Syndrome de l'Imposteur) reflétait un effort concerté pour signaler que les expériences d'imposteur ne sont techniquement un syndrome d'aucune sorte.[*]

Prenons un moment pour examiner de manière plus approfondie cette question de « Syndrome de l'imposteur » par rapport à « Phénomène de l'imposteur ».

Tout a commencé en 1982. Dr Carol Tavris a écrit un article sur le Phénomène de l'imposteur pour le magazine Vogue. Dans son

---

[*]. Dans son discours aux diplômés du NIH, Clance est allée plus loin, soulignant de manière plus subtile que ceux qui souffrent d'expériences individuelles d'imposteur peuvent développer des conditions diagnostiquées cliniquement, comme l'anxiété ou la dépression.

article, Tavris a fait la première référence enregistrée au « Syndrome de l'imposteur ».[33] Ceci a inconsciemment enraciné le terme « Syndrome de l'imposteur » pour devenir partie intégrante de la culture, et « Phénomène de l'imposteur » pour rester relativement caché.

Dans la littérature académique, les titres d'articles contenant les deux termes - Phénomène et Syndrome - se sont succédé depuis les années 1980, augmentant plus rapidement après 2015. En 2018, l'Oxford English Dictionary a créé des ajouts provisoires pour les deux termes.[34] Pourtant, dans les tendances de recherche Google, ce n'est même pas proche. Le Syndrome de l'imposteur est beaucoup plus en vue que le Phénomène de l'imposteur. Alors, pourquoi devrions-nous nous en préoccuper ? Pourquoi vaut-il la peine de récupérer ces expériences en tant que *phénomène* plutôt que *syndrome* ?

La première sonnette d'alarme qui retentit avec l'utilisation du mot « syndrome » concerne ses multiples définitions. Dans l'Oxford English Dictionary, la première des trois définitions du « syndrome » le place dans le domaine de la pathologie :

« Une concurrence de plusieurs symptômes dans une maladie.»

Le gouvernement, la littérature scientifique et officielle sont remplis d'utilisations incohérentes de mots tels que « syndrome » et « maladie ». En 2003, une équipe de professionnels de la santé l'a souligné.[35] Pour établir quelques distinctions nécessaires, un « syndrome » a été défini comme :

«... un ensemble reconnaissable de symptômes et de signes physiques qui indiquent un état spécifique pour lequel une cause directe n'est pas nécessairement comprise.»

Lorsque la cause inconnue devient plus clairement diagnostiquable et traitable, elle devient une « maladie ».

En fin de compte, faire référence à l'expérience de l'imposteur en tant que « syndrome » est malavisé. Bien que l'expérience implique un ensemble de symptômes, ils ne sont pas les mêmes pour tout le monde et il n'y a pas de « signes physiques » en tant que tels. Associer l'expérience de l'imposteur à un terme de dictionnaire lié à la pathologie renforce l'idée que se sentir comme un imposteur est une maladie diagnostiquable plutôt que simplement une partie omniprésente de notre condition humaine collective.

Terminologie mise à part, peu importe quelle variation du masque d'imposteur que vous portez, il y a un cycle de comportement pourri qui l'accompagne. Pour votre projet actuel, pour tout ce que vous essayez, vous douterez de vous-même, vous procrastinerez, vous travaillerez trop, et oui, vous finirez par faire le travail. Mais c'est là que les choses deviennent vraiment intéressantes car vous ne vous arrêterez pas longtemps pour célébrer. Ceux qui souffrent d'expériences d'imposteur ne s'arrêtent jamais. Il y a toujours plus de travail à faire.

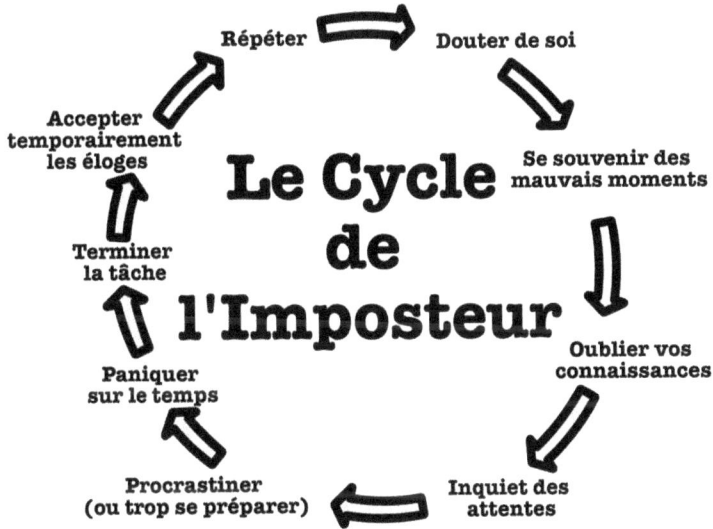

Le cycle de l'imposteur. Comportements observés chez les personnes souffrant du syndrome de l'imposteur.

En rassemblant toutes ces recherches fondamentales, Clance a développé un Test de l'Imposteur pour aider les gens à déterminer s'ils étaient prédisposés à ressentir des sentiments d'imposture. Le test permettait de quantifier à quelle fréquence quelqu'un se sentait comme un imposteur. Toutes les parties du test sont notées sur une échelle de 1 (pas du tout vrai) à 5 (très vrai), en fonction de l'accord du participant avec une affirmation particulière. Les vingt affirmations étaient les suivantes :

(1) J'ai souvent réussi un test/tâche alors que je pensais échouer auparavant.
(2) Je peux donner l'impression que je suis plus compétent que je ne le suis réellement.
(3) J'évite les évaluations autant que possible et je redoute d'être évalué.
(4) Lorsque je reçois des éloges, j'ai peur de ne pas être à la hauteur des attentes futures.
(5) J'attribue souvent mon succès au fait d'être au bon endroit au bon moment ou de connaître les bonnes personnes.
(6) J'ai peur qu'on découvre que je ne suis pas si capable.
(7) J'ai tendance à me souvenir davantage de mes échecs que de mes réussites.
(8) Je termine rarement une tâche aussi bien que je le souhaiterais.
(9) Je pense parfois que mon succès est dû à une sorte d'erreur dans le système.
(10) Il m'est difficile d'accepter les compliments.
(11) Je pense parfois que mon succès est dû à la chance.
(12) Je suis parfois déçu de ce que j'ai accompli et j'ai l'impression que j'aurais pu faire plus.
(13) J'ai parfois peur que les autres découvrent les connaissances qui me manquent.
(14) J'ai souvent peur d'échouer alors qu'en général je réussis bien.
(15) Lorsque je reçois des éloges pour une réalisation, j'ai peur de ne pas pouvoir la répéter.
(16) Lorsque je reçois des éloges, j'ai tendance à minimiser l'importance de ce que j'ai fait.

(17) Je compare souvent mes capacités à celles des personnes qui m'entourent et je pense qu'elles pourraient être meilleures que moi.
(18) Je m'inquiète souvent de l'échec d'un projet, même lorsque les autres autour de moi ont confiance en moi.
(19) Si je vise une promotion ou un prix, je ne le dis pas aux autres tant que ce n'est pas un fait accompli.
(20) Je me sens mal ou découragé si je ne suis pas « le meilleur » ou « très spécial ».

Sur un score maximum de 100, des scores bas inférieurs à 40 indiquent une personne qui se sent rarement imposteur. Des nombres plus élevés, 50 ou plus, indiquent des épisodes de plus en plus fréquents d'expériences d'imposteur. J'ai obtenu 70. Pour ce test, je savais que je commençais à comprendre les pensées qui m'épuisaient. Je savais, en termes numériques concrets, que je me considérais comme un imposteur. Et j'avais souvent de telles pensées.[36] Cette *Échelle du phénomène d'imposteur de Clance (CIPS)* est ce que j'ai utilisé plus tard dans le cadre d'une enquête plus large sur plus de 800 participants. Vous pouvez voir le résultat global dans la figure ci-dessous, et en savoir plus à ce sujet dans le chapitre suivant.

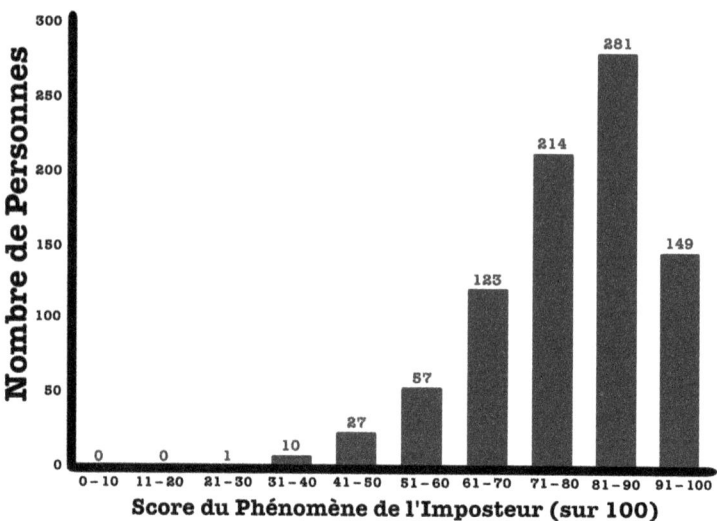

Scores du phénomène d'imposteur de Clance pour 862 participants. Des scores plus élevés indiquent des expériences d'imposteur plus sévères.

En plus de reconnaître les expériences d'imposteur en nous-mêmes, il est tout aussi important de reconnaître et d'identifier ces sources externes qui peuvent aggraver la situation. Envisagez de commencer par le début - avec la famille et l'éducation. Ce que vous entendez lorsque vous êtes jeune a tendance à rester avec vous, et plus que vous ne le souhaiteriez. Ce que vous entendez fournit une sorte de cadre de référence pour votre personnalité. La façon dont une famille vous traite lorsque vous grandissez a un grand impact sur les adjectifs que vous choisissez pour vous décrire.

Il y a quatre éléments communs de l'expérience de l'imposteur provenant de la vie familiale. Dans chaque cas ci-dessous, j'ai cité un commentaire exemplaire fait par des participants à ma propre recherche qui ont réfléchi sur la raison pour laquelle ils se sentaient comme des imposteurs :

(1) **Différences entre l'image que votre famille a de vous et l'image que le monde a de vous** - les divergences entre ces deux

impressions de qui vous êtes peuvent entraîner de la confusion.

> **Réflexion du participant** : « *J'ai toujours été incompris par mes parents, qui n'étaient/ne sont pas intelligents, et ignoré ou balayé du revers de la main, ou on me disait que je réfléchissais trop ou que je ne sais pas comment fonctionne le monde. C'est probablement très lié au coeur de la raison pour laquelle ces situations sont difficiles...* »

(2) **Accorder une grande importance à 'faire quelque chose' de soi en étant 'intelligent'** - vous pourriez avoir l'impression de vouloir toujours être considéré comme la personne la plus intelligente de la pièce.

> **Réflexion du participant** : « *Mes parents ont toujours poussé mon frère et moi à être les meilleurs dans tout ce que nous décidons de faire, alors peut-être que cela a généré une pression difficile à gérer quand je n'étais pas clairement le meilleur.* »

(3) **Un carré dans un trou rond** - vous vous sentez différent des autres membres de votre famille et de leurs parcours professionnels, en particulier si vous êtes le premier de votre famille à être éduqué au-delà de l'école.

> **Réflexion du participant** : « *Je pense que je ne me suis jamais vu comme quelqu'un qui pourrait / réussirait à atteindre ce niveau de succès dans mon domaine choisi - je n'ai pas de famille / amis dans ce domaine (mes parents ne travaillaient pas et mes tantes / oncles / cousins travaillaient dans des usines) et donc je n'ai jamais vraiment eu quelqu'un sur qui me 'modéliser', que ce soit dans mes propres cercles ou dans les médias / la société en général.* »

(4) **Manque de louanges** – vos parents peuvent parler de votre succès à leurs amis et négliger (consciemment ou non) de vous encourager.

> Réflexion du participant : « *J'ai toujours été élevé pour faire de mon mieux et mes parents ne sont pas très indulgents envers l'échec. Difficile de surmonter ce sentiment de décevoir les gens.* »

Certains parents attendent tellement de leurs enfants qu'ils diluent les éloges pour les réussites. D'autres sont hypercritiques, toujours en train de poser des questions, toujours à chercher des failles, ne partageant jamais leur fierté. Être parmi des frères et soeurs peut également piéger les familles dans l'étiquetage de chaque enfant avec une caractéristique donnée. Si vous avez accompli quelque chose sur le plan académique mais que vous n'aviez pas été étiqueté comme le « cérébral », alors les éloges pour vos réalisations ont peut-être été minimisés. Cependant, si vous étiez étiqueté « intelligent », la pression que vous ressentez maintenant pour toujours être la personne la plus intelligente de la pièce a commencé.

Les influences parentales sur le phénomène de l'imposteur ne s'arrêtent pas là. Ma propre recherche a également montré combien de ces participants réfléchissant à la raison pour laquelle ils se sentaient comme des imposteurs établissaient des liens de causalité explicites avec leur famille. Malgré le fait que ce type de questions soit dominé par le travail, les emplois et les carrières (mentionnés collectivement plus de 400 fois), les parents et la famille (mentionnés 80 fois) ont néanmoins fourni un signal révélateur. Plus de 30 personnes (environ 4% de tous les participants) sont allées plus loin. Ils ont cité leurs tentatives pour plaire à leurs parents, ou la pression d'être le premier de leur famille à aller à l'université comme des moteurs de leur sentiment d'être un imposteur.

Vous pouvez obtenir la collection des citations perspicaces et anonymisées des histoires des participants dans le matériel bonus du livre. Pour l'instant, laissez-moi partager avec vous celle qui m'a le plus touché :

« Je ressens une énorme pression pour bien réussir. Je suis la personne dans la famille que tout le monde considère comme 'super intelligente' et qui ne raterait jamais rien. Par conséquent, je pense que l'échec n'est pas une option, car je ne veux pas me mettre dans l'embarras, ni décevoir qui que ce soit. Je n'ai pas vraiment beaucoup de confiance en moi ou en mon travail. Je pense toujours que quelqu'un va refaire mon travail et me prouver que j'ai tort ; même si j'ai tout fait correctement...».

Comment cette réflexion sur l'influence parentale vous a-t-elle affecté ? Je me le demande...

Partie 5 – Résumé

De ma première recherche nerveuse sur Google pour « Syndrome de l'imposteur » à la découverte du discours de la Dr Clance aux diplômés sur le phénomène de l'imposteur, j'ai commencé à effleurer la compréhension de ce que je ressentais dans ma propre vie et carrière. Ce qui était autrefois une expérience privée, indéfinissable et unique pour moi, était maintenant clarifié et partagé.

Mais après ma découverte de la manière dont le phénomène de l'imposteur (et non le syndrome) a été défini et étudié, j'ai commencé à lire avec voracité les recherches ultérieures. J'ai trouvé des histoires d'artistes,[37] de scientifiques,[38] de philosophes,[39] de bibliothécaires,[40] de prisonniers devenus chercheurs,[41] et d'étudiants en médecine.[42] Des histoires d'hommes et de femmes, de personnes issues de différents horizons et milieux, tous ressentant la sensation déprimante d'être un imposteur. Tous avaient des preuves claires soutenant leur succès mérité. Ça n'avait pas d'importance. Tous croyaient qu'ils étaient chanceux. Tous étaient sûrs que s'ils tentaient d'obtenir plus de succès, ils échoueraient certainement.

Tous croyaient qu'ils étaient des imposteurs.

Soudain, je n'étais plus seul. Je n'avais jamais été seul. Mais il faudrait une expérience de conférence plutôt horrible pour comprendre pleinement que je n'étais pas aussi isolé que je le pensais initialement. Aucun d'entre nous ne l'est...

Vos défis de chapitre

1. Gérer vos expériences d'imposteur commence par les décomposer. Vous pouvez catégoriser vos expériences d'imposteur selon leur origine et la manière dont elles se manifestent en vous.

Revenez sur les exemples de « types » d'imposteurs présentés dans la partie 4 de ce chapitre : travailleur acharné, aimable et charismatique. Si vous souhaitez aller plus loin, utilisez le modèle de journaling disponible pour écrire les raisons pour lesquelles vous pensez appartenir à une ou plusieurs de ces catégories.

Quel type d'imposteur correspond le plus étroitement à vos propres expériences d'imposteur ? Notez-le avant de passer au défi suivant.

2. Reconnaître le piège du Cycle de l'Imposteur comme le mécanisme qui entraîne votre procrastination et votre surcharge de travail.

Utilisez le modèle vierge du Cycle de l'Imposteur pour décrire un cas précis de la manière dont votre confrontation avec le Phénomène de l'Imposteur s'est déroulée. Si cela est applicable, vous pouvez le faire pour plusieurs cas ou histoires où vous vous êtes senti comme un imposteur.

Ne vous retenez pas. Allez en profondeur comme dans un journal intime. Répétez l'exercice si nécessaire. La version électronique de la ressource de journal disponible vous sera la plus utile pour répéter le défi.

3. Se sentir comme un imposteur n'est pas un syndrome.

*Osez aider les autres en dénonçant respectueusement l'utilisation du terme « Syndrome de l'Imposteur » plutôt que « Phénomène de l'Imposteur ». *

Encouragez l'utilisation de ce dernier terme. Utilisez ce que vous avez appris dans ce chapitre pour expliquer pourquoi « Phénomène de l'Imposteur » (ou même « Expérience de l'Imposteur ») est plus précis et plus utile que « Syndrome de l'Imposteur ».

Ne vous inquiétez pas, il est normal de penser que ce troisième défi sera le plus difficile. Vous pouvez être un initiateur de conversation sans être un je-sais-tout insensible. Pour commencer, pensez à utiliser le hashtag du livre (#TuNÊtesPasUnImposteur) pour partager le message avec votre réseau.

Pour me mentionner et diffuser le message plus largement, utilisez ma poignée sociale appropriée (répertoriée dans la section **Contacter l'auteur***). Une liste est fournie sur la page de contact à la fin du livre.*

Prenez une photo du passage de la partie 4 de ce chapitre qui traite du « syndrome » par rapport au « phénomène » et partagez-la.

Chapitre 3 : Ne plus être seul

Les voyages pour assister à des conférences font partie intégrante de la vie universitaire. C'est un excellent moyen de trouver de nouveaux collaborateurs et de découvrir le monde par petites étapes, une réunion à la fois. J'ai assisté à de nombreuses conférences dans plusieurs pays au début de ma carrière : Royaume-Uni, Allemagne, Japon, Brésil, États-Unis et bien d'autres endroits. C'est un véritable privilège et avantage de ce métier... mais c'est un privilège qui a un côté sombre. Un côté sombre qui illustre la solitude accablante qui peut accompagner vos expériences d'imposteur.

Partie 1 - La route solitaire des conférences

Bien avant le chemin universitaire vers le monde académique, durant le malaise perpétuel de mon adolescence, j'aimais le film de 2001 *Donnie Darko*.[43] C'est l'histoire troublante d'un adolescent brillant mais tourmenté qui peine à accepter une expérience de mort imminente. Une hallucination inquiétante d'un lapin géant nommé Frank conduit Donnie hors de sa chambre en pleine nuit, quelques instants avant qu'un moteur d'avion mystérieusement sans trace ne s'écrase dans sa chambre. Si Donnie n'avait pas suivi Frank, il aurait été écrasé sous un morceau de métal.

Les problèmes de santé mentale de Donnie ont aggravé les montagnes russes hormonales de la vie d'adolescent, et il avait besoin d'aide professionnelle. Lors d'une séance avec son thérapeute, il raconte un message glaçant murmuré par une vieille dame sénile de son quartier :

« *Chaque créature vivante sur Terre meurt seule.* »

C'était comme si le message de la vieille dame était destiné à plonger Donnie davantage dans la crise. Troublé par le message, Donnie se souvient d'avoir vu son vieux chien de compagnie ramper sous le porche de la maison familiale avant de mourir. Il a réalisé que son chien était allé là pour être seul. Et lorsque son thérapeute lui a demandé si cela lui faisait peur, Donnie a répondu à travers des sanglots et des tons brisés de certitude absolue :

« Je ne veux pas être seul. »

Peu de choses dans la vie sont plus effrayantes ou plus silencieusement nuisibles à votre santé que le sentiment d'être seul.[44] Isolé. Rejeté. Exclu. Inaperçu. La solitude peut nous donner l'impression d'être attachés à une épave et laissés à la dérive sur une marée mortelle. À la dérive sans voir la terre, la solitude véhicule un sentiment étendu et angoissant d'abandon total. Mes souvenirs de me sentir comme un imposteur sont tous, en partie, des souvenirs de me sentir seul. Chacun d'entre eux.

Lors d'un voyage de conférence, peu de temps après avoir commencé mon poste universitaire indépendant, je me suis rendu à Londres pour rejoindre d'autres jeunes universitaires en chimie afin de discuter des opportunités de collaboration. Excité et enthousiaste, j'ai pris le train de Glasgow à Londres la veille du début de la réunion. De la sérénité de la ligne de train traversant le pays au pandémonium organisé du métro londonien, je suis finalement arrivé à mon hôtel tard dans la soirée. J'ai rapidement changé de jeans pour des pantalons plus habillés, pris une boisson fraîche et me suis allongé sur le lit de ma chambre d'hôtel pour regarder la télévision.

Le bruit des gens me parlant à travers l'écran était efficace pour simuler un sentiment de compagnie pour un voyageur solitaire. Je me suis allongé sur le lit et ai fait défiler mon téléphone. Mon attention était partout et concentrée nulle part. Je passais d'une plateforme sociale à l'autre et puis, comme si c'était inévitable, vers mes e-mails. Une fois là, j'ai saisi l'occasion de me rappeler pourquoi j'étais à Londres. J'ai relu l'email de bienvenue de la conférence et téléchargé le programme informant les participants de la conférence sur les présentateurs et leurs domaines de recherche. Dès que j'ai commencé à parcourir ce document, mes respirations autrefois calmes et périodiques sont devenues de plus en plus superficielles. Irrégulières.

Lorsque j'ai posé mon téléphone, je me suis assis sur le lit, j'ai balancé mes pieds sur la moquette fine et abrasive, et j'ai penché mon torse palpitant sur mes genoux. Mes mains sont devenues un berceau tremblant pour ma tête lourde. La compagnie silencieuse de la télévision a été noyée par une barrière de pensées paniquées et isolantes :

« *Qu'est-ce que je fais ici ?* »

« *Je ne suis pas prêt à être ici.* »

« *Je ne fais pas vraiment partie de ce groupe.* »

« *Peut-être que je devrais simplement feindre une maladie.* »

« *Je devrais rentrer chez moi et arrêter de perdre le temps de tout le monde.* »

En parcourant le livret de la conférence et les recherches de mes collègues, cela a en quelque sorte allumé la sombre mémoire émotionnelle de l'expérience d'imposteur dans ma tête. Mes synapses se sont déclenchées sur un chemin bien tracé, destiné à arriver à la même vieille conclusion. J'étais un faux parmi les authentiques. Un imposteur parmi les superstars.

Enfermé dans ma chambre d'hôtel, je ne pouvais pas me consoler. Un sommeil horizontal était devenu une terreur verticale. Je ne pouvais pas décrocher le téléphone pour appeler ma femme. À ce moment-là, je ne pouvais pas comprendre ce que je pensais. Je ne voyais que l'hypothèse incontestée que j'étais, sans aucun doute, un imposteur. Personne n'aurait pu me dire le contraire. M'effondrant et me recroquevillant dans le lit inconnu, je fixais désespérément le plafond de la chambre d'hôtel pendant que mes cris internes coupaient télékinétiquement le son de la télévision. J'étais perdu. J'étais fatigué. J'étais effrayé et seul.

De l'autre côté de la solitude, il y a un soupir de soulagement involontaire qui vient avec la découverte que vous n'êtes pas seul, que vous n'êtes pas la seule personne à ressentir ce que vous ressentez ou à souffrir de ce que vous souffrez.[45] Cette sensation est si forte que la douleur de la solitude a été liée aux mécanismes de douleur physique dans le corps.

Ce n'est que plus tard, après la conférence en question, que j'ai commencé à lire sur le Phénomène d'Imposteur. Et ce n'est qu'à travers mes efforts pour développer la conscience de soi que j'ai pu empêcher que chaque voyage de conférence ultérieur ne se transforme en solitude torturante de mon voyage à Londres.

Lorsque j'ai commencé à rechercher le Phénomène d'Imposteur, j'ai immédiatement ressenti un petit sentiment d'appartenance plein d'espoir. La lecture ne m'aidait pas seulement à matérialiser les pensées empoisonnées dans mon esprit. Plutôt, une fois que j'ai reconnu le sentiment de me sentir comme un imposteur, j'ai commencé à le voir chez d'autres personnes. Lire des expériences similaires aux miennes de personnes du monde entier était en quelque sorte libérateur. La solitude devenait communauté. La confusion devenait clarté. Je devais en savoir plus sur ces autres personnes qui souffraient comme moi.

Partie 2 - Qui se sent comme un imposteur ?

Au fil du temps, mes recherches frénétiques sur le Phénomène d'Imposteur (et le « Syndrome ») ont pris une présence importante sur mon ordinateur portable. Mes notes accumulées, liens, PDF, articles et billets de blog* ont commencé à exercer leur propre force

---

*. Une collection de toutes mes notes et sources pour ce livre peut être trouvée à l'adresse suivante : www.dr-marc-reid.com/book.

d'attraction ; une collection tangible de rappels que je n'étais plus seul à me sentir comme un imposteur.

Il m'est vite apparu que pratiquement n'importe qui, de n'importe quel milieu, pouvait souffrir des sentiments infondés d'être un imposteur. Bien que le Phénomène d'Imposteur ait été formalisé pour la première fois avec des études sur des femmes à haut potentiel, sa portée était (et reste) beaucoup, beaucoup plus large.

En effet, des recherches ultérieures ont montré que les hommes souffrent également de l'expérience de l'imposteur, et aussi souvent que les femmes, dans certains cas même plus souvent.[46] Les hommes ont généralement plus de mal à parler ouvertement du Phénomène d'Imposteur. En somme, quels que soient le sexe, la couleur, la culture, la croyance ou le pays, cela ne semble pas avoir d'importance. Malgré l'épuisement des comparaisons statistiques A versus B dans mes propres résultats de recherche, tout cela était du chipotage. Hommes et femmes, travailleurs du secteur public et privé, ceux qui débutent et ceux qui cherchent à prendre leur retraite.

Toutes les différences enregistrées entre les groupes, significatives ou non, se situaient toutes dans la région des scores moyens du Phénomène d'Imposteur (présentés dans le **Chapitre 2**) supérieurs à 70, et souvent supérieurs à 80. En d'autres termes, les deux côtés de la plupart des divisions démographiques se trouvaient dans le domaine des expériences d'imposteur fréquentes et même chroniques.

Les expériences d'imposteur peuvent toucher quiconque cherche à s'améliorer.

Cela peut signifier une amélioration (le plus souvent) dans votre carrière, dans votre statut social ou dans votre relation avec vos enfants. Pour ma part, je me préoccupais principalement de ma carrière universitaire et de son évolution incertaine.

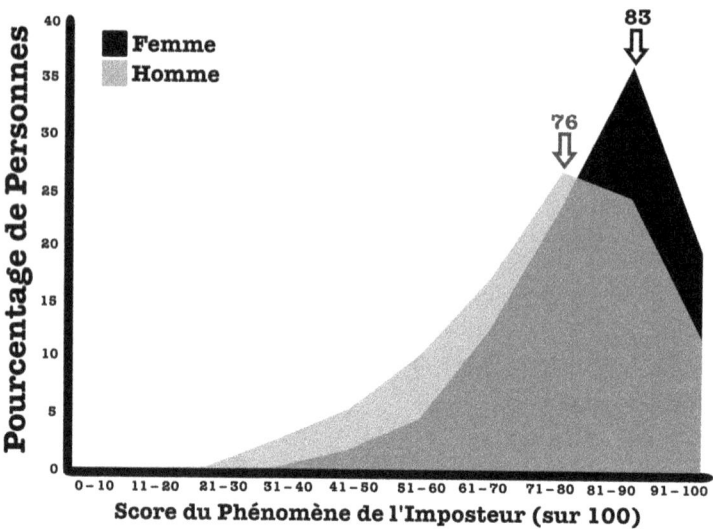

Scores du Phénomène d'Imposteur divisés par genre. Nombre de participants masculins = 283; Nombre de participantes féminines = 571. Score médian chez les hommes = 76; Score médian chez les femmes = 83.

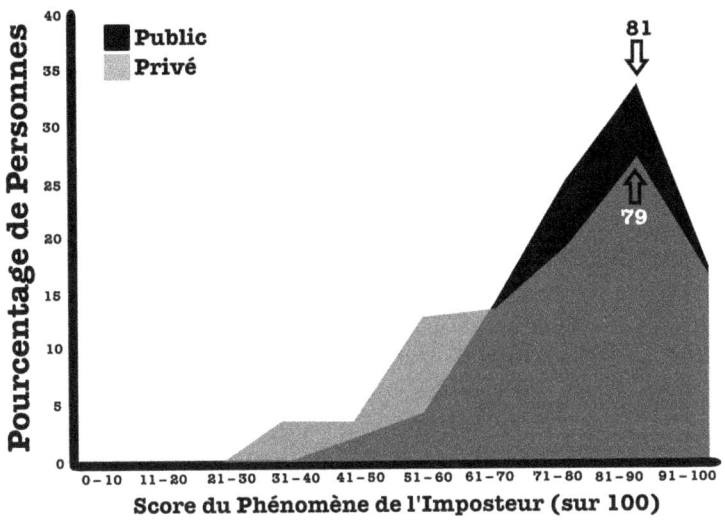

Scores du Phénomène d'Imposteur divisés par secteur d'emploi. Nombre de participants du secteur public = 690; Nombre de participants du secteur privé = 142. Score médian dans le secteur public = 81; Score médian dans le secteur privé = 79.

Au fur et à mesure que je découvrais davantage la communauté des personnes souffrant d'expériences d'imposteur, des chiffres ont commencé à émerger de la littérature qui m'ont aidé à sortir de mon sentiment de solitude. Au-delà du travail novateur de Pauline Clance, une statistique particulière sur le Phénomène d'Imposteur revenait sans cesse comme pour éliminer ma solitude :

70 %.

J'ai trouvé que ce «70 %» magique est l'une des statistiques les plus citées sur le Phénomène d'Imposteur. Elle provient d'une étude du Dr Gail Matthews (Old Dominion College, San Rafael, CA). D'après son étude américaine des années 1980, il a été démontré qu'environ 70 % des personnes ayant réussi professionnellement souffrent de sentiments d'imposture.[47]

La même étude du Dr Matthews a également suggéré que 40 % des personnes dans n'importe quelle carrière se sentent comme un imposteur dans au moins un cas de leur vie.[48] Matthews a montré que les jeunes et les personnes ayant du succès étaient les plus susceptibles d'accélérer vers l'expérience d'imposteur et de se voir comme des fraudeurs. Cela faisait écho au point de Clance selon lequel les étudiants, en tant que professionnels en devenir, étaient parmi les pires victimes du Phénomène d'Imposteur. Ils attribueraient la chance ou le hasard comme clé de leur succès. Ils oublieraient que la chance joue côte à côte avec un travail acharné et conscient. Ils ressentiraient le sentiment solitaire et imminent d'être découverts comme des imposteurs. Ils oublieraient le travail qu'ils avaient accompli. Une fois de plus, les mots que je lisais s'estompaient pour se transformer en une surface réfléchissante qui me montrait en train de me regarder. Je me suis dit :

Alors, qui étaient toutes ces autres personnes se sentant comme un imposteur ?

Je devais me demander.

En cherchant en ligne toutes les différentes variations sur « Imposteur » contre « usurpateur », et « Syndrome » contre « Phénomène », j'ai trouvé plus d'un demi-million de vidéos sur le sujet.* Des recherches similaires pour « vidéo de chat drôle » ont donné près de 80 millions de résultats. Néanmoins, trouver autant de vidéos sur les sentiments d'imposteur était rassurant pour moi. Et parmi tout le contenu YouTube que j'ai trouvé, une vidéo en particulier s'est démarquée.

Dans une courte série de vidéos d'étudiants diplômés de l'Université Stanford, l'étudiante en MBA Chika Okoro a décrit son expérience de l'école supérieure, après avoir été auparavant étudiante de premier cycle à Harvard. Elle avait également travaillé chez Google et prononcé une puissante conférence TEDx sur le

---

*. Pour vous donner une idée de la manière dont le terme « Syndrome d'Imposteur » a éclipsé le terme techniquement correct et initialement prévu « Phénomène d'Imposteur », considérez ce qui suit. Mes recherches de vidéos sur « Imposte(o)r Syndrome » ont renvoyé 550 000 vidéos. Des recherches comparables pour "Imposte(o)r Phenomenon" ont renvoyé seulement 3 150.

racisme et le colorisme.[49] Je me souviens, lorsque j'ai découvert son travail pour la première fois en 2016, que je pensais qu'elle était une personne vraiment impressionnante. Et c'est sans mentionner qu'elle est aussi une oratrice talentueuse avec un esprit vif. Elle était travailleuse, déterminée, informée et persuasive. Malgré tout cela, j'ai regardé l'interview de Stanford d'Okoro alors qu'elle avouait timidement comment elle se voyait :

« *...99% de moi sait que je mérite d'être ici, je suis intelligente, je travaille dur... mais il y a ce 1% qui dira, 'Tu n'es pas si intelligente... tu as juste pu être ici parce que tu coches deux cases (être noire et être une femme)... tu ne sais pas vraiment grand-chose'.* »

J'ai alors compris que même quelqu'un d'aussi accompli et en ascension que Chika Okoro souffrait de sentiments d'imposteur. Elle devait constamment se dire qu'elle *'suffisait'*.

Les personnes à haut potentiel pensent qu'elles sont tout le contraire. Joyce Roché, qui a souffert toute sa vie de sentiments d'imposteur, a été la première vice-présidente noire et féminine du géant des cosmétiques Avon et PDG de la charité Girls, Inc., qui vise à autonomiser les femmes. Dans son livre, *The Empress Has No Clothes,* [50] Roché raconte de manière éloquente ses luttes pour surmonter sa pauvre éducation et son appartenance ethnique pour atteindre un niveau de succès incroyable :

"*Au cours de plus de 25 ans de réalisations exceptionnelles dans le monde de l'entreprise en Amérique, j'étais parvenue à des sommets sans précédent pour une femme afro-américaine... cependant, presque chaque nouvelle réussite s'accompagnait du doute étouffant que je ne méritais pas ce succès et que tôt ou tard, je serais démasquée en tant qu'imposteur.*"

Même Tom Hanks, l'éternel gentil garçon d'Hollywood, a lutté contre le doute de soi, disant dans une interview NPR en 2016:[51]

"*...il vient un moment où l'on pense : 'Comment en suis-je arrivé là ? Quand vont-ils découvrir que je suis, en fait, un fraudeur et tout me prendre ?'*"

Mais assez de citations pour le moment, voici l'affaire.

N'importe qui, n'importe où peut se sentir comme un imposteur à un moment donné de sa vie.

Et maintenant, il est temps pour vous de voir cette conclusion habillée de données. Les personnes qui documentent la solitude de leurs expériences d'imposteur peuvent parler de nos luttes d'imposteur en chiffres. Trouver de plus en plus d'histoires d'imposteurs dans les médias m'a incité à saisir l'occasion de mettre en pratique l'une de mes compétences de recherche relativement nouvelles. Au moment où j'ai commencé à vraiment souffrir de crises répétées du phénomène de l'imposteur, j'apprenais à coder. Plus précisément, j'apprenais à extraire des données des médias sociaux et à décrire la soupe de mots sur les expériences d'imposteur en chiffres.

Dans ma quête pour en apprendre davantage auprès des communautés en ligne qui se sentaient aussi frauduleuses que moi, j'ai utilisé certaines de mes compétences en programmation pour comprendre comment nous, en tant que collectif social et groupe d'agonisants naviguant sur le web, ressentions le phénomène de l'imposteur. Qu'il s'agisse d'un tweet net et concis de moins de 280 caractères sur Twitter, ou d'une prose violette dramatique dans un long article de blog sur Facebook, un appel à l'aide sur un fil Reddit, ou un hack pour réussir via LinkedIn, la capacité de comprendre collectivement comment les gens définissent et réagissent au phénomène de l'imposteur est à portée de main. Un océan inimaginable d'expressions humaines numérisées textuellement peut être réduit à son essence éducative. C'est cette mine de données que je voulais exploiter.

Partie 3 – Les données montrent que nous ne sommes pas seuls

En tant que scientifique axée sur les données et l'analyse (un casse-pieds pédant pour certains), je voulais vérifier ma nouvelle impression de ne pas être seule à me sentir comme une imposteur ; qu'en fait, de plus en plus de personnes parlaient de leurs expériences d'imposteur. Cela allait au-delà des 800 participants à l'enquête. En utilisant un programme informatique de web scraping écrit par moi et mon équipe, nous avons recueilli des instances tweetées des termes « Syndrome de l'imposteur », « Phénomène de l'imposteur » et les versions hashtag de chaque terme.

Nous avons fait cela pour chaque année où Twitter a été actif, de 2007 à 2021. Lorsque j'ai examiné les tweets, année après année, j'ai constaté que le nombre d'instances de tweets liées aux divers termes « imposteur » augmentait progressivement. Mais ce qui m'a vraiment stupéfaite, c'est que, même en tenant compte de l'augmentation du nombre d'utilisateurs de Twitter d'année en année, le nombre de personnes tweetant à propos du « Syndrome de l'imposteur » ou du « Phénomène de l'imposteur » maintenait une tendance à la hausse. Cela ne s'est pas stabilisé. Comparez ce résultat à quelque chose comme une recherche de tweets contenant « Haïti ». Haïti a subi un séisme dévastateur en 2010. Conformément à cet événement horrible, les tweets ont atteint un pic en 2010 et ont diminué par la suite. Ces tweets n'ont pas continué à augmenter d'année en année, contrairement aux termes « imposteur ».

Le nombre de personnes parlant de leurs expériences d'imposteur est en augmentation.

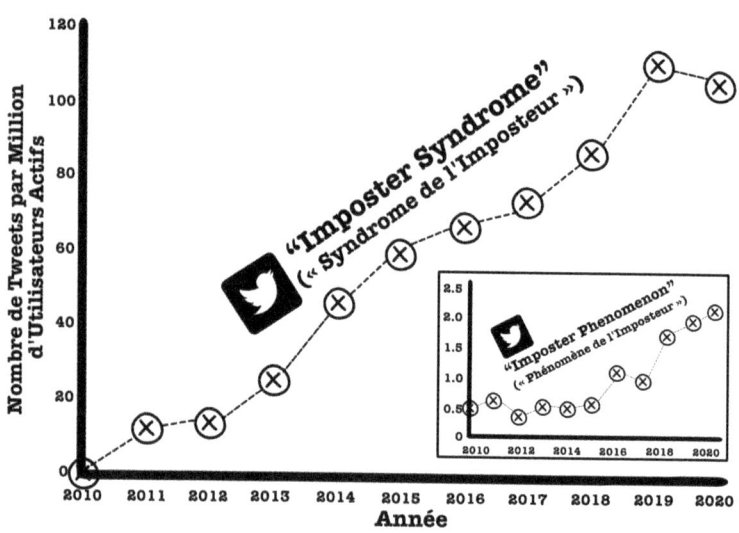

Nombre croissant de tweets incluant le terme « Syndrome de l'imposteur » (haut) et « Phénomène de l'imposteur » (bas) par année.

Un seul tweet est souvent une fenêtre sur un monde d'informations qui se cache derrière. En examinant de plus près les tweets éparpillés que j'avais recueillis, il est devenu évident que beaucoup de gens ne partageaient pas nécessairement des réflexions directes sur les expériences d'imposteur, mais plutôt des liens vers des blogs et des articles sur le sujet. Les gens partageaient des informations sur la manière dont les autres membres de leur communauté pouvaient identifier l'expérience de l'imposteur et se familiariser avec elle.

En plus des tweets, j'ai collecté et lu de nombreux articles et blogs, ajoutant plus de masse aux données que j'avais déjà rassemblées. J'avais une idée de l'augmentation du nombre de personnes parlant du phénomène de l'imposteur au fil du temps. Je voulais maintenant obtenir un sens numérique du ton avec lequel les autres personnes écrivaient sur leurs expériences d'imposteur.

La valeur cachée d'une forêt de chaînes de texte réside dans les arrangements spécifiques et les choix de mots. La construction spécifique d'une phrase fournit des indices intrigants sur la manière dont les gens, en masse, se sentent à propos de certains sujets de discussion. Comment se déroulera une élection ? Comment les gens réagissent-ils au dernier ouragan en Amérique du Nord ? Que pensent les gens d'un scandale de célébrité ? Des pensées dans notre esprit aux clics de nos doigts sur le clavier, nous laissons échapper électroniquement ce que nous ressentons à travers les mots que nous tapons. L'analyse de texte, l'analyse des sentiments, la programmation linguistique et même le simple décompte des mots (comme dans le cas de l'exercice sur Twitter) nous permettent de matérialiser les idées à partir de l'éther du texte tapé.

L'outil Linguistic Inquiry and Word Count (LIWC, prononcé « Luke ») est un programme informatique d'analyse de texte qui compte les pourcentages de mots dans un texte pour déduire différents styles de pensée et émotions.[52] Le LIWC est un outil principalement utilisé par les psychologues. Il prend en compte un texte écrit et compare chaque mot à une liste de mots de référence interne. De cette façon, il répond à des questions simples comme :

- *Quel est le nombre de mots ?*
- *Combien de mots y a-t-il par phrase ?*
- *Combien de mots du texte correspondent aux mots de la liste de référence ?*
- *Quels types de pronoms sont utilisés (« je », « moi », « tu », « il », « elle », « ils ») ?*

Et des questions comme :

- *Le texte contient-il de l'émotion positive (« amour », « gentil », « doux », etc.) ?*
- *Le texte contient-il de l'émotion négative (« mal », « laid », « méchant », etc.) ?*
- *Le texte contient-il de l'anxiété (« inquiet », « craintif », etc.) ?*

- *Y a-t-il des mots associés aux processus sociaux (« parler », « ami », « ils », etc.) ?*
- *Quels mots présents sont associés à la cognition (« savoir », « penser », « parce que », « peut-être », etc.) ?*

Le programme fait cela pour 90 variables de sortie numériques, toutes rapportées en pourcentages. Ces nombres agissent comme des miettes de pain sur un chemin menant à la vérité sous-jacente. Chaque nombre s'assemble comme des pièces du puzzle textuel, et ensemble, ils nous donnent une image de ce que tout le texte véhicule, fonctionnellement et émotionnellement.

J'ai mis en action le LIWC sur 50 articles et blogs sur le « Syndrome » de l'imposteur (voilà ce mot encore). J'ai combiné 115 000 mots et énoncés sur le sujet, tous provenant de personnes partageant leur expérience ou cherchant à éduquer un public sur les bases. Dans ma solitude, je m'attendais à parcourir les chiffres et à découvrir que les textes combinés reflétaient la façon négative et désolante dont je me sentais à propos de mes propres expériences d'imposteur... mais ce n'est pas du tout ce que j'ai trouvé.

D'emblée, et peut-être évidemment, mon analyse a révélé que les mots utilisés pour décrire les préoccupations personnelles étaient principalement liés au travail. Cela avait du sens étant donné que la plupart des articles et des blogs que j'avais lus mentionnaient des mots comme « carrière » ou « emploi ». Le résultat inattendu est venu plus tard.

En examinant tous les mots associés à l'affect psychologique - mots reflétant l'émotion positive, l'émotion négative, l'anxiété, la colère, la tristesse - j'ai découvert que la proportion la plus élevée de ces mots n'était pas négative, anxieuse ou triste. Ils étaient positifs dans leur tonalité. Il y avait 4,1 % de mots liés à l'émotion positive, mais seulement 2,6 % étaient liés à des sentiments négatifs. Pourquoi ? C'était une découverte significative et, pour moi, surprenante. Et en étant obligé d'y réfléchir davantage, cela a commencé à avoir du sens.

Si vous recherchez des articles sur le « Syndrome de l'imposteur » sur Google, vous constaterez que la plupart des personnes écrivant des articles sur le sujet donnent des conseils sur la façon de gérer l'expérience. Les auteurs de ces articles essaient d'être positifs. Dans les commentaires de ces blogs et articles, les lecteurs rapportent souvent leurs propres expériences et leur joie d'avoir lu quelque chose qui les aide. Aussi évident que cela puisse paraître, la positivité dans les articles sur le phénomène de l'imposteur ne m'était tout simplement pas apparente lorsque je me sentais seule. Ce n'était pas évident dans cette chambre d'hôtel avant la conférence à Londres. Mais il y a encore plus.

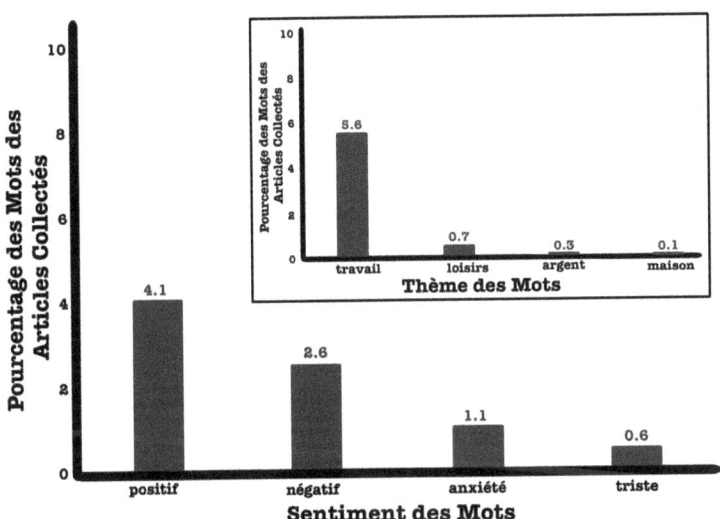

Répartition de la sentiment capturé dans le texte collecté à partir de 50 articles de magazines sur le thème du « Syndrome de l'imposteur ». Encart : répartition des thèmes abordés dans le texte collecté à partir des mêmes 50 articles de magazines sur le « Syndrome de l'imposteur ».

D'après mes recherches, les répondants à l'enquête ont fait plus que d'évaluer leurs expériences d'imposteur en termes numériques stricts selon l'échelle de Clance. Ils ont répondu à des questions ouvertes qui leur permettaient de partager la plénitude de leur histoire individuelle. En traitant plus de 380 000 mots, les dix principales affirmations condensées des personnes souffrant du phénomène de l'imposteur ont émergé.

(1) « *Je ne sais pas assez* »
(2) « *Je ne suis pas assez bon(ne)* »
(3) « *Je suis sous-qualifié(e)* »
(4) « *Je ne le mérite pas* »
(5) « *Je ne suis pas à ma place* »
(6) « *Je ne suis pas assez intelligent(e)* »
(7) « *Je suis déplacé(e)* »
(8) « *Je ne comprends pas* »
(9) « *Je manque de confiance* »
(10) « *Je ne suis pas capable* »

Le même texte a été analysé pour voir où se situent les réponses sur une échelle de réponses *subjectives* (personnelles, subjectives) par rapport à des réponses objectives (froides, basées sur des faits). Un score de texte entre 0 et 1 indique un langage plus subjectif. Tout ce qui est en dessous de 0, dans la région négative des scores de texte, suggère quelque chose de plus équilibré. De même, le texte peut être analysé sur une autre échelle : la *polarité*. C'est-à-dire si le texte véhicule un sentiment majoritairement négatif (scores inférieurs à 0), un sentiment neutre (scores autour de 0) ou un sentiment positif (scores supérieurs à 0).

Qu'avons-nous découvert ? Alors que la *polarité* des réponses était centrée autour de 0 (ni positive ni négative, en moyenne), chaque réponse des plus de 800 se situait dans la région des opinions plutôt que dans celle des faits (tous les scores de *subjectivité* supérieurs à 0).

Les chiffres décorent de manière plus robuste ce que vous auriez pu soupçonner. Pour moi, la recherche a apporté une chaleur, un soulagement et une confiance pour dire ce que je dis maintenant, où je n'aurais jamais osé auparavant.

Il n'y a pas d'expérience unique et immuable du phénomène de l'imposteur qui soit dépourvue de sentiments et d'émotions.

Certaines histoires peuvent se chevaucher, oui, mais toutes sont uniques. Et la vôtre l'est aussi.

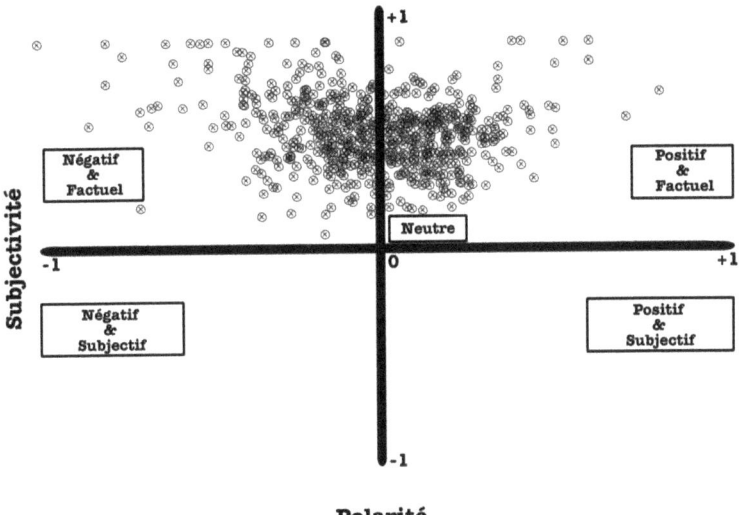

En utilisant le traitement du langage naturel, les réponses de plus de 800 participants à l'enquête ont été cartographiées sur des échelles de polarité et de subjectivité. Polarité moyenne (moyenne) = -0,03 ; Subjectivité moyenne (moyenne) = 0,53. Dans l'ensemble : les histoires d'expériences d'imposteur sont individuelles et subjectives plutôt que générales et basées sur des faits.

Partie 4 - Résumé

De tous les articles citant le chiffre magique de *70%* comme étant le nombre de personnes souffrant d'expériences d'imposteur, aux nouvelles recherches que j'ai partagées avec vous ici, il en ressort le même message essentiel pour vous dans vos propres luttes avec le phénomène de l'imposteur :

Vous n'êtes pas seul.

Ce n'est qu'après m'être tourné vers le monde extérieur à la recherche d'histoires sur le phénomène de l'imposteur que je me suis senti suffisamment à l'aise pour faire ce que j'aurais dû faire dès le début de mes luttes solitaires. J'ai parlé à quelqu'un - ma femme. À partir de ce moment-là, chaque fois que je préparais ces voyages de conférence, je disais à ma femme que j'étais inquiet de tout gâcher, inquiet d'être « découvert ». Verbaliser ces pensées cristallisait leur absurdité, et ma femme était rapide à le souligner à chaque occasion.

Comme les participants à la recherche, mes propres expériences d'imposteur étaient plus subjectives que factuelles. Plus des suppositions que des affirmations. Le soulagement de pouvoir dire comment on se sent comme un imposteur est rendu encore plus satisfaisant par l'auditeur qui vous montre que vos conclusions sont absurdes.* Contre-intuitivement, la résilience est également nourrie par ceux qui sont capables de chercher de l'aide auprès des autres et d'affronter la gêne anxieuse des critiques constructives qu'ils reçoivent. La hauteur de vos ambitions et la profondeur de vos expériences d'imposteur n'ont pas besoin d'être traversées dans la solitude.

Dans une interview pour le New York Times en 1984, le Dr Joan Harvey, psychologue et l'une des principales chercheuses sur le phénomène de l'imposteur, a noté que, par sa nature même, se sentir comme un imposteur est un secret.[53] Ceux qui souffrent de tels sentiments les partagent rarement. En passant rapidement à notre époque, cette simple déclaration peut sembler quelque peu diluée étant donné que l'internet donne une voix à tout le monde, mais elle reste vraie.

Les personnes qui se sentent comme des imposteurs ne l'avoueront peut-être jamais ouvertement. Pourtant, parler de votre expérience d'imposteur peut apporter un soulagement inestimable.

---

*. Remettre en question vos pensées d'imposteur est quelque chose que nous revisiterons en beaucoup plus de détails dans le **chapitre 8**.

Lorsque j'ai demandé à nos participants de recherche à qui ils avaient parlé de leurs propres expériences d'imposteur, un sur cinq a avoué ne l'avoir jamais dit à personne.

Réaliser que je n'étais pas seul a été un bond en avant. Nos expériences du Phénomène de l'Imposteur sont individuelles, mais elles ne sont pas isolées. Plutôt, la vôtre, pour toute sa spécificité et son individualité éclairante, est une histoire parmi d'autres. Une contribution à une communauté. Il y avait beaucoup d'autres personnes qui sabotaient inutilement leurs carrières en tirant des conclusions radicales sur leur indignité de réussir.

Découvrir que je n'étais pas seul était plus que rassurant. Cela a allumé une fusée sous mon derrière et m'a poussé à aller plus loin. Il ne s'agit plus seulement de comprendre ce qu'est le Phénomène de l'Imposteur... il s'agit maintenant de savoir comment nous remettons en question ces pensées qui vivent dans nos têtes. Pour ce faire, nous devons bien définir un mot qui se cache à la vue de tous. Je me demande si c'est un mot auquel vous avez beaucoup réfléchi.

Que voulons-nous vraiment dire par le terme *'Imposteur'* ?

Vos défis de chapitre

1. De plus en plus de personnes - célèbres ou non - éprouvent des sentiments d'imposteur. Faites-le savoir à tout le monde.

Exploitez la veine des tendances des médias sociaux partagées dans ce chapitre.

Utilisez #TuNesPasUnImposteur, prenez une photo d'une page de ce chapitre et partagez votre propre message pour ceux de votre réseau qui doivent savoir qu'ils ne souffrent pas seuls.

2. Soyez conscient des sentiments d'imposteur qui mènent à la solitude. Ne souffrez jamais seul.

Parlez à des personnes qui vous aideront à comprendre que vous n'êtes pas un imposteur. Vous pouvez utiliser le modèle disponible pour écrire les raisons pour lesquelles vous pensez être une imposteur et les preuves solides contre votre statut d'imposteur.

Ce dernier point doit être abordé lors d'une conversation.

Chapitre 4 : Les imposteurs authentiques

Mes aventures nécessaires pour comprendre le Phénomène de l'Imposteur ont commencé à semer une question beaucoup plus difficile dans mon esprit. Étais-je une telle imposture ? Marchais-je sur le chemin d'un véritable imposteur ? Et maintenant, je vous pose cette question épineuse. Êtes-vous vraiment un imposteur ? Si oui, prouvez-le. Montrez vos preuves ! Et pendant que vous vous demandez si j'essaie de vous aider ou de vous harceler (alerte spoiler, c'est la première option), permettez-moi de vous parler des histoires et des parties de ma recherche qui ont fait naître ces questions plus difficiles.

Partie 1 – Poser la question évidente

Pour les histoires d'imposteurs recueillies dans ma propre recherche, chacune était catégorisée en un thème et un sous-thème. Cet exercice de classification était fait pour aider à identifier toutes les différentes émotions, environnements et autres déclencheurs que les participants ont signalés comme étant au coeur de leurs rencontres individuelles avec le Phénomène de l'Imposteur. Dans 96 cas (environ 12 % du total), les participants ont ouvertement admis se sentir comme une fraude. Voici quelques exemples de ce qu'ils ont dit :

- « *Je rencontre d'autres étudiants en doctorat, et j'ai toujours l'impression qu'ils sont bien meilleurs que moi et que si nous avons une conversation, ils verront que je suis une fraude.* »

- « J'ai 20 ans d'expérience dans plusieurs domaines et je me réveille encore terrifié à l'idée que quelqu'un va découvrir que je n'ai pas les bonnes qualifications ou que la plupart de mes connaissances et compétences ont été acquises en cours de route.»
- « J'ai rapidement réalisé que plusieurs employés moins expérimentés ont une plus grande expertise dans plusieurs domaines spécifiques du secteur, et je pense parfois que les personnes qui m'ont embauché n'apprécient pas les gens qu'ils ont. Alors, je me sens parfois comme si j'allais être 'découvert' - malgré le fait que je travaille dans cette entreprise depuis plus d'un an.»

Certes, 96 histoires sur plus de 800 histoires possibles dans mon étude ne semblent pas être beaucoup. C'est jusqu'à ce que vous examiniez certaines des questions constituant le total des Scores du Phénomène de l'Imposteur de Clance (CIPS). À partir du **Chapitre 2**, rappelez-vous que le test global CIPS que j'ai utilisé dans mon étude est composé de 20 questions, chacune notée sur 5, avec un score total maximal d'imposteur de 100. Dans les questions 2, 6 et 13, couvrant la compétence, la connaissance et le fait d'être « découvert », la grande majorité de *tous* les participants de ma recherche ont évalué leur expérience 4 ou 5 sur 5. La plupart des gens avaient de véritables difficultés à penser qu'ils étaient des imposteurs.

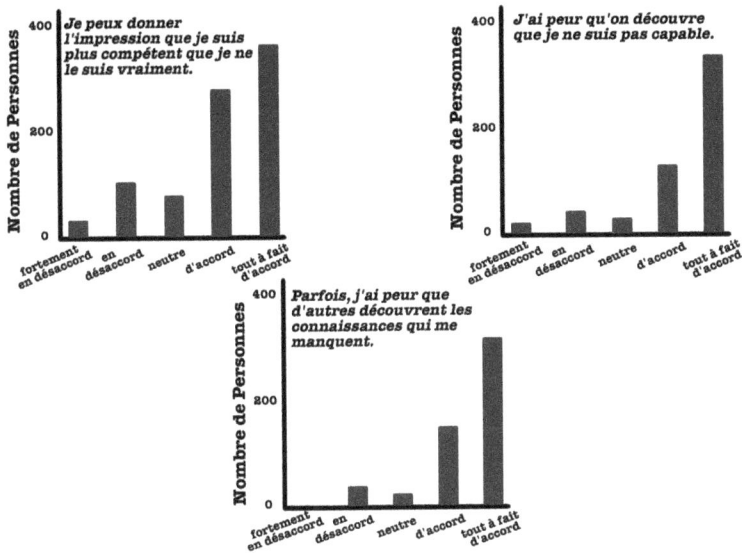

Trois des vingt questions composant les Scores du Phénomène de l'Imposteur où les questions avaient un lien avec le sentiment d'être une fraude.

Le temps que je passais à me rendre au travail était toujours plongé dans des livres audio ; l'angoisse d'être découvert est temporairement mise en sourdine par la sagesse des auteurs qui semblent avoir tout compris.

J'ai toujours été un drogué de la non-fiction. Depuis que je suis universitaire, je passe d'un livre de développement personnel à un autre sur comment faire ceci, et quand faire cela, comment penser petit et quand rêver grand. Un graphique « heures écoutées » sur mon application de livres audio sur mon téléphone était toujours en hausse savante. Chaque livre « marqué comme lu » était une tentative pour me libérer d'un doute de soi sans fin. Bien que j'aie commencé à réaliser que parler aux gens pouvait m'aider à remettre en question mes absurdes pensées d'imposteur, je n'avais pas encore compris comment me remettre en question *moi-même*. Je me demandais toujours comment je pourrais éventuellement démasquer ma propre névrose et poser une question évidente :

Chapitre 4 : Les imposteurs authentiques

Que signifie réellement être un « imposteur » ?

Ce n'est qu'à mon 26ᵉ livre audio que j'ai trouvé une histoire qui m'a incité à creuser davantage la partie « imposteur » du mal nommé « Syndrome de l'Imposteur ». En faisant défiler les étagères de livres en ligne à la recherche du salut intellectuel, je suis tombé sur un livre dont la couverture était placée sur un fond noir charbon. Des lettres audacieuses d'une teinte rouge coléreuse marquaient de manière emphatique les mots « Bad Blood » sur l'écran. J'ai téléchargé le livre et recherché son contexte. J'étais sur le point de découvrir une histoire que je devais vraiment entendre. Une histoire qui a changé ma relation avec l'expérience de l'imposteur en me faisant me demander ce qu'est un imposteur. Et c'est ce que je vais vous montrer.

Partie 2 – Une histoire sanglante d'imposture

En septembre 2014, une jeune femme d'affaires nommée Elizabeth Holmes a donné un discours lors d'une conférence prestigieuse sur la santé.[54] Elle monta sur scène avec des pas silencieux. Elle était grande et mince. Sa peau pâle contrastait de manière éclatante avec son pull à col roulé noir.

Sous les applaudissements accueillants, Elizabeth monta sur le tapis rouge circulaire au centre de la scène de la conférence. Elle leva les mains à hauteur de poitrine, paumes vers l'avant, et posa les yeux sur le public tandis qu'elle commençait à parler. Ses traits doux et sa petite silhouette rendaient la voix profonde qui retentissait de sa gorge surprenante mais totalement captivante. Elle parla en courtes rafales mesurées de quelques mots, avec des pauses persistantes pour étirer les phrases au-delà des secondes en minutes. Son message était comme une potion d'amour, et le public l'a bu. Lentement, délibérément, le staccato de la cadence d'Elizabeth aurait dû être ennuyeux, mais il était juste... hypnotisant.

Cette jeune femme d'affaires, improbablement jeune, s'est appropriée la scène en parlant des problèmes de santé aux États-Unis. Le public a entendu des histoires émouvantes de famille, d'amis et de clients dont les maladies avaient été diagnostiquées trop tard, des êtres chers arrachés à la vie avant leur heure. Le public d'Elizabeth est resté immobile et attentif. Un sort avait été jeté. À la suite de ses révélations tragiques, la question * « Et si... ? »* est devenue la pensée pleine d'espoir sur le bout de la langue de chacun. Et si nos proches pouvaient être diagnostiqués avant que leurs maladies ne les emportent tragiquement trop tôt ?

Elizabeth a ensuite révélé les merveilleux développements scientifiques qui commençaient à apporter des changements positifs au *statu quo* en matière de soins de santé. Elle a parlé de la technologie de son entreprise qui permettait aux patients d'échapper aux prélèvements sanguins douloureux et répétés nécessaires pour diagnostiquer les maladies. Avec passion et force, la foule a appris qu'une solution au problème du diagnostic des maladies n'était plus imaginaire. Avec la nouvelle technologie d'Elizabeth, plusieurs tubes à essai de sang nécessaires pour un test sanguin standard pourraient être réduits à une simple piqûre du doigt du patient et un récipient à sang de la taille d'une cacahuète. Les patients pouvaient désormais, selon Elizabeth, se tester eux-mêmes pour diverses maladies, à la maison. Désormais, les patients pouvaient apporter les résultats des tests à leur médecin plutôt que d'attendre les résultats *de* leur médecin. Avec sa technologie révolutionnaire, les maladies pourraient être diagnostiquées et traitées avec du temps à perdre. Plus d'êtres chers mourant trop tôt.

Les mots d'Elizabeth imposaient le silence. Elle ne faisait pas un discours ; elle délivrait un sermon. Ce n'était pas juste un nouveau gadget ou un tour de passe-passe. C'était une nouvelle norme dans les soins de santé. Son message était la promesse d'une capacité à diagnostiquer les maladies beaucoup plus rapidement, moins cher et plus précisément que jamais auparavant. Cela n'était jamais possible avec les prélèvements sanguins volumineux standard. Elle a terminé son discours baryton avec une vision puissante de la façon dont la technologie de test sanguin de son entreprise créait un avenir incroyable :

- « Nous changerons nos vies, et les vies de ceux que nous aimons changeront, et nous commencerons à changer notre système de soins de santé... et notre monde.»*

À ce moment-là, avec cette affirmation, c'était comme si les étoiles et les planètes s'alignaient pour boucler la boucle de l'histoire de la vie d'Elizabeth. Cette jeune femme riche et ambitieuse était autrefois une petite fille aux yeux rêveurs qui écrivait une lettre à son père en disant :

- « Ce que je veux vraiment dans la vie, c'est découvrir quelque chose de nouveau, quelque chose que l'humanité ne savait pas qu'il était possible de faire.»*

C'était excitant. C'était révolutionnaire. **Et c'était un mensonge.**

Quatre ans après son discours à la conférence, Elizabeth et son entreprise, Theranos, ont été poursuivies dans le cadre d'un recours civil. Quelques mois plus tard, Elizabeth a été arrêtée pour des accusations fédérales de fraude informatique. Les citations de ses procureurs ressemblaient à des clous enfoncés dans son cercueil :

- « [Elizabeth] n'a pas seulement escroqué les investisseurs » * mais aussi * «... induit en erreur les médecins et les patients quant à la fiabilité des tests médicaux qui mettaient en danger la santé et la vie.» *

Plus tard la même année, l'entreprise Theranos était en cours de dissolution, et les dernières gouttes de ses liquidités étaient versées à des investisseurs frustrés. Elizabeth Holmes avait vendu un rêve et livré un cauchemar. Theranos promettait un nouveau dispositif capable d'utiliser des échantillons minuscules de sang pour raconter à un patient l'histoire de leur état de santé actuel. L'ingénierie chimique magique était la revendication. En réalité, Theranos s'est démené pendant des années, réussissant seulement à produire un dispositif en échec perpétuel qui ne fonctionnait qu'à l'occasion où les investisseurs devaient être impressionnés et où plus d'argent était nécessaire pour maintenir la recherche en cours. En dehors du cercle restreint d'Elizabeth, les employés de Theranos ont vu les signes avant-coureurs de l'entreprise aveuglée par la hype pour son leader. Hélas, Elizabeth a poussé son peuple et la technologie en avant, prêts ou non.

Au final, l'entreprise d'Elizabeth a dû annuler les résultats de plus d'un million de tests sanguins. Plus d'un million de patients ont dû apprendre qu'ils avaient été victimes d'une fraude massive. Ce que Theranos a accompli dans les soins de santé, c'est comme dire qu'ils avaient inventé un nouveau *Coca-Cola* époustouflant, alors qu'ils avaient en réalité vendu le même vieux Coca avec un goût plus variable que l'original.

Trois ans avant l'effondrement ultime de l'empire d'Elizabeth, *The Wall Street Journal* a publié des articles qui ont levé le voile sur les agissements de Theranos. John Carreyrou, le journaliste d'investigation à l'origine de ces révélations, a publié dix articles accablants qui ont marqué le début de la fin pour la mission trompeuse d'Elizabeth. Ce même journaliste deviendrait plus tard l'auteur de *Bad Blood*,[55] ce livre encre noire et rouge colérique, le 26ᵉ livre audio de ma liste de lecture. *Bad Blood* racontait l'histoire vraie et sans fard de l'ascension et de la chute d'Elizabeth Holmes et de Theranos.

L'histoire d'Elizabeth Holmes est devenue le plus grand cas de fraude de l'histoire du monde de la technologie.* Holmes était une véritable imposture et l'incarnation d'une catégorie d'imposteurs authentiques. Elle a été démasquée. Exposée. Bannie. L'histoire m'a secoué jusqu'à la moelle. Ce que je voulais savoir, ce que je devais savoir, et ce que tout le monde des affaires voulait apprendre, c'était *pourquoi*. Pourquoi une jeune entrepreneuse prometteuse avec une mission si louable a-t-elle sombré dans la fraude ?

Nous passons tellement de temps à l'école et dans notre vie professionnelle à nous étiqueter comme imposteurs que nous nous arrêtons rarement pour examiner les véritables cas de fraude. L'histoire d'Elizabeth Holmes est ce qui m'a fait prendre conscience de cela. Pour mieux gérer les expériences d'imposteur, il est utile de comprendre vraiment les vrais imposteurs en compagnie desquels vous pensez vous trouver. Et si vous voulez comprendre la fraude d'une magnat de la technologie visionnaire comme Elizabeth Holmes, vous devez comprendre un flic rebelle à la recherche d'un tueur en série...

Partie 3 – Dirty Harry et la corruption pour une cause noble

Dans les années 1970 et 1980, un professeur de justice pénale nommé Carl B. Klockars étudiait les dilemmes dans le travail policier. Il voulait savoir comment et pourquoi de bons policiers devenaient de mauvais policiers. Pourquoi les policiers prenaient-ils parfois la loi en leurs propres mains ? En 1980, Klockars a écrit un article intitulé « The Dirty Harry Problem »[56], nommé d'après le célèbre film de 1971, *Dirty Harry*, avec Clint Eastwood dans le rôle de Harry Callaghan.[57]

---

*. Le 3 janvier 2022, alors que je finalisais ce livre, Holmes a été reconnue coupable de trois chefs de fraude par fil et d'un chef de complot en vue de commettre une fraude par fil. Elle risque jusqu'à 65 ans de prison.

Dur. Granuleux. Inébranlable. Harry est un homme sans fioritures. Il est un flic solitaire pour qui la loi est un obstacle à la véritable justice. Il contourne les règles et ne transpire pas en le faisant. Harry ne se contente pas d'arrêter les violeurs et les voleurs en fuite, il leur tire dessus. Les méchants reçoivent ce qu'ils méritent, par le bout fumant du Colt 44 magnum de Harry. Lorsqu'une jeune fille est enlevée par un tueur en série psychopathe appelé Scorpio, le périple de Harry pour retrouver la jeune fille avant qu'elle ne soit tuée révèle un chemin contre-intuitif pour devenir un véritable imposteur.

Inspiré par l'intrigue de *Dirty Harry*, le professeur Klockars étudiait pourquoi les vrais policiers étaient poussés à enfreindre la loi. Mais plus que cela, Klockars s'intéressait à la façon dont ces flics véreux étaient capables de se convaincre qu'ils avaient fait la *mauvaise* chose pour toutes les *bonnes* raisons. Klockars voulait comprendre pourquoi les policiers se transformaient volontairement en fraudeurs de la police et devenaient des justiciers masquant leurs actions comme du travail de police à la poursuite de la justice.

Dans le film, lorsque le *Dirty Harry* de Clint Eastwood affronte enfin le tueur en série (qui, attention spoiler, avait déjà tué la jeune fille), Harry tire sa dernière balle dans la poitrine du tueur avant que ce dernier ne puisse lui tirer dessus. Le tueur tombe d'un quai au bord d'une rivière dans l'eau, s'éloignant en silence immobile et ensanglanté. Harry fixe le corps du tueur puis regarde son insigne de police. Les dents serrées, Harry jette son insigne en forme d'étoile dorée dans l'eau. Satisfait de sa propre marque de justice, Harry s'éloigne de la scène, sachant que rester un policier signifierait vivre en imposteur. Harry portait le masque d'un policier. En faisant ce qu'il considérait comme la bonne chose, il était devenu un fraudeur au sein de la police.

N'importe quel policier peut devenir un Dirty Harry. L'article de Klockars faisait référence à la situation inhabituelle dans laquelle les policiers, plus que la plupart des autres groupes de personnes, sont régulièrement placés dans des situations où de *bons* résultats peuvent être obtenus par des moyens *douteux*. Dans son article, Klockars a formalisé quatre situations - des paires de moyens et de fins - auxquelles un policier pourrait être confronté. La première combinaison de moyens et de fins consiste à utiliser des moyens moralement sales pour atteindre des fins moralement sales. C'est comme voler une voiture pour écraser quelqu'un : un acte moralement sale en facilite un autre. Cette paire *mauvais moyens pour mauvaises fins* n'est pas du travail de police, c'est un comportement criminel standard.

Dans la deuxième paire de moyens et de fins de Klockars, des moyens moralement bons atteignent des fins moralement sales. Collecter de l'argent pour une oeuvre de bienfaisance seulement pour garder l'argent pour soi est un exemple de bons moyens menant à des fins sales. La troisième des quatre paires est peut-être la plus facile à comprendre. Il s'agit de l'utilisation de moyens moralement bons pour atteindre des fins moralement bonnes.

Donner cette même collecte de fonds pour une oeuvre de bienfaisance (bons moyens) aux personnes dans le besoin pour lesquelles vous collectez l'argent (bonnes fins) correspond à cette situation. Cependant, c'est la quatrième et dernière paire de moyens et de fins que Klockars a utilisée pour décrire le dilemme étonnamment courant pour les policiers : utiliser des moyens moralement *sales* pour atteindre des fins moralement *bonnes*. Dans le cas de Harry, cela revient à ignorer le droit civil d'un tueur à un procès en le tuant par balles et en regardant son corps s'éloigner dans une tombe aquatique. Cela vous rappelle quelque chose ?

Klockars a décrit la paire de moyens sales pour de bonnes fins ainsi :

« *Le bien à réaliser est si incontestablement bon et si passionnément ressenti que même une petite possibilité de sa réalisation exige qu'on l'essaye.* »

En d'autres termes, la fin justifie les moyens. C'est ainsi qu'un bon policier devient un imposteur à son insigne. C'est la même chose que d'utiliser l'argent des investisseurs pour lancer un dispositif révolutionnaire de test sanguin avant qu'il ne soit prêt à être utilisé sur des patients malades. Qu'il s'agisse de policiers armés ou de milliardaires de la santé, c'est le *Problème de Dirty Harry*.

	Fins	
Moyens	**Bons moyens Bonnes fins**	**Bons moyens Mauvaises fins**
	MOYENS DOUTEUX BONNES FINS	**Mauvais moyens Mauvaises fins**

Combinaisons de moyens pour atteindre des fins particulières. Le problème de Dirty Harry se concentre sur les cas où des moyens douteux sont employés pour obtenir des résultats moralement bons.

Partie 4 – Elizabeth Holmes et Dirty Harry

Pour la jeune Elizabeth Holmes, « grandir » était associé à « déménager ».[58] Mais une vie familiale dynamique et nomade n'a pas empêché Elizabeth de rêver grand et de montrer un esprit compétitif. À sept ans, elle a dessiné des schémas pour sa conception d'une machine à voyager dans le temps. C'était deux ans avant d'écrire sa lettre incroyablement ambitieuse à son père.

Lorsqu'elle est partie à l'université, ses parents lui ont offert une copie du livre *Méditations* de Marc Aurèle. De la Rome antique,

Holmes a reçu une collection d'inspirations pour vivre une vie avec un but. Les parents d'Elizabeth ont rendu les fins moralement bonnes claires, mais qu'en est-il des moyens ?

Elizabeth a abandonné son cours de génie chimique à Stanford pour suivre son désir de créer une entreprise. Elle a fondé Real-Time Cures un mois plus tard. Avec une ambition féroce, elle voulait que son entreprise révolutionne les tests sanguins et les diagnostics. Pour correspondre à la mission, la toute nouvelle Real-Time Cures a été rebaptisée Theranos (un amalgame de « Thérapie » et « Diagnostic »). Avant la fin de la même année où elle a abandonné l'université, Elizabeth avait levé plus de 6 millions de dollars auprès d'investisseurs. Theranos était en vie, et Elizabeth était en route vers les fins moralement bonnes de changer le monde grâce à une vie de but.

Au plus fort du développement des tests sanguins de l'entreprise, les membres du conseil d'administration de Theranos ont effectivement voté pour démettre Elizabeth de ses fonctions de PDG afin de confier les rênes à une personne plus âgée et expérimentée. Pour Elizabeth, elle ne pouvait tout simplement pas laisser cela se produire. Elle était tellement déterminée à diriger l'entreprise dans sa mission qu'une réunion de deux heures a suffi pour convaincre le conseil de faire demi-tour et la maintenir en place en tant que PDG.

Au cours de l'année précédant le discours puissant d'Elizabeth lors de la conférence médicale, l'augmentation stratosphérique des fonds pour Theranos a captivé l'attention du monde de la technologie. Elizabeth était la coqueluche des magazines *Forbes* et *Fortune*. Elle était au sommet du monde. À son apogée, elle était la plus jeune milliardaire autodidacte du monde, avec une richesse de plus de 4,5 milliards de dollars. Elle disposait de nombreux moyens pour atteindre ses nobles objectifs de révolutionner les soins de santé. Un article élogieux sur le profil de Holmes de cette époque est aujourd'hui difficile à lire. Dans l'interview, Elizabeth affirme :

*« J'ai fait quelque chose, et nous avons fait quelque chose, qui a changé la vie des gens... Je préférerais de loin vivre une **vie avec un but** plutôt que d'avoir d'autres choses mais pas cela.* »[59]

Relisez cela. « *J'ai fait quelque chose, et nous avons fait quelque chose.* » Lorsqu'Elizabeth définit les moyens pour atteindre les objectifs de son entreprise, lequel pense-t-elle être le plus important, « je » ou « nous » ?

Au cours des dix longues années investies dans le développement de sa technologie de test sanguin, la décision la plus funeste d'Elizabeth concernant les moyens douteux a été prise à l'automne 2013. Malgré les inquiétudes des scientifiques de laboratoire, malgré les échecs de dernière minute avant les démonstrations de produits, l'entreprise d'Elizabeth Holmes a commencé à vendre ses tests à piqûre au grand public américain. À cette époque, l'entreprise manquait d'argent, et on pensait que le succès apparent de l'utilisation de ces tests sanguins commerciaux prématurément médiatisés pourrait aider à solliciter plus d'argent auprès des investisseurs.

Plutôt que d'être un dispositif révolutionnaire de test sanguin, la technologie de Theranos utilisait des analyseurs de liquides tiers piratés, adaptés pour gérer les petits échantillons qui ont rendu Theranos célèbre et Elizabeth si séduisante. En réalité, les échantillons de sang des patients devaient être dilués pour fonctionner dans l'instrument, rendant tout diagnostic complètement peu fiable. Elizabeth essayait de proposer une nouvelle forme de soins de santé sans la rigueur scientifique pour étayer cela. Elle avait des objectifs solides et déterminés, mais des moyens très discutables pour les atteindre.

Après les révélations accablantes que son entreprise n'était pas ce qu'elle prétendait être, Elizabeth a été interviewée par liaison satellite pour avoir la chance de répondre aux accusations cinglantes portées contre Theranos dans la presse. En ouvrant l'interview, elle a répondu :

« *C'est ce qui se passe lorsque vous travaillez pour changer les choses... D'abord, ils pensent que vous êtes fou, puis ils vous combattent, puis tout à coup vous changez le monde...»*[60]

À peu près à la même époque, Holmes a tweeté une citation et une image de Winston Churchill. Les mots et l'image étaient encadrés dans la couleur verte menthe de la marque Theranos, disant :

« *Nous gagnons notre vie par ce que nous obtenons, mais nous faisons notre vie par ce que nous donnons.*»[61]

Le tweet a été publié avec le hashtag #lifeofpurpose.

Le compte Twitter d'Elizabeth est à l'abandon depuis.

Son ambition d'enfance a été cristallisée dans la note écrite à la main à son père disant qu'elle voulait «*...faire quelque chose que l'humanité ne savait pas qu'il était possible de faire* ». Les parents d'Elizabeth voulaient qu'elle mène une *vie avec un but*. Sa poursuite de cet objectif noble est devenue une leçon pour nous tous. Juste pas la leçon qu'elle avait prévue. Les maladies qui privaient les gens d'une vie pleine et saine étaient comme Scorpio, le tueur en série. Elizabeth était déterminée à éradiquer ces maladies en développant sa technologie de tests sanguins Theranos par tous les moyens nécessaires. Elizabeth est devenue *Dirty Harry*. Visant de bonnes fins par des moyens doutex. Sa cause noble a conduit à la corruption et à la fraude.

Ce qui semblait autrefois être une série de questions inhabituelles était maintenant une question inévitable dans mon esprit. Alors, laissez-moi vous poser à nouveau la question comme je l'ai fait au début de ce chapitre.

Êtes-*vous* un tel imposteur ?

Utilisez-*vous* des moyens doutex pour de bonnes fins ?

Parcourez-*vous* le chemin d'un véritable imposteur ?

Non ! Mais en traversant l'expérience de l'imposteur, nous ne nous arrêtons jamais pour considérer les vraies histoires des « vrais ». Les imposteurs incarnés.

> Nous essayons rarement de définir ce qu'est un imposteur...
> nous passons plutôt directement à nous étiqueter comme tel.

Trouver le livre *Bad Blood* m'a fait découvrir l'histoire d'Elizabeth Holmes et une façon dont quelqu'un pouvait devenir un véritable imposteur. Mais Elizabeth Holmes et *Dirty Harry* n'étaient que le début. D'autres histoires d'imposteurs dans la réalité ont commencé à me montrer qu'en me traitant d'imposteur, je faisais vraiment preuve d'injustice envers moi-même. Une telle histoire nous éloigne des indignités entrepreneuriales et nous ramène à l'intérieur des murs de l'académie.

Partie 5 – Le désespoir de la réussite académique

L'université est célèbre pour son système de titularisation.* Les jeunes professeurs en herbe qui entrent dans un poste universitaire passent par ce que l'on appelle un poste pré-titularisé ou en voie de titularisation. Ils ont jusqu'à cinq ans pour monter leur laboratoire, publier des articles et prouver leur valeur académique. Lorsqu'il est temps d'examiner le dossier pré-titularisation, un long document et un comité se réunissent pour décider d'une chose : *ce jeune universitaire mérite-t-il un poste à durée indéterminée ?* En gros, à quelques exceptions près, il s'agit de décider si cette personne a mérité un emploi à vie. Sauf à enseigner aux étudiants en utilisant des films classés X ou à voler de l'argent (ce qui s'est réellement produit, d'ailleurs), il est extrêmement difficile d'être renvoyé si vous êtes titulaire. C'est le ticket d'or dans le monde universitaire. Plus de pression pour trouver un emploi. Plus d'inquiétude quant à la provenance de l'argent pour payer les factures.

---

*. Le terme « tenure » est en lui-même largement un phénomène nord-américain. Cela dit, il existe des systèmes académiques dans le monde entier qui ont des systèmes d'emploi avec titularisation en tout sauf en nom.

Chapitre 4 : Les imposteurs authentiques

Dr Brian McNaughton était un de ces universitaires pré-titularisés qui travaillaient pour obtenir le ticket d'or d'un poste à plus long terme. Au début, tout semblait aller bien pour Brian. Son laboratoire a pris un excellent départ à la Colorado State University, obtenant une importante subvention de recherche de plus de 300 000 dollars. Mais, face à la pression croissante de l'évaluation de la titularisation, McNaughton a nourri du ressentiment envers le favoritisme apparent dans son département. Pour aggraver les choses, son laboratoire était à court d'argent. On lui a refusé des congés de l'enseignement pour se concentrer sur l'obtention de davantage de subventions de recherche. Tout cela se passait alors qu'il essayait de subvenir aux besoins de sa femme et de sa jeune famille.

Au cours de la difficile route de Brian vers la sécurité de l'emploi académique, le stress a entamé la relation avec sa femme. Un soir, alors que leur mariage sombrait dans l'échec, les disputes entre le couple ont atteint des niveaux presque violents, du moins pour les personnes de leur quartier qui ont appelé la police.

Brian avait besoin de la titularisation, et cela ne s'annonçait pas bien. S'il parvenait à obtenir la titularisation, il n'aurait plus de soucis d'emploi, beaucoup moins de stress et un flux de trésorerie régulier pour sa famille et leur mode de vie de banlieue de classe moyenne. La titularisation représentait donc de bonnes fins pour Brian. Cependant, les *moyens* pour atteindre la titularisation reposaient sur le choix de la promotion par le comité de titularisation de la Colorado State. Brian n'a pas attendu d'être choisi. Il a décidé de ses propres moyens. Il a trouvé une opportunité différente et s'est choisi lui-même.

Lorsqu'un universitaire star se voit offrir un poste concurrent dans une autre institution, cela peut servir de signal d'alarme pour l'université hôte actuelle afin de faire sa propre contre-offre, pour garder cette même étoile universitaire. L'offre concurrente pourrait être une promotion pour l'universitaire, un soutien supplémentaire aux étudiants, plus de matériel. Après tout, les universités veulent éviter la perte de personnel qui contribue de manière significative au classement institutionnel. Dans ce mécanisme où une université est en concurrence avec une autre pour les services d'un universitaire, Brian McNaughton trouverait les moyens de se choisir sans être sélectionné.

Brian a saisi l'occasion de présenter une lettre d'offre à ses collègues supérieurs de la Colorado State. La lettre mentionnait un nouveau poste pour Brian dans une université rivale. La nouvelle offre comprenait une titularisation pour Brian, un salaire plus élevé et plus de soutien à la recherche. Il avait son ticket d'or en vue. Tout ce qu'il avait à faire, c'était de changer de camp et de déménager dans une autre université. Le seul problème était qu'il n'y avait, en fait, *aucune* offre d'une autre université. Brian a falsifié la lettre. Il a écrit lui-même l'offre idéale. Un poste universitaire lucratif et un chemin clair pour soutenir sa famille étaient l'objectif final, mais Brian a utilisé le stress de son rôle actuel pour justifier des moyens frauduleux.

Derrière la fausse lettre, le plan de Brian était de mettre la pression sur ses supérieurs à la Colorado State pour répondre à ses exigences d'augmentation de salaire et de soutien supplémentaire pour son laboratoire... et il l'a obtenu. À ce moment-là, Brian McNaughton a scellé l'accord en utilisant des moyens douteux pour atteindre ses fins désirées. Tout comme les scènes finales de *Dirty Harry*, voici un autre cas de flic regardant un tueur flotter sur la rivière avant de jeter son insigne. Alors que l'insigne de police d'Harry sombrait dans les sédiments, la carrière universitaire de Brian McNaughton sombrait elle aussi.

McNaughton a été reconnu coupable de fraude en 2018. Dans une confession de cinq pages qu'il a publiée avant son inculpation, Brian a écrit :

« *J'ai cédé à d'énormes pressions, à la frustration et à mon propre ego...* »[62]

Avec une image à préserver, des bouches à nourrir, des relations professionnelles et personnelles en déroute, Brian voyait un poste universitaire titulaire comme un moyen de soulager tout son stress. La quête de la titularisation semblait si précieuse qu'elle valait la peine d'être poursuivie par tous les moyens nécessaires, même ceux qui risquaient de le dévoiler comme un véritable imposteur. Au final, Brian a remboursé plus de 90 000 dollars qu'il avait escroqués à la Colorado State. Mais aucune somme d'argent ne pouvait racheter sa réputation. Au moment de la rédaction de ce chapitre, Brian McNaughton n'est plus un scientifique universitaire. Il travaille dans la vente.

L'histoire de Brian, comme celle d'Elizabeth Holmes avant lui, était une autre histoire de véritable fraude scientifique qui m'a révélé. C'était une autre histoire qui soulevait la question de savoir pourquoi je m'étais jamais considéré comme un imposteur. Mais pourtant, une autre pièce était encore à tomber. Voici deux cas de personnes autrement impressionnantes et inspirantes utilisant des moyens sales pour atteindre des fins vraiment dignes. De plus, je vous ai raconté ici deux histoires qui m'ont vraiment marqué. Il y a, hélas, encore plus de cas comme celui-ci. Des scientifiques gonflant les résultats et falsifiant les données, le stress d'obtenir un avantage concurrentiel est répandu. Mais en repensant à l'étude de Klockars sur toutes les combinaisons de moyens et de fins, j'ai réalisé que la paire qui m'aiderait vraiment à commencer à percer de gros trous dans l'appellation d'imposteur était peut-être la paire la plus évidente de toutes. Qu'en est-il du côté sombre de la fraude ? Qu'en est-il des imposteurs qui ont utilisé des moyens sales pour des fins sales ?

Partie 6 - Les deux Johns et leurs différentes sortes de fraude artistique

Une fois que j'ai pris conscience du formalisme *Dirty Harry* de Klockars et que j'ai davantage réfléchi aux imposteurs authentiques, j'ai commencé à rassembler toutes sortes d'histoires d'imposteurs de tous les horizons. Une histoire particulièrement curieuse m'a amené à découvrir ce qui semblait être deux types d'imposteurs en un seul endroit. L'un d'eux m'a révélé l'autre type d'imposteur qui aiderait à poursuivre la déconstruction de mes propres expériences d'imposteur. Un fraudeur utilisait des fins sales pour des moyens sales.

Deux Johns très différents

Lorsque je rassemblais des histoires d'imposteurs, j'ai trouvé deux articles de journaux que je voudrais que vous considériez maintenant. Deux articles traitant de deux types de personnes très différents, qui faisaient tous deux partie de la même affaire de fraude artistique majeure. Un article a interviewé un homme du nom de John Myatt, un artiste talentueux et humble qui était particulièrement doué pour recréer les oeuvres des maîtres les plus connus de l'art.[63] D'après les journalistes qui ont rencontré Myatt, il était dit qu'il était sans prétention. Poli. Ses codétenus de prison l'ont surnommé affectueusement Picasso, et ceux qui l'ont emprisonné l'ont ensuite embauché pour créer des peintures légales.

Un article connexe d'un autre journal parlait d'un autre John, John Drewe.[64] Ce second article était empreint de connotations beaucoup plus sombres. Dans un rapport sur ce maître criminel, des policiers ont été cités en disant que *« le monde sera un endroit beaucoup plus sûr avec Drewe en prison »*.

Pourquoi les deux Johns, Myatt et Drewe, qui travaillaient tous les deux en même temps pour escroquer le monde de l'art, ont-ils été décrits si différemment ? Pourquoi Myatt était-il décrit comme un gentleman presque parfait aux motivations déplacées, tandis que Drewe était vilipendé en tant que truand endurci ? Le revolver de Dirty Harry sort de nouveau de son étui.

John Myatt

Pendant les années 1980, John Myatt travaillait comme professeur remplaçant et vivait dans la pittoresque campagne anglaise avec sa femme et ses deux jeunes enfants. Cependant, Myatt se retrouva en difficulté financière lorsque sa femme le quitta. Tout à coup, effrayant, Myatt devint parent célibataire. Il avait des bouches à nourrir et très peu de moyens pour le faire. La menace que les travailleurs sociaux enlèvent ses enfants planait. Alors, pour passer plus de temps avec ses enfants, Myatt décida de quitter son emploi d'enseignant et de travailler à domicile en exerçant une activité beaucoup plus créative – recréer des oeuvres d'art classiques.

Myatt était maintenant un artiste pauvre, malchanceux et, un peu comme Brian McNaughton, était un parent travailleur fier avec une famille à charge. Vous, comme moi, pourriez être tenté de penser que parce que John Myatt avait besoin de plus d'argent pour s'occuper de ses enfants (des fins tout à fait louables), son talent exploitable pour la reconstitution d'art offrait les moyens douteux pour résoudre ses problèmes. En réalité, les reproductions d'art de John Myatt étaient vendues pour ce qu'elles étaient. Des faux ! Il peignait et vendait des reproductions comme des décorations pour la maison ; aussi innocentes que des cartes postales de boutiques de souvenirs. Myatt, dans sa nouvelle lutte, employait de bons moyens pour atteindre de bonnes fins. Il faisait la publicité de ses services dans un magazine :

FAUX AUTHENTIQUES
oeuvres d'art du 19e et 20e siècle
à partir de 150 £.

Les clients sont venus, et la deuxième annonce de Myatt se lisait confortablement comme la première, sauf que les prix étaient maintenant « *à partir de 250 £* ». Soit 100 £ de plus qu'auparavant. Ses bons moyens ont commencé à atteindre de bonnes fins pour ses enfants. Mais alors que Myatt gagnait des clients ponctuels, voire deux fois pour ses oeuvres, il avait un client qui revenait encore et encore : John Drewe.

John Drewe

L'autre John, John Drewe, est né à l'origine sous le nom de John Cockett. Il a changé de nom après avoir quitté l'école à l'âge de 17 ans. On lui attribuait un QI de 165 (plus élevé qu'Albert Einstein et 99,99 % de la population générale). Contrairement à Myatt, Drewe dégageait tous les signes caractéristiques d'une personne qui n'était pas tout à fait ce qu'elle semblait être. Ensemble, les deux Johns très différents allaient bientôt devenir deux imposteurs très différents.

Le début du scandale

Drewe a été inspiré pour imaginer un stratagème visant à tromper le monde de l'art, après avoir vu les publicités presque cachées de Myatt vendant des *Faux Authentiques*. Régulièrement, Drewe revenait, achetant des oeuvres classiques repeintes par la main experte de Myatt. Les deux Johns se rencontraient dans des gares et des cafés, menant des affaires honnêtes entre l'artiste et le client fidèle. Plus tard, Drewe invita Myatt chez lui, faisant à son tour la connaissance de sa femme et de ses enfants. Alors que Myatt et Drewe construisaient leur relation, la femme de Drewe ne savait rien des projets que son mari élaborait dans son esprit.

Drewe finit par ne plus avoir de demandes de tableaux à acheter auprès de Myatt. Il demanda plutôt à Myatt ce qu'il aimerait peindre et vendre. Myatt choisit l'oeuvre d'un artiste allemand peu connu nommé Albert Gleizes, l'inventeur autoproclamé du style abstrait connu sous le nom de Cubisme. C'était un style qui intriguait Myatt, et c'est donc ce qu'il produisit pour Drewe. C'est à ce moment que tout a commencé à changer.

Une fois que Myatt eut produit le tableau cubiste pour Drewe, Drewe l'emmena chez les commissaires-priseurs de Christies à Londres et les convainquit que la reproduction innocente de Myatt d'une pièce de Gleizes était de Gleizes lui-même. Ce n'est qu'une fois que Drewe eut convaincu les commissaires-priseurs d'acheter l'oeuvre de Myatt qu'il appela Myatt avec une offre surprenante. Drewe avait vendu la reproduction d'Albert Gleizes à Christies pour la somme rondelette de 25 000 £. La question alléchante de Drewe à son ami John Myatt était alors très simple :

Préférerait-il être payé 250 £ comme annoncé, ou aimerait-il plutôt recevoir 12 500 £ ?

Hélas, pour Myatt, le père de deux enfants en manque d'argent, l'offre de Drewe était trop tentante, trop excitante pour être refusée. De bonnes fins par des moyens douteux. Après tout, Myatt était stupéfait que ses simples hommages soient acceptés comme des oeuvres originales par les experts apparemment les plus respectés du monde de l'art. En acceptant l'offre de Drewe, Myatt est devenu complice d'un scandale qui allait finalement ébranler la scène artistique jusqu'à ses fondations. Les deux Johns, Myatt et Drewe, étaient désormais partenaires dans le crime.

Faux et Contrefaçons

Pour comprendre pleinement les différences entre John Myatt et John Drewe, vous devez comprendre la différence entre un *faux* et une *contrefaçon*. John Myatt créait des *faux*, des reproductions honnêtes d'oeuvres d'art classiques. C'est ainsi qu'il les annonçait. C'est ce que les clients savaient qu'ils allaient obtenir. Dans certains cas, les clients demandaient même à Myatt de peindre leur propre visage à la place des portraits classiques. Myatt peignait ses soi-disant *Faux Authentiques* et les vendait à un prix modeste aux gens qui aiment avoir le visage de leur animal de compagnie peint sur un corps royal célèbre.

Drewe, en revanche, ourdissait consciemment des plans pour vendre des *contrefaçons*. Drewe, un maître escroc selon tous les experts, est allé jusqu'à réécrire l'histoire de l'art et fournir des preuves documentaires que ce qu'il vendait était en réalité la vraie chose. Il savait que, au-delà de tout doute que les marchands d'art avaient sur la qualité des tableaux eux-mêmes, la traçabilité, plus communément appelée *provenance*, était sacrée pour confirmer si une oeuvre d'art était authentique ou non. La provenance permettait aux acheteurs et aux marchands de lire l'histoire de l'oeuvre d'art et de la suivre, à travers les ventes et les expositions, jusqu'à l'artiste d'origine. C'est en créant des provenances habilement falsifiées que John Drewe menait ses sales moyens à des fins sales.

Selon Myatt, il ne pouvait pas croire que l'escroquerie dans laquelle il était impliqué puisse passer inaperçue pendant des années. Il peignait des faux en utilisant rien de plus que de la peinture pour maison, de la gelée, des taches de café et de la poussière d'aspirateur.

Au sommet du scandale, Drewe réussit à vendre la reconstitution de Myatt de l'artiste du 20e siècle Alberto Giacometti pour 300 000 $ dans une maison de vente aux enchères à New York. Myatt, complètement happé par la fraude de Drewe, gagnait de l'argent bien nécessaire grâce à un travail qui ne lui prenait que cinq heures à réaliser.

Au fur et à mesure que l'escroquerie prenait de l'ampleur, Drewe fut contraint de recruter une petite équipe d'intermédiaires pour vendre les oeuvres afin d'éviter les soupçons. Mais malgré les mensonges complexes de Drewe pour échapper à la détection, le stratagème ne dura pas éternellement.

Toute l'intrigue se dénoua lorsqu'un marchand d'art anglais nommé Peter Nahum commença à soupçonner qu'on lui ait vendu une seconde peinture du même artiste. Dans des entretiens relatant l'histoire,[65] Nahum dégage l'image d'un marchand d'art. C'est un homme grand, mince mais robuste, habillé d'un mélange de fils de tweed, de grandes lunettes, de cheveux blancs et fins, et d'un noeud papillon occasionnel.

À peu près à la même époque, Mary Lisa Palmer, directrice de l'Association Giacometti à Paris, commença à émettre des soupçons sur certaines oeuvres supposées de l'artiste dont son institut portait le nom, Alberto Giacometti. Le visage droit et aquilin de Palmer correspondait à la finesse de son intellect analytique et à la franchise de ses mots. Et ce n'est que lorsque Palmer mena un travail de détective approfondi pour prouver que la provenance du Giacometti de Drewe avait été habilement falsifiée, qu'elle put commencer à convaincre les marchands de Londres qu'ils avaient été victimes d'une fraude minutieusement planifiée.

Alors que John Drewe restait à l'aise en tissant un réseau de mensonges pour maintenir l'escroquerie, John Myatt se sentait de plus en plus mal à l'aise avec cette arnaque. Après huit ans, Myatt se retira et cessa de travailler avec Drewe. Myatt compara le soulagement à celui d'avoir nagé à travers une mer agitée et d'atteindre les sables sereins d'une plage tranquille. Le dernier clou dans le cercueil de cette affaire de fraude artistique fut apporté par l'ex-femme de John Drewe. Lorsque leur mariage de fait s'effondra, Drewe quitta le domicile mais, désastreusement pour lui, laissa derrière lui une masse de documents pointant vers son immense stratagème. Il n'était alors plus qu'une question de temps avant que son ex-femme, étrangère et en colère, ne jette les papiers incriminants de Drewe dans un sac poubelle et les offre à la police qui enquêtait sur la fraude présumée.

Les conséquences

Drewe était le cerveau derrière la fraude. Il a créé un plan incroyablement détaillé, plein de moyens malhonnêtes pour atteindre ses fins sales de gagner beaucoup d'argent et d'humilier intellectuellement ceux qu'il estimait moins intelligents que lui. Il a trouvé Myatt, évalué son talent, établi une relation en tant que client régulier et exploité la faiblesse de la situation familiale de Myatt.

Avant la contrefaçon artistique, Drewe avait été un tel maître de la fraude qu'il avait convaincu l'Autorité britannique de l'énergie atomique qu'il avait un doctorat en physique. Il fut licencié de ce poste après deux ans, lorsqu'il fut découvert. Mais il ne s'est pas arrêté là. Avant la fraude artistique, bien avant sa rencontre avec Myatt, Drewe continua de porter le masque d'un physicien et se faufila jusqu'à devenir le chef du département de physique dans une grammar school dans le sud de l'Angleterre. John Drewe était un véritable imposteur, parfaitement à l'aise à l'idée d'utiliser des moyens douteux pour atteindre des fins douteuses et égoïstes. Les tentatives de John Myatt d'employer des moyens honnêtes pour des fins honnêtes l'ont placé au mauvais endroit au mauvais moment.

Même lorsque la partie était terminée, John Drewe proclama que toutes les reconstitutions de Myatt étaient de véritables oeuvres d'art originales. Durant les poursuites, Drewe, toujours l'imposteur, simula deux crises cardiaques pour suspendre l'audience. À la troisième occasion, il eut son jour au tribunal. Et à l'image du tueur en série sophistiqué Ted Bundy, Drewe renvoya sa représentation légale pendant le procès afin de se défendre lui-même grâce à son propre talent et à son charme séduisant. Myatt, en revanche, plaida coupable avec plaisir.

Ironiquement, Myatt estime qu'il a probablement gagné autant d'argent en créant des oeuvres d'art pour John Drewe qu'il en aurait gagné s'il était resté enseignant plutôt que de se tourner vers le crime. Lorsqu'il avoua ouvertement ses crimes et travailla avec la police, John Myatt devint un artiste légitime, vendant ses désormais célèbres reconstitutions sous le titre signé de sa première publicité dans un magazine des années 1980 : *Genuine Fakes* (Faux authentiques). Son premier client fut l'homme qui l'arrêta.

L'histoire de John Drewe et John Myatt a été qualifiée de plus grande fraude artistique contemporaine du 20e siècle. Le stratagème insidieux de Drewe pour gagner de l'argent grâce à des copies falsifiées (et non fausses) d'oeuvres d'art modernes raconte une histoire très différente de celles d'Elizabeth Holmes et Brian McNaughton, et même de son complice John Myatt. Drewe a trompé plusieurs galeries prestigieuses en leur faisant acheter et revendre ses contrefaçons en tant qu'oeuvres d'art originales.

Christies, le Victoria & Albert Museum et la Tate Modern figurent parmi ceux qui ont été trompés en travaillant avec Drewe et en vendant les contrefaçons qu'il avait commandées à Myatt, talentueux et discret. Le procès contre Drewe et Myatt coûta 4 millions de livres sterling et dura six mois. Les dégâts causés aux réputations et aux archives d'artistes modernes tels que Ben Nicholson, Graham Sutherland, Alberto Giacometti, Jean Dubuffet, Roger Bissière, Marc Chagall, Nicolas de Staël et Henri Matisse, en raison de la présence de contrefaçons dans leurs collections, sont beaucoup plus difficiles à quantifier.

Elizabeth Holmes, Brian McNaughton, les deux Johns : leurs histoires aident beaucoup lorsqu'il s'agit de véritables imposteurs qui s'intègrent parfaitement dans le modèle de Dirty Harry de Klockars. La seule démangeaison qui reste à gratter concerne cette personne que nous savons trop sûre d'elle... mais qui l'ignore elle-même.

Partie 7 – Le contraire du phénomène de l'imposteur

Le 19 avril 1995, McArthur Wheeler resta bouche bée devant la porte d'entrée de sa maison. Il ne s'attendait pas à être accueilli par des policiers en train de l'arrêter. Dans une histoire qui a maintenant atteint un niveau d'infamie discutable, Wheeler, réprimandé, ne plaida pas l'innocence lorsque la police l'emmena. Au lieu de cela, il s'exclama, avec une véritable surprise, les mots :

« *Mais je portais le jus. Je portais le jus.* »

Les détectives qui ont arrêté McArthur Wheeler ont été conduits à son adresse grâce aux informations du public qui a vu des images de Wheeler, capturées par les caméras de surveillance des banques, diffusées aux informations de 23 heures. À 00h10, Wheeler était menotté.[66] L'arrestation du braqueur de banque n'a pas été extrêmement rapide en raison d'un travail d'investigation particulièrement sophistiqué. McArthur Wheeler a volé la Fidelity Savings Bank et la Mellon Bank sans masque, sans déguisement. Il portait cependant du jus de citron sur son visage. Avant de braquer les banques, Wheeler avait appris que le jus de citron pouvait servir d'encre invisible (qui devient visible à la chaleur). Il en a déduit que se badigeonner le visage avec cette encre d'espion agrume le rendrait méconnaissable aux caméras vidéo. À la décharge de Wheeler, il avait en fait essayé de tester sa théorie du visage invisible avant de braquer les banques. Malheureusement, un selfie mal cadré a rendu la photo floue, mais a convaincu Wheeler de la magie obscurcissante du jus de citron.

Lorsque vous apprenez quelque chose de nouveau, votre confiance grandit rapidement. Vous ne saviez rien avant de commencer, et maintenant vous êtes tellement plus conscient. Ce dont vous n'êtes pas conscient à ce stade, c'est que vous contemplez le monde depuis le sommet du Mont Stupide. Une fois que cette réalisation vous frappe, votre confiance chute directement dans la Vallée du Désespoir. Vous pensiez tout savoir, mais ce n'est pas le cas. Et maintenant commence le véritable travail pour développer votre confiance, de manière légitime, jusqu'à maîtriser réellement la compétence. Mais il y a ceux qui restent sur le Mont Stupide. Ceux qui y prospèrent. Ils sont confiants, incompétents et totalement inconscients de leur véritable manque de compétence.

Chapitre 4 : Les imposteurs authentiques

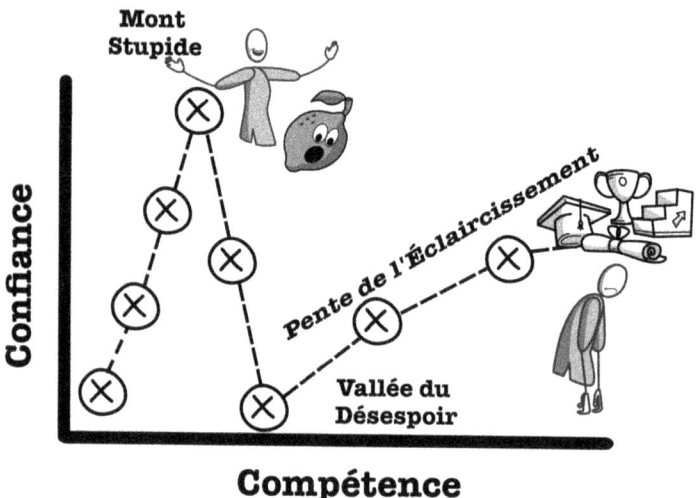

L'équilibre conceptuel entre confiance et compétence.

Ils sont nuls au karaoké, mais quittent la scène avec assurance après avoir lâché le micro, convaincus d'avoir réussi la chanson. Ce sont les employés compétents, qui aspirent à des postes de direction pour lesquels ils n'ont aucune compétence en leadership. Ces pauvres âmes malheureuses sont les entrepreneurs qui pensent se préparer à une retraite anticipée, protégés de l'échec par la pure brillance de leur idée d'entreprise. Ils sont, hélas, vous et moi. Nous tous. Personne n'échappe à l'expérience inverse de l'imposteur. Parce que nous tous, que cela nous plaise ou non, que nous soyons riches ou pauvres, simples ou extrêmement conscients, ne sommes pas très doués pour évaluer nos capacités.*

Inspirés par les vols de McArthur Wheeler, le professeur de psychologie sociale de Cornell, David Dunning, et l'étudiant diplômé Justin Kruger ont conçu une série d'expériences pour comprendre comment quelqu'un peut être si complètement convaincu de sa

---

*. Nous reviendrons sur l'évaluation des compétences par le mécanisme de comparaison sociale dans un chapitre ultérieur.

propre stupidité. En demandant à des étudiants de premier cycle de répondre à des questionnaires sur la logique, l'humour et la grammaire, Dunning et Kruger ont mesuré l'évaluation qu'une personne fait de ses performances par rapport à la note réelle du questionnaire.[67] La partie facile consistait à tracer un graphique des notes par rapport au rang dans la classe (tel que mesuré par les notes). En passant du bas à gauche du graphique vers le haut à droite, vous vous déplacez vers des rangs plus élevés dans la classe, ce qui est magnifiquement suivi par un déplacement simultané vers des notes de questionnaire plus élevées. Le tracé est une ligne. Plus le rang d'une personne est élevé dans la classe, plus la note sur les questionnaires de Dunning et Kruger est élevée. Ce qui était absolument déconcertant, c'est comment ce tracé linéaire des scores réels se comparait aux scores que les volontaires de l'étude pensaient avoir obtenus. Ceux qui étaient au bas de la classe, avec les pires résultats aux tests, avaient tendance à surestimer considérablement leur score. Dans le questionnaire de logique, par exemple, les étudiants ayant obtenu les scores les plus bas dans la classe avaient des scores réels d'environ 10%.

Lorsqu'on leur demandait de deviner comment ils s'étaient débrouillés, ces mêmes étudiants des rangs les plus bas estimaient qu'ils avaient obtenu environ 60%. Ce n'est pas tout. Et les étudiants du premier quart de la classe ? Eux, hélas, sous-estimaient leurs performances. Les meilleurs élèves pensaient avoir obtenu environ 70% au questionnaire de logique alors qu'en réalité, ils avaient obtenu près de 90%.

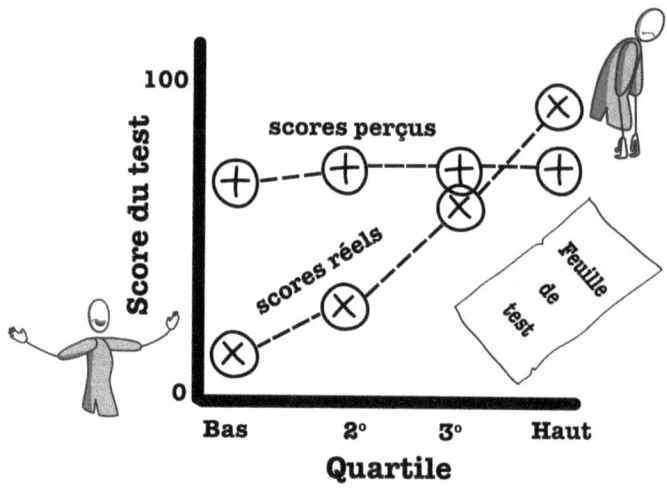

Exemple de résultat issu du travail fondateur de Dunning et Kruger. Ceux qui obtenaient les scores les plus bas dans plusieurs tests avaient la plus haute perception de leur capacité ou de leur performance. À l'inverse, ceux qui obtenaient les scores les plus élevés avaient la plus faible perception de leur capacité ou de leur performance.

Ce que les chercheurs ont découvert leur a valu une triste renommée dans ce qui est maintenant connu sous le nom d'effet Dunning-Kruger.[68] Ceux d'entre nous qui souffrent d'un manque de compétence dans un domaine donné subissent un « double fardeau », ainsi nommé par les chercheurs. Le manque de compétence s'accompagne de l'incapacité à s'auto-évaluer sur ce manque de compétence et donc de ne pas pouvoir s'améliorer. Le phénomène de l'imposteur se produit chez des personnes comme nous qui sont hyper-conscientes de leur travail acharné. L'effet Dunning-Kruger, la chose la plus proche que nous ayons d'un contraire des expériences d'imposteur, se produit chez de véritables imposteurs qui n'ont aucune idée qu'ils sont imposteurs.

McArthur Wheeler n'était pas assez intelligent pour réaliser les failles de son déguisement au jus de citron. En même temps, il a été stupéfait lorsque la police lui a montré les images qui l'identifiaient comme le voleur de banque à deux reprises, car il n'avait pas la capacité de réévaluer son plan apparemment infaillible.

Partie 8 – Résumé

Vous pouvez passer tellement de temps à réfléchir sur le phénomène de l'imposteur que vous perdez de vue le mot « imposteur ». Approfondir le *Problème de Dirty Harry* (les moyens et les fins qui peuvent amener certains d'entre nous à devenir de véritables imposteurs) et l'*effet Dunning-Kruger* (être incompétent et ne pas en être conscient) aide à donner plus de structure au mot « imposteur ».

Trouver l'histoire d'Elizabeth Holmes dans Mauvais Sang (Bad Blood), mon 26e livre audio, a été la première fois que je m'étais arrêté pour réfléchir à ce qu'était un imposteur. Avant cela, je m'enfouissais dans la honte de penser que je n'étais tout simplement pas assez bon pour être scientifique. J'avais perdu toute conscience du fait que je me maudissais du même souffle que les véritables fraudeurs.

Je me suis plongé dans le comportement frauduleux des scientifiques et des universitaires parce que c'était le monde dans lequel je vivais. Ce sont les histoires de véritables impostures qui m'ont aidé à voir que je n'en étais pas une. Je me considérais comme un imposteur parce que je supposais que les autres universitaires étaient meilleurs que moi ; leur travail comptait plus que le mien. En recherchant des cas de véritables imposteurs, j'ai vite réalisé – aussi simple que cela puisse paraître – que la véritable imposture était bien plus profonde et sombre que les fautes de conduite scientifique ou universitaire. Puis est venue la question clé :

Est-ce que je me voyais vraiment sous le même jour que quelqu'un qui falsifie les résultats d'un test sanguin ? Est-ce que je falsifierais une lettre pour obtenir un meilleur emploi ? Est-ce que je tromperais des marchands d'art avec des contrefaçons médiocres ?

Bien sûr que non. Pourtant, pour une raison quelconque, mon esprit était d'accord pour me dire que j'étais une sorte de faux. Vos influences seront différentes des miennes, alors je vous mets au défi de trouver les histoires d'imposture qui sont les plus proches des expériences qui vous poussent à vous qualifier de fraudeur.

Le célèbre statisticien Hans Rosling a écrit dans son livre *Factfulness*[69] que la signification d'une mesure provient de la comparaison d'une chose à une autre. Un nombre sans point de référence n'a pas de sens. Il en va de même pour le langage et notre illusion collective sous le phénomène de l'imposteur. Se qualifier d'imposteur sans véritable preuve, sans comparaison avec de véritables imposteurs, est une perte totale de temps. Comprendre les véritables cas de personnes « démasquées », celles qui trompent sciemment les autres (avec de bonnes intentions ou non), nous montre la référence d'imposteur dont chacun de nous a vraiment besoin pour voir nos expériences d'imposteur de manière plus compatissante. Se dire fraudeur ou imposteur est, heureusement, un peu ridicule. Nous pouvons poser une question encore plus profonde ici. Plus sombre, même. Demandez-vous ceci :

Êtes-vous vraiment prêt à vous qualifier d'imposteur ? Êtes-vous le même que Bernie Madoff, le banquier de Wall Street qui, lors de la crise financière de 2008, a ruiné des retraités sans défense dont il avait investi l'argent ?[70] Plus sombre encore, vos expériences d'imposteur vous assimilent-elles vraiment aux prêtres qui prétendent être des gardiens pour ensuite abuser de la confiance d'enfants innocents afin de satisfaire un fantasme sordide ?[71] Prétendez-vous être quelqu'un que vous n'êtes pas lors d'un rendez-vous en ligne pour ensuite révéler votre identité inattendue dans la vie réelle ?[72] Probablement pas.

Quels que soient les motifs (bons ou mauvais), les exemples de fraude que j'ai partagés avec vous servent tous à établir une réalité par rapport à vos sentiments d'être un fraudeur. Je me mettais dans le même panier que les scientifiques tricheurs, les meurtriers, les pédophiles, les banquiers avides et les prédateurs sociaux qui portaient tous le véritable masque d'un imposteur.

Définir des histoires de véritables impostures, de véritables imposteurs, c'est ce qu'il m'a fallu pour réaliser que je pouvais dire merde aux pensées destructrices que j'avais. Cela ne veut pas dire que je me débarrassais complètement de ces pensées, mais je commençais à voir un moyen de les reconnaître efficacement. Toutes les pensées n'ont pas de sens. Et beaucoup de pensées absurdes, comme croire que j'étais un imposteur, pouvaient être gérées et reconnues en me comparant aux vrais imposteurs.

J'étais juste un gars qui se torturait sur une mauvaise supposition que mon travail et mes capacités étaient inférieurs à ceux des autres. Je n'avais aucune preuve, aucune raison, juste un sentiment inconscient que je n'étais pas à ma place. Et c'était un sentiment inconscient qui m'avait assimilé à John Drewe et tous les autres véritables fraudeurs. Comment ne l'ai-je pas vu avant ?

Mon habitude des livres audio m'a amené à comprendre la valeur de me comparer à de vrais imposteurs. Cependant, je luttais toujours avec des comparaisons débilitantes, non pas avec des imposteurs, mais avec mes collègues. Mes expériences d'imposteur étaient encore alimentées par la peur de l'échec. Et faire face à ces défis nécessiterait une approche complètement différente et une perspective complètement différente...

Vos défis de chapitre

1. **Les imposteurs et les véritables fraudes sont partout sous de nombreuses formes.**

Lisez des cas de véritable fraude qui vous intéressent.

Utilisez le modèle fourni dans la ressource du journal du livre pour capturer la personne, la situation et les retombées de leur cas particulier de fraude.

2. **Apprendre à remettre en question vos conclusions infondées d'être un fraudeur est facilité en essayant de présenter le cas en faveur de votre conclusion discutable.**

Listez toutes les raisons pour lesquelles vous pensez être un imposteur.

Comparez ces raisons à la gravité des véritables histoires de fraude que vous trouvez dans le défi 1.

Vous pensez toujours être un imposteur ?

Chapitre 5 : Trouver une perspective

On nous dit souvent de « vivre l'instant présent », ce qui, à bien des égards, est un bon conseil. C'est une formulation sûre pour un message inspirant sur les réseaux sociaux... ou dix. Être présent est une compétence, mais il est de plus en plus facile de vivre uniquement dans le présent. L'excitation, l'anxiété face au mystère de demain peut mettre en danger notre sens individuel de l'histoire. Pourtant, il y a une manière particulière d'apprécier nos passés pour mieux gérer le phénomène de l'imposteur dans chacun de nos lendemains. Avant d'écrire cela pour vous, j'ai d'abord dû formuler le même message pour quelqu'un de très cher à mon coeur.

Partie 1 - Une lettre à ma fille

« Notre chère Adaline,

Quand tu étais un tout petit bébé, tu adorais le bain. Tu nous regardais avec tes magnifiques yeux bleus, un sourire aussi large que tes oreilles, et tu faisais splash, splash, splash !

Toi, notre petite fille mignonne et curieuse, tu aimais aussi jouer avec une petite tortue en jouet pendant l'heure du bain. Quand tu ne faisais pas splash avec tes petites mains, tu attrapais la petite tortue verte, la prenais doucement avec tes petits doigts et pouces, pour la mâchouiller comme tu mâchouillais tout le reste à l'époque !

Ta petite tortue-jouet était à peu près de la taille d'une balle de golf. Imagine que ce n'était pas de la taille d'une balle de golf, mais de la taille d'une cacahuète. Si nous jetions la petite tortue de la taille d'une cacahuète dans le bain, toi - notre amour brillant - la trouverais quand même. Ce serait un peu plus difficile de trouver un jouet dans le bain de la taille d'une cacahuète plutôt que de la taille d'une balle de golf, certes... mais nous savons que tu le trouverais !

Imagine, au lieu de jeter ta petite tortue de la taille d'une cacahuète dans le bain, qu'elle était jetée dans la mer bleu profond. Un très grand bain ! Il serait beaucoup plus difficile de récupérer ton jouet, car tu ne saurais probablement pas où il est allé dans la mer bleu profond. Tu pourrais faire splash, splash, splash pendant tous les jours et toutes les nuits et il serait encore difficile de retrouver ce jouet. On pourrait même dire que c'est impossible !

Nous te racontons cette histoire un peu folle, notre ange magnifique, parce que, pour nous, te trouver a été comme trouver un minuscule jouet de bain dans la grande mer bleue ! C'était presque impossible... mais nous t'avons trouvée. Et pour nous, tu es la personne la plus spéciale du monde entier.

Avec tous les plus gros bisous et câlins,

Maman et Papa »

C'était une lettre que j'ai écrite à ma fille alors qu'elle était bébé. J'ai écrit ce message pour elle (à lire devant la famille et les amis lors de la célébration de son jour de Nomination),* inspiré par certaines choses que je devais désespérément apprendre moi-même pour gérer mes expériences d'imposteur. L'histoire que j'ai racontée à ma fille est celle que je veux vous raconter maintenant en beaucoup plus de détails. Chacun de nous, à sa manière singulière, est comme trouver cette tortue-jouet dans le bain.

Lorsqu'on leur a posé une série de questions sur les indicateurs

---

*. Si vous lisez ce chapitre moins de 10 ans après que j'ai publié le livre pour la première fois en 2022, il est très probable que ma fille n'ait pas encore lu cette lettre. Le plan était de lui donner l'enveloppe scellée avec l'original manuscrit pour son 10e anniversaire. Depuis la rédaction de cette lettre et de ce livre, nous avons également eu la joie d'accueillir un petit garçon dans le monde. (Ne t'inquiète pas, nous t'aimons aussi, Lachlan !).

de succès liés à la chance, la majorité des participants à notre étude sur le phénomène de l'imposteur ont fortement convenu que leur succès était dû à la chance. Ils avaient l'impression d'être des imposteurs parce qu'ils ne pouvaient pas accepter que leur succès soit le résultat d'un travail acharné ou de la capacité à tirer le meilleur parti de leur place dans le temps.

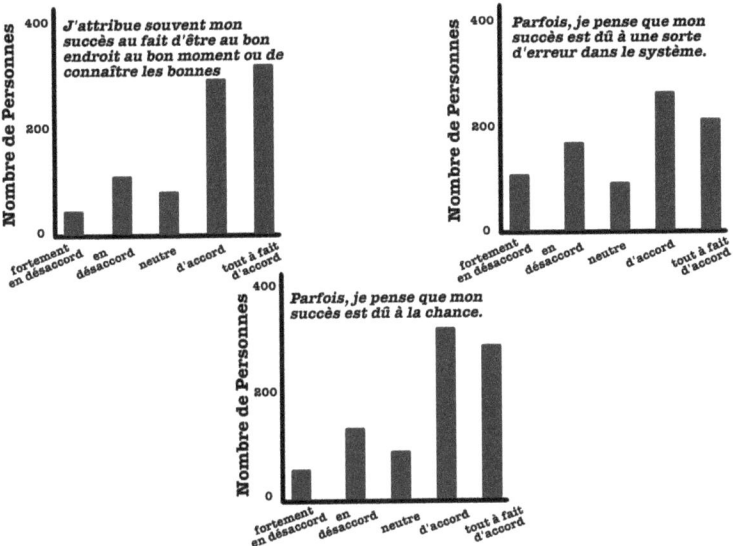

Questions du score du phénomène de l'imposteur concernant la 'chance' ou le 'hasard' comme cause perçue du succès.

Vous êtes peut-être l'une de ces personnes qui considèrent la chance comme l'arbitre de votre succès. Cependant, votre existence est plus impossible qu'imposteur.

L'histoire de votre naissance cache un merveilleux outil pour gérer vos expériences d'imposteur.

Avant d'en arriver là, je dois partager avec vous l'histoire du point bas terrible qui m'a finalement conduit au point haut d'écrire cette lettre à ma fille.

Partie 2 - Un voyage d'affaires sombre

Je me souviens d'un mélange étrangement inséparable de panique, de soulagement et de culpabilité.

Ignorant tout, je fixais la fenêtre de mon train. Au-delà. De courtes respirations asséchaient la caféine vieille de quelques heures sur ma langue. La vue à l'extérieur passait de collines verdoyantes aux banlieues grises sans que je m'en aperçoive. J'étais un désastre et sur le point de me réveiller à plusieurs niveaux. Il y a une exposition émotionnelle qui vient avec le fait d'être loin de chez soi.

C'était encore très tôt dans ma carrière, à une époque similaire aux voyages solitaires à des conférences et aux recherches timides sur Google concernant le phénomène de l'imposteur. Pourtant, me voilà, de nouveau sur la route, seul et toujours hanté par l'idée d'être un imposteur parmi des collègues plus authentiques. Malgré tout ce que j'apprenais sur les expériences d'imposteur - la recherche fondatrice, ma propre recherche, les histoires d'imposteurs célèbres, en regardant de vrais imposteurs - je n'avais toujours pas tout compris. Je ne pensais pas que je méritais mon travail. Alors, ne vous inquiétez pas si les histoires et les outils que nous avons abordés jusqu'à présent n'ont pas soulagé toutes vos démangeaisons d'imposteur.

J'avais obtenu une petite bourse pour travailler dans une autre ville avec un ami et collègue pendant quelques mois. Dans le train, plus je m'éloignais de mon bureau envahi par les pensées d'imposteur, plus mes épaules se détendaient. J'étais déchiré en deux ; cligner des yeux rendait mes joues humides à l'idée de m'éloigner de ma femme depuis moins de deux ans. La panique, le soulagement et la culpabilité ; l'huile, l'eau et les graviers qui se mélangeaient en un seul tout. Les yeux de mes compagnons de voyage brûlaient leur pitié dans mon dos. Heureusement, ce n'est pas tout ce dont je me souviens du voyage...

À la gare, j'ai été accueilli par le bourdonnement stéréotypé d'un point névralgique pour les navetteurs. Je me suis permis un bref sourire en direction de l'éclat particulier aux dents proéminentes d'une statue de bronze dédiée au héros comique de la ville. Selon mes instructions de voyage, je devais chercher la grandeur mystérieuse d'une grande porte en bois noir. Ma maison temporaire loin de chez moi. La nature accueillante de mon propriétaire plein d'entrain, son accent chaleureux de la région et sa conversation énergique me faisaient oublier, juste pour quelques secondes chaque jour, pourquoi mon esprit était constamment inquiet.

Des lumières tamisées à l'intérieur de la contre-porte laissaient entrevoir les murs de briques et les affiches de théâtre décorant un escalier métallique. À l'intérieur de mon appartement, un thème oriental habillait ce qui était maintenant mon monde privé loin de l'escalier théâtral. Ma tête était remplie de pensées d'imposteur et j'avais maintenant amplement d'espace pour les laisser s'exprimer. À travers les murs, je pouvais entendre les vagues feutrées de troubadours voyageurs réchauffant leur voix pour une autre nuit sur les planches.

Je me souviens, un soir, mes oreilles étaient orientées vers la voix chantante douce d'une femme dans l'appartement au-dessus du mien. Pendant ce temps, je fixais le plafond et imaginais qu'elle répétait devant un cercle lumineux de lumières entourant une coiffeuse parfaitement chaotique. Le même appartement voisin accueillerait plus tard un flûtiste fan de Star Wars qui n'était pas étranger à la sobriété tonitruante de la Marche Impériale de la Mort. Comme c'était approprié...

Pendant ce voyage d'affaires universitaire, la ville inconnue me distrayait commodément. Je n'étais jamais loin de l'opulence. L'hôtel de ville reposait sur des colonnes olympiennes semblables à des troncs d'arbres centenaires. Les spectateurs se penchaient en arrière pour voir où le bâtiment se terminait et où le ciel commençait. Sur le théâtre voisin, une affiche annonçait fièrement un spectacle mettant en vedette une actrice originaire de la ville. Plus loin sur la route, la promenade en bord de rivière offrait une promenade analgésique.

Les nuages dérivaient avec le chuchotement des vagues et le bruit des moteurs des ferries. La danse des musiciens ambulants et des chanteurs de complaintes insufflait de l'entrain dans les pas même des touristes les plus réservés. Le long des rambardes de la rivière, des cadenas scellés proclamaient le lien indestructible d'innombrables amoureux anonymes et plaçaient un noeud familier et nostalgique dans ma gorge.

Partie 3 – La Librairie

Une vieille librairie se trouvait à une rue de mon appartement. C'était un endroit discret, c'était le moins qu'on puisse dire. L'odeur de la peinture fraîche s'était depuis longtemps évaporée. La route menait naturellement vers le centre-ville, vers la mairie, le théâtre, jusqu'à la rive musicale et l'université où je travaillais pendant le voyage.

C'est lors d'une de ces promenades que je me suis finalement arrêté pour visiter la librairie elle-même. Elle avait une façade extérieure rouge vin. Des lettres dorées annonçaient son nom. L'entrée principale était encadrée par deux chariots de livres soigneusement empilés d'auteurs célèbres dont les œuvres auraient autrefois atteint un prix élevé. Une grande horloge au-dessus de l'entrée, figée à trois heures trente huit minutes, était un avant-goût de la scène intemporelle qui se cachait derrière la porte du magasin.*

Lorsque j'ai entendu le grincement de la porte et le tintement de la cloche d'entrée, j'ai étouffé un soupir. J'étais tombé sur un portail et avais basculé dans une autre dimension. Comme par magie, je me tenais dans un monde de tomes oubliés et de journaux silencieux. Mes yeux balayèrent les trois étages d'espace ouvert, la lueur chaleureuse des lumières au tungstène caramélisait d'innombrables

---

*. Si vous êtes à Liverpool, au Royaume-Uni, pensez à vous arrêter chez Henry Bohn Books sur London Road, si elle existe encore. Vous pourrez me remercier plus tard... si je suis encore là !

étagères. Un seul chemin en forme de U permettait aux visiteurs de se faufiler les uns à côté des autres pour se rendre vers d'autres liens littéraires avec le passé.

L'odeur envoûtante des livres vieillissants emplissait mes poumons de curiosité. Au milieu de cette jungle de papier, un homme voûté et portant des lunettes, vêtu de denim, était caché sous une pile de livres et une caisse enregistreuse analogique. Seuls ses cheveux blancs et ses tics fréquents trahissaient sa position. De ses chuchotements de conversation polie, il révéla qu'il avait quitté la routine quotidienne du travail quarante ans plus tôt et s'était occupé de la librairie, en paix et en autonomie, depuis. Pas d'échelle de carrière interminable à craindre, pas de comparaisons stressantes avec des collègues ambitieux. Quiconque lui demandait le prix d'un livre en particulier entendait, dans sa réponse, un prix bien inférieur à ce que le client attendait. L'argent était une courtoisie ici. Sur une vieille rue fatiguée, à deux pas de mon appartement, j'avais trouvé mon refuge.

Si l'attrait d'échapper à mes expériences d'imposteur ne suffisait pas, cette cachette désuète dans une rue mal entretenue était un cadeau qui ne cessait de donner. Un cadeau, cependant, allait se démarquer des autres. Un ensemble de deux volumes reliés en cuir rouge profond a trouvé une place thérapeutique dans ma mémoire à long terme ; une mémoire si utile pour gérer mon dialogue intérieur, que je vais, dans ce chapitre, la transformer en défi pour vous.

Pour moins que le coût d'un café, j'ai acheté quelques livres qui racontaient l'histoire familiale complète d'un certain Sir Francis Drake.[73] Qui était-il ? Francis Drake était un célèbre commandant naval du 16e siècle, qui, au service de la reine Élisabeth Ière d'Angleterre, a empêché les Britanniques d'être envahis par les Espagnols. Dans les années 1500, Sir Francis Drake fut la première personne à faire le tour du monde en bateau. Dans les annales de l'histoire anglaise, Francis Drake est une grande figure. Moi, en revanche, je ne savais pas grand-chose de lui. Il faut admettre que Google m'a rappelé à l'ordre. Vous seriez pardonné, en passant, de ne pas encore avoir la moindre idée de la façon dont tout cela est lié à la gestion du phénomène de l'imposteur. Restez avec moi. Continuez à lire.

Après avoir acheté l'ensemble de livres sur l'histoire de la famille de Sir Francis Drake, je suis rentré chez moi et me suis affalé dans une chaise. J'ai ouvert avec précaution le premier des deux volumes. Intrigue. Dans les premières pages, j'ai découvert que l'auteure (obscurcie sur la couverture décolorée) était Lady Elizabeth Beatrice Fuller-Elliot-Drake. Écrivant en 1911, elle était une descendante qui racontait l'histoire de sa famille quatre siècles après que le célèbre Sir Francis Drake ait navigué sur des mers inexplorées.

Je pouvais à peine imaginer, cependant, que l'histoire de cette famille aléatoire m'aiderait plus tard à réfléchir sur mes expériences d'imposteur. Gravissez l'arbre généalogique des Drake avec moi et vous verrez pourquoi un tel exercice - avec vous au centre de l'histoire - peut être si profondément utile pour repositionner toutes les absurdités d'imposteur qui pourraient tourner autour de votre tête.

Partie 4 – Qu'y a-t-il dans un nom (Drake) ?

Imaginez un instant que le nom Francis Drake ne soit pas seulement une personne, mais une sorte de témoin à transmettre à travers le temps. Comme entre les coureurs d'une course de relais, le témoin est transmis de personne en personne. Chaque membre de l'équipe de relais est la génération suivante de la famille. Vous pouvez également considérer le nom Francis Drake comme une sorte d'héritage familial (peut-être des bijoux, un tableau ou une courtepointe en patchwork). Il peut être transmis pour symboliser un fil toujours grandissant reliant les nouvelles générations à celles qui ont disparu depuis longtemps. Mais restons-en à cette idée de transmission d'un nom. Moi, d'ailleurs, je porte le nom de mon père à l'exception d'un subtil échange du 'k' par un 'c' dans 'Marc', et lui (avec le deuxième prénom Archibald) portait le nom de son père avant lui. En lisant le récit de Lady Elliot-Drake sur l'arbre généalogique de ses ancêtres, le nom 'Francis Drake' a été transmis d'ancêtre en descendant pendant *des centaines* d'années.* C'est du moins ce que je pensais.

Le nom a commencé avec le célèbre capitaine de navire Sir Francis Drake du 16ème siècle et s'est terminé (d'une certaine manière) avec un autre Sir Francis Drake au 18ème siècle. Alors, comment le nom a-t-il été transmis à travers les âges ? La réponse semblait claire. D'après mon expérience familiale, et peut-être comme dans certaines parties de la vôtre, je supposais que le Sir Francis Drake original nommerait son propre enfant Francis, puis, lorsque Francis le cadet grandirait et aurait ses propres enfants, ils nommeraient un enfant Francis, aussi. Ainsi, de génération en génération, Francis l'aîné transmettrait son nom, comme un héritage familial intangible, à Francis le cadet. N'est-ce pas ? Si seulement conserver un nom en vie pendant deux cents ans pouvait être aussi simple. Et c'est dans cette étrangeté, avec ces curieux livres de généalogie, que j'ai trouvé un moyen de considérer le phénomène de l'imposteur – et son association avec la chance – d'une manière totalement nouvelle.

Je m'apprête à vous guider à travers la manière exacte dont le nom Francis Drake a été transmis à travers les branches d'un arbre généalogique complexe, alors reprenons une dernière fois l'hypothèse de base. Il peut sembler relativement sûr de supposer que Francis l'aîné transmettrait son nom à Francis le cadet. Facile. Mais transmettre le nom 'Francis Drake' à travers les âges était bien plus ardu que ce que l'on pourrait d'abord supposer. Voici comment cela s'est *réellement* passé.

Né en 1542, le célèbre amiral de la marine Sir Francis Drake, premier

---

*. En fait, si vous regardez les portraits de Sir Francis Drake (peint au 16ème siècle) et de Lady Eliott-Drake (née au 19ème siècle), vous verrez qu'ils portent tous deux le même bijou de famille. Il avait été transmis de génération en génération, survivant pour être peint sur deux portraits espacés de 300 ans.

à porter ce nom, avait un frère nommé Thomas. En 1588, Sir Thomas Drake et son épouse Elizabeth accueillirent leur premier fils, le bébé Francis, dans le monde. Il était le neveu de Sir Francis Drake. Lorsque le bébé Francis est né, Thomas Drake travaillait sur la côte la plus méridionale des îles Britanniques, à environ 10 miles de leur somptueuse demeure familiale de Buckland Abbey,* aidant son frère dans ses conquêtes navales autour du globe. Mais en nommant leur fils Francis, Thomas et Elizabeth Drake faisaient plus qu'honorer le nom du frère navigateur de Thomas. Thomas et Elizabeth ont initié la tendance à transmettre le nom « Francis Drake » à travers les âges. Le bébé Francis détenait désormais le témoin du nom « Francis Drake ». Ainsi, c'est le *neveu* de l'homme qui a fait le tour de la planète qui est devenu le deuxième Sir Francis Drake.

Pour que tout cela soit finalement utile pour vous, la question importante à se poser est de savoir pourquoi le témoin a été transmis au neveu et non au fils du Sir Francis Drake original. Pourquoi le premier Francis ne pouvait-il pas simplement transmettre lui-même le témoin et nommer son propre fils ou sa propre fille d'après lui-même ? Parce que, hélas, le célèbre Francis Drake est mort au cours d'un voyage loin de chez lui, marié deux fois mais sans enfant, dans le délire d'une dysenterie drainant les fluides. Il n'avait pas d'héritier direct pour son nom. Si le héros naval n'avait pas eu son frère Thomas, il n'y aurait pas eu de bébé Francis dont on puisse parler. Personne à qui le témoin pourrait être transmis. La lignée ininterrompue du nom « Francis Drake » se serait arrêtée net. Pourtant, elle a persisté.

À ce stade de l'histoire du nom Francis Drake, je partage une image de la plus petite partie, la plus zoomée de l'arbre généalogique dont nous avons besoin de comprendre à partir du récit de Lady Elliot-Drake. Considérez-le comme un résumé visuel de tout ce

---

*. Buckland Abbey était un autre héritage des Drake. C'était la même demeure dans laquelle Lady Eliott-Drake écrira plus tard l'histoire de la famille Drake en deux volumes que j'ai trouvée dans la vieille librairie lors de mon voyage d'affaires.

que nous avons besoin de comprendre jusqu'à présent. Le témoin a commencé avec Sir Francis Drake, et a presque disparu avec lui parce qu'il n'avait pas d'enfants. Mais le nom a survécu grâce à son frère Thomas, dont le fils a été nommé Francis Drake. De cette façon, Francis 1 a transmis le témoin à Francis 2.

Pendant quatre autres générations, le témoin du nom « Francis Drake » serait transmis à un Francis : 3, 4, 5 et 6. Le bébé Francis (Francis 2) grandit pour détenir le titre élevé de 1er baronnet (un titre héréditaire britannique comme un titre de chevalerie) de Buckland Abbey. Chaque Francis Drake successif avait sa propre vie et histoire à raconter. Chaque Francis est devenu tour à tour le 2ème, 3ème, 4ème et 5ème baronnets de Buckland Abbey. Chaque Francis Drake se rapprochait toujours plus dans le temps de Lady Elizabeth Beatrice Fuller-Elliot-Drake, dont les écrits que j'ai trouvés dans la merveilleuse librairie lors de ma mission de l'imposteur. Alors, nous avons vu comment Francis 1 a transmis le nom à Francis 2. Comment passons-nous de Francis 2 à Francis 3 ?

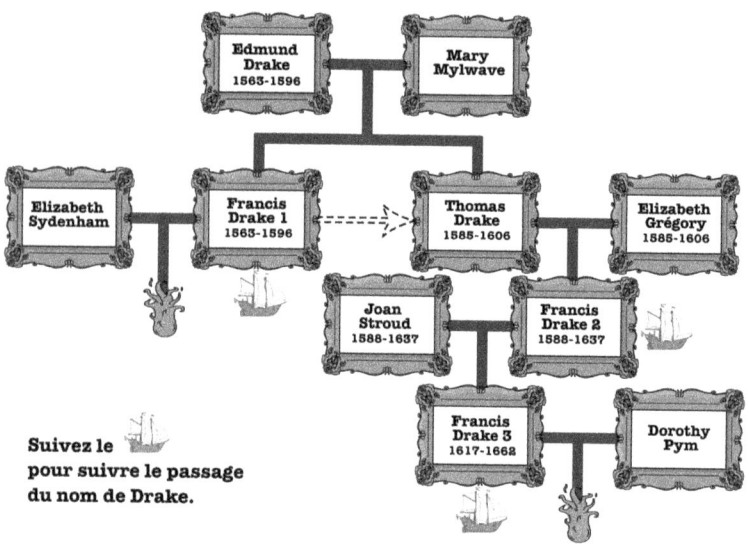

Arbre généalogique partiel de la famille Drake, montrant l'origine parentale du célèbre « Francis Drake » et comment son nom a été transmis pour les deux premières générations après lui.

De retour dans le confort profond du fauteuil de mon appartement, lorsque je lisais les livres pour la première fois, je commençais à sentir de profondes pensées transcendantales se former dans ma tête. L'ampleur de ce que je lisais à propos de l'arbre généalogique de la famille Francis Drake murmurait à mon oreille, mais je ne pouvais pas encore entendre ce qu'elle disait. J'ai détaché mes yeux du livre et pris une grande respiration. Je levai les yeux vers le plafond d'où venait autrefois la musique, avant de laisser mes yeux revenir sur la page. Je continuai ma lecture.

Partie 5 – La vue d'en haut

Notre bébé Francis dans cette histoire (Francis 2), neveu du premier et plus célèbre Sir Francis Drake, a été baptisé dans la foi chrétienne de ses parents le jour de sa naissance, le 16ème septembre 1588.

On s'est précipité pour baptiser le bébé Francis, apparemment par crainte qu'il soit trop faible pour vivre au-delà de la sécurisation d'une place ointe dans le Ciel que croyaient ses parents. La transmission du témoin Francis Drake a failli être compromise, non seulement parce que l'aîné Francis est mort sans fils, mais aussi parce que son neveu, un nouveau-né désespérément fragile, a failli mourir avant de pouvoir porter le nom de Francis Drake ne serait-ce qu'un seul jour.

Ayant échappé d'une manière ou d'une autre aux griffes de la mort et grandi jusqu'à l'âge adulte, la vie n'était pas toute douceur et lumière pour le deuxième Francis Drake. Le même bébé Francis a subi la perte de sa première femme, Jane. Comme si cela ne suffisait pas, Francis 2 a également souffert de la perte de leur unique enfant, Dorothy, qui est morte nourrisson. Dorothy n'a pas été un bébé aussi chanceux que l'avait été son père. Ce n'est qu'avec la deuxième épouse de bébé Francis, Joan, que le *troisième* des six Francis Drake successifs a été amené à l'existence.

Des mesures égales de hasard et de tragédie jouaient leur rôle respectif dans la complexification de cet arbre généalogique, bien plus que vous ou moi pourrions jamais le supposer.

Trois Francis Drake sont passés. Il y en avait encore trois autres à venir. Plus loin sur les branches de l'arbre généalogique, le quatrième Francis Drake n'était *pas* le fils du troisième Francis. Le numéro 3 (comme son grand-oncle le héros naval, Francis 1) est mort sans enfants. Mais encore une fois, le témoin a été transmis et le nom Francis Drake a persisté.

Le quatrième Francis, né près de cent ans après la mort du premier, était le neveu de Francis 3. Ce qui est encore plus incroyable, c'est que le quatrième Francis n'était même pas le premier-né Francis parmi ses frères et sœurs de la même génération. Un autre Francis, comme tant de Drakes inconnus avant lui, est mort jeune. Ce n'est qu'avec les deux derniers des six Francis Drake successifs que la voie la plus évidente s'est jouée. Francis 5 était le fils de Francis

Chapitre 5 : Trouver une perspective

4. Francis 6 était le fils de Francis 5. L'image plus complète de l'arbre généalogique de la famille Drake que je partage avec vous ci-dessous devrait commencer à rendre un point particulièrement clair, et c'est ceci :

Lorsque vous additionnez tous les moments « et si ? », les pertes tragiques et les embranchements triomphants, vous voyez que transmettre le nom de « Francis Drake » était ridiculement improbable.

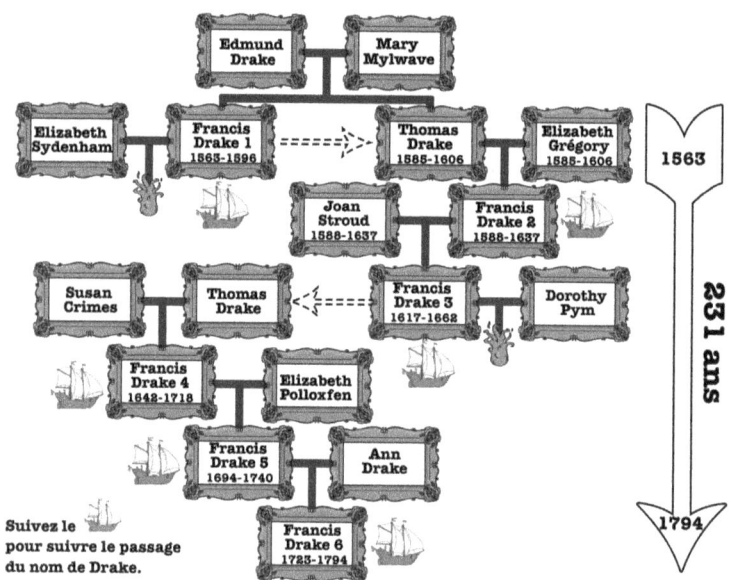

Arbre généalogique simplifié de la famille Drake, montrant le nom « Francis Drake » se transmettant sur près de deux cents ans. Suivez le symbole du navire. La moindre variation d'événements rendrait cet arbre généalogique méconnaissable.

Partie 6 – L'homme qui n'aurait peut-être jamais existé

Cet exercice ne concernait plus seulement la curiosité de savoir comment un nom comme Francis Drake peut être transmis pendant tant de générations, mais aussi comment l'un de ces Francis Drake, en particulier le premier, a pu exister en premier lieu.

Une question pour vous :

Qu'est-ce qui vous vient à l'esprit lorsque vous lisez les trois événements suivants dans la vie de notre célèbre commandant de navire ?

> (1) En partie parce que son père Edmund l'a envoyé travailler sur un navire pendant ses jeunes années, Francis 1 a reçu un navire en héritage dans un testament de famille.
>
> (2) Lorsque Francis 1 a plus tard eu besoin d'argent pour financer une rare occasion de naviguer à plein temps sous le commandement de ses cousins plus âgés et avisés en affaires, il avait ce navire en sa possession à vendre.

Vous pourriez, par exemple, vous demander : *et si le père de Francis l'avait envoyé travailler ailleurs ?* Ou : *et si Francis n'avait jamais vendu le navire qui lui avait été offert dans un testament de famille ?* Ou encore : *et si Francis n'avait pas de cousins dont on puisse parler ?* Vous pourriez même vous demander : *qu'est-ce que tout cela a à voir avec le phénomène de l'imposteur ?* Ce qui devrait vous apparaître clairement, c'est que si ces événements (et bien d'autres) ne s'étaient jamais produits, si tout ne s'était pas aligné de cette façon, il n'y aurait probablement jamais eu de Sir Francis Drake dont on puisse parler dans les livres d'histoire. Du tout. La vie de Francis aurait pu être bien moins extravagante. Et parce que sa vie, dans ce cas hypothétique de « et si ? », est différente, la vie de son frère Thomas serait probablement très différente également. Imaginez, alors, toutes les ondulations dans votre vie qui auraient pu être des tsunamis de quelque chose de très différent de ce que vous connaissez.

Rappelez-vous, Thomas Drake était le frère fidèle qui a suivi Francis dans nombre de ses quêtes maritimes. Alors, qui peut dire si le neveu de Sir Francis Drake, le petit Francis (ou Francis 2), serait jamais né de Thomas et de sa femme Elizabeth ? Leur lointaine descendante, Lady Elliot-Drake, n'aurait peut-être jamais vécu, et encore moins écrit une histoire familiale en deux volumes que quelqu'un pourrait découvrir plus tard dans une vieille librairie.*

Les premiers Drakes se sont installés sur la côte sud-ouest de la Grande-Bretagne vers le milieu des années 1300, deux cents ans avant l'amiral élisabéthain, le premier Sir Francis Drake de cette histoire. Ces premiers Drakes, avant le premier Francis, ont tous eu leurs propres vies, amours et malheurs à supporter, presque oubliés, et tous, il semble, dans le bon ordre pour faire grandir les branches de l'arbre en direction d'Edmund et Mary Drake, les parents de Sir Francis Drake. Ce n'est qu'après avoir lu toute cette histoire ancienne qu'une note faite par Lady Elliot-Drake au début de son livre a pris un sens :

« ...si la biographie d'une personne pouvait être écrite parfaitement honnêtement, si tout pouvait être dit, il y a peu de personnes, même les plus ordinaires, dont l'histoire serait sans un profond intérêt humain. »

Le chuchotement autrefois inaudible dans ma tête se faisait de plus

---

*. Passons rapidement à la lente agonie de Sir Francis Drake par la dysenterie, et même cette mort peu glorieuse devient étonnamment improbable lorsque les détails de la vie de Drake sont révélés. Le fait que ce soit une maladie drainant les fluides qui a finalement emporté Francis m'a surpris lorsque j'ai lu les nombreuses graves blessures de bataille qu'il a subies à plusieurs reprises avant son délire fatal. Il s'est avéré, comme je l'ai découvert en feuilletant la généalogie de Drake, que Francis aurait pu facilement être l'un de ses malheureux frères, Joseph ou John, qui sont tous deux morts lors de batailles communes en mer.

en plus fort à mesure que je dévorais ces petits livres rouges en cuir. De retour dans mon appartement, j'ai refermé le livre de Lady Elliot-Drake et me suis penché en arrière dans un silence souriant, attendant le retour de mes voisins musiciens.

Un arbre généalogique est incroyablement révélateur.

Si vous prenez simplement le temps de regarder au-delà d'un nom, les histoires vous parleront à travers une collection étonnamment complexe de tournants cruciaux dans la vie. Un récit parfaitement véridique, même des personnes apparemment les plus insignifiantes, a sorti cette histoire de l'histoire et l'a ramenée dans ma propre vie.*

Partie 7 – Se tourner vers l'intérieur

Quand je repense à la découverte de la librairie et à la lecture de l'arbre généalogique de la famille Drake, je pense à toutes les autres lignées célèbres dont je voulais vous parler dans ce livre. Mais alors que je griffonnais, grattant un brouillon après l'autre, j'ai été frappé d'un uppercut retentissant de perspective. Les grandes fortunes des arbres généalogiques allaient plus tard prendre vie à un niveau beaucoup plus personnel. Alors que toute cette lecture d'arbres généalogiques célèbres m'aidait à m'échapper de l'appel toujours tentant du phénomène de l'imposteur, la même lecture allait bientôt m'aider à répondre à une question plus profonde ; une question que vous devriez vous poser :

« Quelle est la probabilité que chacun d'entre nous émerge de son propre arbre généalogique ? »

---

*. Le cas étonnant des Drakes n'est en aucun cas le seul arbre généalogique célèbre connu. L'arbre généalogique le plus long connu est celui du penseur chinois Confucius (551-479 av. J.-C., qui a popularisé la pratique de rendre hommage à ses ancêtres). Pendant plus de 2 000 ans, son arbre généalogique s'est étendu à travers le temps, engendrant plus de 80 générations. Au moment de la rédaction de ce livre, Confucius avait plus de 1,3 million de descendants vivants à l'époque moderne.

Quelques années plus tard, bien après avoir lu sur les arbres généalogiques, j'ai créé une nouvelle branche familiale de mon côté. Lorsque ma fille est née, ma femme et moi l'avons emmenée rendre visite à mes grands-parents. Elle, dans son innocence ignorante, a pu rencontrer ses arrière-grands-parents. Alors que ma fille était allongée souriante sur les genoux de mon grand-père paternel, avec ma grand-mère souriante à côté, j'ai attrapé mon téléphone et pris une photo.

Mon appareil photo a capturé le regard partagé et la joie collective de trois personnes nées à trois générations d'écart. Je ne savais pas encore que ce serait la première et la dernière fois que ma fille verrait l'homme qui la tenait ce jour-là. Peu de temps après, j'ai reçu l'appel téléphonique et la nouvelle que personne ne veut jamais entendre.

Mon grand-père (Archibald Reid) et ma grand-mère (Margaret) ont rencontré leur arrière-petite-fille, Adaline, quelques semaines après sa naissance et quelques semaines avant la mort d'Archie.

Avec le recul des livres sur les Drake, la mort de mon grand-père m'a poussé à comprendre comment le témoin avait été transmis à travers mon arbre généalogique jusqu'à ma fille. Je n'ai pas eu à chercher loin. Dans leur jeunesse, la ville natale de mes grands-parents était amèrement divisée entre les éducations chrétiennes catholiques et protestantes.

Archie a été élevé catholique et Margaret protestante. Malgré les affrontements souvent violents entre les personnes des deux côtés de cette division religieuse, il y avait une philosophie que les parents d'Archie et de Margaret partageaient : les catholiques et les protestants ne devaient pas se mélanger. Lorsqu'Archie envoyait des lettres à Margaret depuis sa base militaire en Allemagne, ils savaient tous les deux ce que leurs parents en penseraient. Alors, lorsque Archie et Margaret ont annoncé leur intention de se marier, le père d'Archie l'a pratiquement renié. Aucun de leurs parents n'a assisté au mariage. Mais ils se sont mariés. Et me voici.

L'improbabilité de ma vie a été rendue encore plus claire lors d'une conversation avec mon grand-père maternel. En 1960, près de trente ans avant ma naissance, notre ville natale a été victime de l'un des pires incendies en temps de paix jamais connus. Un entrepôt de whisky dans la rue Cheapside de Glasgow a pris feu, tuant dix-neuf pompiers.[74] Si mon grand-père Joseph avait travaillé ce soir-là, le bilan des morts aurait probablement été de vingt.

Et si vous appliquiez le même regard sur vous-même ? Et si vous considériez comment le témoin de la vie vous a été transmis ? Quelles histoires trouveriez-vous ? Quels rebondissements dans le récit révéleraient comment vous auriez pu ne jamais naître ? Et si vos grands-parents ne s'étaient jamais entendus ? Et si les yeux de votre arrière-grand-mère n'avaient jamais rencontré ceux de l'homme qui deviendrait votre arrière-grand-père ? Où seriez-vous si l'une de ces personnes avait été influencée par des éléments extérieurs pour emprunter un autre chemin ?

Si vous connaissiez les vraies chances d'être en vie, combien vous soucieriez-vous vraiment de vos expériences d'imposteur passagères et répétitives ? Voici comment nous mettons des chiffres contre l'improbabilité éclairante que vous ou moi soyons jamais là.

Partie 8 – L'Improbabilité Absolue de Vous

J'ai initialement quitté ma maison pour mon détachement académique en étant complètement abattu. Rongé par la culpabilité et la panique, je ne faisais qu'un avec le sol du train. Lorsque je suis finalement rentré chez moi, j'avais une nouvelle audace. En découvrant une fascination pour les arbres généalogiques et en interrogeant mon propre passé, je me menais vers une autre précieuse aide pour me sortir des profondeurs du phénomène de l'imposteur. Alors, ce que je veux dire en fin de compte, c'est ceci :

Les chances que vous, moi, n'importe lequel d'entre nous soit né... sont presque nulles.

La vérité est encore plus étrange, car ce n'est pas seulement le fait de naître que vous voulez prendre en compte ici. Qu'en est-il de la probabilité de grandir dans un endroit où votre principale préoccupation n'est pas la survie, la guerre ou la faim ? Et qu'en est-il du privilège d'être si bien éduqué que le phénomène de l'imposteur ou l'expérience (ou peu importe comment nous voulons l'appeler) est même sur votre radar ? L'improbabilité que toutes ces étoiles s'alignent en votre faveur est bien plus qu'un miracle divin. C'est de la magie statistiquement significative. J'ai découvert longtemps après mon voyage d'affaires et ma lecture sur les familles célèbres que certaines personnes ont effectivement calculé les chiffres derrière les chances ridiculement faibles d'être en vie...

L'auteur et hypnothérapeute clinique, Dr Ali Binazir, a créé la plateforme de rencontres en ligne, *Tao of Dating*[75] dans le but d'améliorer les taux de réussite pour ceux qui recherchent l'amour et la compagnie. Son quatrième livre, sous-titré *The Smart Woman's Guide to Being Absolutely Irresistible*, est resté pendant quatre ans en tête du classement des livres de rencontres sur Amazon. Pour comprendre la probabilité de trouver un compagnon, Binazir a écrit un blog sur les chances de naître. Il a courageusement trempé un doigt mouillé dans l'air et a calculé des chances raisonnables de devenir vous-même. En d'autres termes, Binazir se demandait à quel point il était probable qu'un arbre généalogique, comme le cas de Francis Drake ou tout autre, puisse se développer au fil du temps.

Tout commence par une simple question. Quelle est la probabilité que votre père ait rencontré votre mère ? Dans la série télévisée *How I Met Your Mother*[76], il a fallu neuf ans et 208 épisodes pour que les subtilités d'un événement fortuit comme la rencontre entre un garçon et une fille se déroulent ; les chiffres calculés par Ali Binazir ont montré pourquoi. Si votre père rencontrait une nouvelle personne chaque jour entre 15 et 40 ans, cela représenterait 10 000 personnes.

Vous pourriez ensuite vous demander combien de personnes il *aurait* pu rencontrer. Si vous supposez vaguement qu'il a travaillé, vécu et voyagé sur 10% de la surface du globe, cela représenterait 400 millions de personnes possibles (en supposant la population mondiale 20 ans avant la publication du blog de Binazir en 2011). La moitié de ces 400 millions d'interactions possibles seraient des femmes, ce qui signifie que votre père avait une chance sur 20 000 de rencontrer votre mère, soit 10 000 divisé par 200 millions. Cela représente une chance de 0,005% d'avoir les parents que vous connaissez. Mais cela ne fait qu'effleurer la surface de l'extrême improbabilité que vous soyez assis ici maintenant, vivant, respirant et lisant ce livre.

Pensez maintenant qu'à supposer que vos parents aient eu la chance de se croiser, battant les chances de 1 sur 20 000, il y avait aussi une chance supplémentaire, disons, de 1 sur 10 qu'ils se parlent. En plus de cela, il y a 1 chance sur 10 qu'ils aillent à un premier rendez-vous, 1 chance sur 10 qu'ils aillent à un deuxième rendez-vous et 1 chance sur 10 qu'ils aillent à des rendez-vous plus sérieux sur le long terme. Pour faire bonne mesure, il y a aussi une chance de 50:50 qu'ils restent ensemble assez longtemps pour envisager de concevoir un enfant (qui peut ou non être vous, mais nous y reviendrons plus tard).

Lorsque vous multipliez toutes ces chances supplémentaires ensemble, la probabilité que l'union de vos parents aboutisse à un enfant est d'environ 1 sur 2 000 en tout. Mais attendez. Ce 1 sur 2 000 est multiplié par la minuscule chance de 1 sur 20 000 que votre mère et votre père se rencontrent en premier lieu. À ce stade, les chances globales calculées que vos parents se rencontrent, entretiennent une relation et aient un enfant (qui pourrait ne pas être vous) sont stupéfiantes : 1 sur 40 *millions*.

Environ les mêmes chances que de choisir 6 numéros gagnants du jackpot au loto parmi une sélection de numéros de 1 à 59.

Si cela ne vous convainc *toujours* pas que votre vie suit le même chemin improbable que le nom de Francis Drake, voici où les chances approximatives de Binazir d'exister deviennent sérieusement époustouflantes.

Rien dans cette rencontre hypothétique de vos parents n'a pris soin de mentionner la probabilité de l'événement le plus évident qui devait se produire pour que vous soyez ici. (Place à la musique de saxophone douce). Finalement, après toutes les rencontres réussies et la relation devenant plus sérieuse, il y avait la conception. Le bon spermatozoïde devait rencontrer le bon ovule au bon moment. Ces chances seules, en oubliant tout le reste sur la rencontre entre papa et maman, sont d'environ 1 sur 400 billions (c'est 400 avec *15 zéros après*). Et cela concerne seulement la génération de votre famille (vos parents) qui vous a directement engendré. Alors, quelles sont les chances que vos grands-parents produisent chacun votre mère et votre père, ou que vos arrière-grands-parents produisent vos grands-parents, et ainsi de suite, sur 150 000 générations remontant au début de l'existence humaine ? Je pense que vous saisissez maintenant le point.

Si vous avez retenu quelque chose de l'histoire sur le passage du nom Francis Drake cinq fois sur 200 ans, imaginez ce que cela signifie d'avoir passé le témoin non pas cinq fois... mais 150 000 fois, pour en arriver à vous. Pour donner un chiffre, c'est une chance de 1 sur 10^{45000} que tous vos ancêtres survivent pour vous engendrer. Et lorsque vous multipliez toutes les chances de tous ces événements fous qui devaient s'aligner, la probabilité que vous soyez ici maintenant, vous inquiétant du syndrome de l'imposteur, est d'environ 1 sur $10^{2685000000}$. Il n'y a que 10^{80} atomes dans l'Univers connu. En vérité, je ne sais pas comment mieux distiller ces chances, mais je peux vous dire ceci en toute sécurité :

Les chances de votre existence sont pratiquement nulles.

Vous, moi, Francis Drake, ses descendants honorés par leur nom, tous ceux que vous avez connus, aimés, avec qui vous avez ri et pleuré, sont tous des éclairs de conscience incroyablement improbables. La survie de vos ancêtres et le passage de leur témoin à travers les âges jusqu'à vous est véritablement plus précieuse que n'importe quelle victoire au loto, et moins probable que de faire le même nombre avec une paire de dés ayant un billion de faces. Le biologiste évolutionniste, le professeur Richard Dawkins, exprime ce point d'ascendance de manière éloquente :

« *Sans aucun doute, certains de vos cousins et grands-oncles sont morts dans l'enfance, mais aucun de vos ancêtres ne l'a fait. Les ancêtres ne meurent tout simplement pas jeunes !* »[77]

Ce ne sont pas seulement les professeurs d'université éminents qui nous ont aidés à prendre conscience des chances minuscules d'être en vie. Gary Vaynerchuk, entrepreneur en vin devenu motivateur en marketing des médias sociaux, ne mâche pas ses mots dans son interprétation :

« *Votre mère et votre père auraient pu avoir des rapports sexuels trois minutes plus tard et vous n'existeriez même pas.* »[78]

Pour tous ces Francis Drakes qui sont apparus au fur et à mesure que le nom passait de l'un à l'autre, chacun d'entre eux remportait le jackpot du loto et bien plus encore. Lorsque mes grands-parents paternels ont décidé d'ignorer leurs parents religieux et de se marier malgré tout, lorsque mon grand-père maternel a inconsciemment évité un poste de nuit fatal avec les pompiers, je gagnais sans le savoir le jeu consistant à lancer deux dés ayant un billion de faces et à obtenir le même nombre sur les deux. Si la grand-mère autrichienne de ma femme avait été d'une autre religion, elle, enfant, ne serait jamais venue en Écosse, mais aurait plutôt péri sous la persécution glaçante d'Hitler.

Dans les mots de la pionnière du Phénomène de l'Imposteur, Pauline Clance :

« En vérité, ils ont peut-être effectivement eu une certaine dose de chance. Mais ce qu'ils oublient, c'est qu'ils avaient la capacité et l'intelligence d'utiliser la bonne fortune qui s'est présentée à eux et d'en tirer le meilleur parti.»[79]

Partie 9 – Résumé

Il y a un côté presque tabou au Phénomène de l'Imposteur et à la raison pour laquelle il se produit. Loin d'être un simple dénigrement de soi ou un voile d'indignité, nous pouvons relier les expériences d'imposteur à l'égocentrisme. Penser à l'aléatoire décoré d'un arbre généalogique est un exemple d'exercice de gratitude. Les exercices de gratitude nous aident à prendre le temps d'être conscients de ce que nous avons, plutôt que de nous inquiéter de ce que nous n'avons pas.

Si vous considérez votre arbre généalogique, que vous puissiez le retracer sur deux générations, 20 ou 200, cela n'a pas d'importance. Votre arbre généalogique est aussi long que celui de Confucius ou des Drakes, car vous êtes ici, maintenant. Vos ancêtres, des hommes des cavernes aux citadins, vous ont amené dans le monde et vous ont donné une chance.

Un point de vue éloquent sur la gratitude envers qui vous êtes vient du légendaire manager de talents hollywoodien Shep Gordon (qui comptait parmi ses clients Alice Cooper et Pink Floyd). En tant qu'Américain juif chanceux revenant sur une carrière illustre, Shep a déclaré :

« ...juste là où vous sortez du ventre, vous avez gagné le jeu...Vous avez une chance. Vous pouvez avoir de l'eau potable. Vous avez de la nourriture. Espérons que vous recevez un peu d'amour. Il n'y a pas de bombe qui tombe sur votre tête à chaque seconde. Cela seul est quelque chose à méditer tous les jours... » [80]

Du voyage d'affaires qui a conduit à la découverte de l'histoire de Francis Drake, aux révélations de mes grands-parents, j'ai essayé d'appliquer cette réflexion globale à mes inépuisables crises de sentiment d'imposteur au travail. Chaque fois que je traversais la vase des expériences d'imposteur, j'étais trop immergé pour considérer que cette malédiction était en réalité une bénédiction. Pouvoir m'asseoir ici, écrire ce livre, me considérer comme un scientifique aux prises avec des expériences d'imposteur... est un privilège.

La généalogie est un moyen de nous aider à rester vraiment reconnaissants d'être nés quelque part dans le monde où nos expériences d'imposteurs sans fondement - et non un manque de nourriture, d'eau, d'amour ou d'abri - sont une préoccupation centrale. Des sites web comme Ancestry.com existent parce que nous avons tous cette démangeaison éternelle à gratter. Inconsciemment, nous voulons savoir d'où nous venons parce que nous savons tous où nous finirons, et nous ne voulons pas parler de cela.

Alors, regardez vos expériences en tant que fraude, ces moments où vous pensiez ne pas être qualifié pour être dans la pièce, et rappelez-vous d'une simple question :

De quoi êtes-vous reconnaissant ?

Parfois, il faut un sérieux rappel à l'ordre pour se souvenir que nous faisons des montagnes de taupinières. Après tout, j'ai déménagé à deux cents miles de distance et me suis enfermé dans une solitude académique pour apprendre cette leçon grâce à des livres que je n'aurais peut-être jamais eu l'occasion de découvrir !

Cependant, au-delà de cette révélation extrêmement utile, vous et moi savons tous les deux que nous ne pouvons pas toujours compter sur la perspective de la Grande Image pour nous empêcher de nous inquiéter des mêmes vieilles choses. C'est ce que je veux explorer avec vous dans le prochain chapitre. Loin de la grandeur des arbres généalogiques, nous allons descendre à l'unité de base granuleuse de la peur qui nourrit le Phénomène de l'Imposteur.

Rien ne vous donne un coup de pied aux fesses plus fort que le rejet. Et l'histoire derrière celui-ci, est une histoire que j'ai honte de raconter...

Vos défis de chapitre

1. Les branches de votre arbre généalogique peuvent révéler les occurrences fortuites qui ont conduit à vous. N'oubliez pas, aucun de vos ancêtres directs n'est mort avant d'avoir des enfants.

Tracez quelques générations de votre famille. Vous pouvez utiliser le modèle dans la trousse à outils du journal d'accompagnement pour vous guider.

Pour chaque personne que vous ajoutez à l'arbre, notez un événement de leur vie qui devait se produire pour finalement vous conduire à vous.

2. Se soucier des expériences d'imposteur est un privilège, pas un fardeau. Soyez conscient que vous êtes tombé dans le monde dans un endroit où vous avez une chance de faire autre chose que de vous soucier de la nourriture.

Identifiez et énumérez les éléments de vos expériences d'imposteur qui pourraient être reconsidérés comme des choses pour lesquelles être reconnaissant.

La chance de rencontrer ceux qui vous entourent est encore plus improbable que celle que l'un d'entre vous soit né.

3. Les chances que vous soyez en vie sont pratiquement nulles.

Pour ceux qui ont besoin de l'entendre, partagez les estimations ridicules des chances d'être en vie.

Pour la conversation, ou l'e-mail, ou le tweet (de la manière que vous souhaitez partager votre défi), cette statistique est à nouveau de 1 sur $10^{2685000000}$. Prenez une photo du graphique ci-dessous pour commencer à partager ces chances stimulantes !

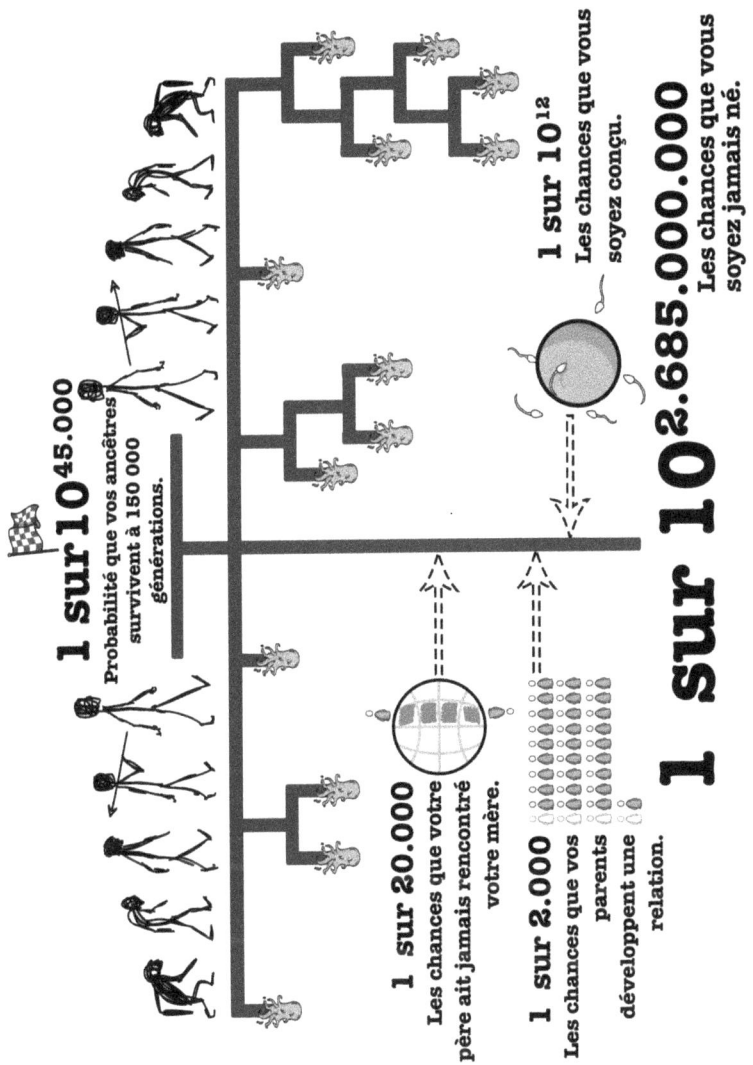

Chapitre 6 : Échouer mieux

Il ne fait aucun doute que vous aurez des personnes que vous admirez et que vous considérez comme des modèles. Malgré ce que vos pensées d'imposteur vous feraient croire à propos de ces personnes, personne n'est jamais parfaitement accompli. Ni d'aucun endroit, ni d'aucune époque. Et pourtant, la tentation persiste de supposer que le succès de ceux qui sont dans votre sphère a été d'une manière ou d'une autre accordé.

Alors que vos efforts vers un objectif ressemblent à une corvée, leurs réalisations semblent divinement inspirées. Pourquoi en est-il ainsi ? Qu'oublions-nous souvent de remettre en contexte ? Même si vous pensez être trop jeune, trop âgé, trop spécialisé, trop niche ou trop novice pour vous attaquer à une opportunité, vous n'êtes rien de tout cela. Ce sont, en revanche, d'excellentes excuses pour éviter de jamais essayer, ou de jamais échouer. Que vous soyez sur une voie académique comme moi ou dans une autre profession, l'échec fait partie de votre parcours. La peur de cet échec joue directement en faveur du Phénomène d'Imposteur.

Partie 1 – Ne pas gérer l'échec

Quand vous pensez à quelqu'un qui a (faute d'un meilleur terme) « réussi », comment croyez-vous qu'il en soit arrivé là ? Cette personne est-elle un génie ou plus intelligente que tout le monde ? Prend-elle des risques avec facilité ? S'appuie-t-elle uniquement sur la chance de sa victoire démographique ?

La tentation est de répondre « oui » à toutes ces questions, de penser que la personne qui a réussi est plus intelligente que vous, plus courageuse que vous et mieux équipée pour réussir professionnellement que vous ne le serez jamais.

C'est ainsi que la plupart des épisodes de ma panique d'imposteur ont commencé à l'époque de mes recherches postdoctorales. Je ne cessais de supposer que tous mes collègues — que je considérais comme meilleurs que moi — avaient simplement été « réussis » depuis toujours. J'avais la conviction inébranlable que ces personnes n'avaient jamais connu de difficultés, de stress ou d'échec. Ce n'est qu'en creusant davantage, en trouvant les histoires cachées dans les récits de succès, que j'ai fini par adopter un ensemble d'hypothèses plus sain sur la manière dont une personne réussie en est arrivée là.

Une grande partie de l'expérience d'imposteur est enracinée dans la peur du rejet. Comme nous l'avons d'abord abordé dans le **Chapitre 2, le Cycle de l'Imposteur peut vous maintenir dans une boucle de charge de travail insoutenable, sans jamais s'arrêter pour accepter les éloges par peur de ne jamais pouvoir répéter une victoire particulière. Le rejet répété est le carburant qui maintient le Cycle de l'Imposteur en mouvement. Le rejet répété est partout à l'intérieur du monde académique et au-delà.[81]

Parmi les participants que j'ai interrogés dans le cadre de mes propres recherches sur le Phénomène d'Imposteur, la grande majorité étaient fortement d'accord avec trois affirmations révélatrices sur l'échec. Contrairement à toute preuve ou soutien à leur compétence éminente, la plupart des gens ont signalé une tendance à se souvenir de leurs échecs plutôt que de leurs succès. Les personnes souffrant d'expériences d'imposteur sont liées par une peur collective de l'échec professionnel.

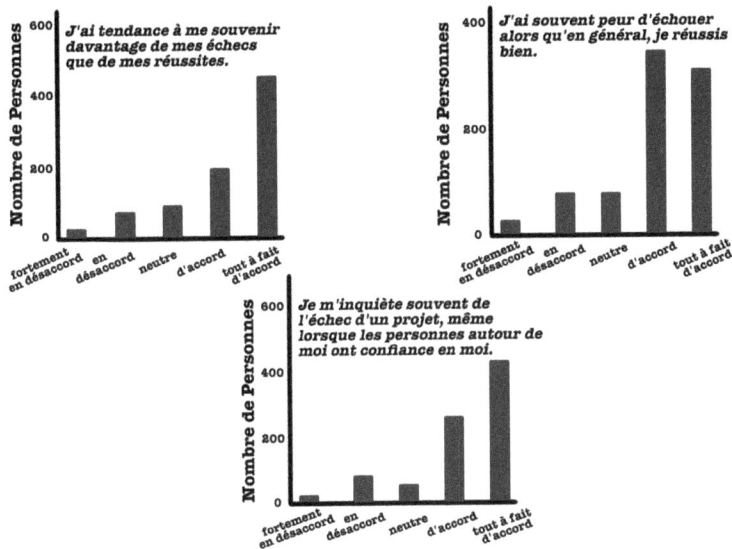

Questions sur le score du Phénomène d'Imposteur sondant la relation des participants avec l'échec.

Dans le monde universitaire, la peur pourrait être liée au rejet de votre manuscrit par une revue, au rejet lors d'un processus de récompense, au rejet d'une demande de subvention, au rejet d'une demande d'emploi, au rejet d'une adhésion à une société spéciale ou peut-être au rejet sous la forme d'innombrables expériences ratées en laboratoire. En dehors de l'enseignement supérieur, cette peur paralysante pourrait se manifester lors d'un changement de carrière, d'une demande de promotion ou d'une performance devant un public inconnu. Les scénarios et les environnements peuvent différer pour chacun d'entre nous. Néanmoins, la peur de l'échec se confond avec une peur fondamentale de tout ce qui est inconnu.

Une chose tentante et facile à faire lorsque vous êtes rejeté est de trouver une excuse externe. Vous pourriez présenter ce que les psychologues appellent un *locus de contrôle externe*.[82] Associée à l'expérience d'imposteur qui vous dit que vous n'êtes pas assez bon, vous pourriez attribuer le rejet au système biaisé qui en veut à votre peau.

Vous pourriez attribuer votre échec à un parti pris contre, disons, votre jeunesse naïve, votre lieu d'origine, votre précédent lieu de travail ou d'innombrables autres injustices possibles dans le monde.

Il est en partie vrai que certaines forces externes en jeu peuvent jouer contre vous.* Cependant, bien qu'une longue liste de facteurs externes puisse prédisposer chacun d'entre nous à l'échec, cela est loin de constituer l'ensemble de l'histoire.

Les facteurs externes ne reflètent pas ce qui est sous *votre* propre contrôle.

Il y a une quantité inconfortable de choses que vous pouvez comprendre sur le rejet et l'échec qui peuvent aider à replacer une responsabilité puissante sur une seule paire d'épaules. Les vôtres.

Je n'avais qu'une année d'expérience dans un parcours professionnel qui exige généralement 3 à 4 ans d'expérience après la formation, donc mon exploration de postes plus élevés semblait risquée, au mieux. Certaines personnes à qui j'ai parlé pensaient que je perdais mon temps. J'étais enclin à être d'accord. Néanmoins, ayant défini une direction pour ce que je voulais que ma vie en général soit, j'ai dressé la liste de toutes les voies possibles vers un poste universitaire que je pouvais trouver ou imaginer : postes de maître de conférences, bourses de recherche junior, bourses partiellement financées, opportunités de direction de groupe, postes de professeur adjoint, tous ! Après avoir éliminé les annonces qui exigeaient strictement des candidats plus expérimentés, je me suis arrêté sur une liste de quatre emplois que je voulais tenter.

Il n'y a rien de tel que de se rappeler la date limite d'une candidature pour insuffler une certaine urgence créative. Voir ci-dessus, la procrastination et le Cycle de l'Imposteur (**Chapitre 2**) ! C'était

---

*. Pour un exemple effrayant basé sur des données, consultez le site *WTF Happened in 1971*, où vous verrez des statistiques sur la croissance arrêtée sur toutes sortes de dimensions depuis 1971, ce qui rend tout progrès individuel beaucoup plus difficile qu'il y a une ou deux générations. Trouvez les séries chronologiques variées à l'adresse : https ://bit.ly/3JF3NOV.

probablement le plus grand bénéfice à prendre un départ précoce et sans doute inutile pour postuler à des postes qui me semblaient hors de portée.

Si vous pensez que vous n'êtes pas assez bon, pas le bon profil, pas du bon sexe, du mauvais âge, de la mauvaise forme, pas de la bonne couleur ou de la bonne croyance pour même commencer à postuler à votre prochain poste, remettez en question ces hypothèses. Plutôt que de vous inquiéter de l'échec avant même de l'avoir goûté, avez-vous déjà pensé à ce que vous gagneriez si vous *vous autorisiez* à échouer ? Viser une opportunité avant de penser que vous êtes prêt vous amènera à vous concentrer sur une question clé :

Que voulez-vous vraiment pour votre avenir ?

Lorsque j'ai mis cette question dans ma tête pour les quatre postes de recherche universitaire que j'envisageais, mes yeux se sont écarquillés et ma vision périphérique s'est estompée. J'avais une direction. J'ai réfléchi profondément et de manière obsessionnelle aux problèmes actuels de ma discipline et aux types de solutions chimiques que j'étais en mesure de créer. J'ai dévoré diverses littératures, échangé des idées avec des collègues, pris des notes, jeté des notes et élaboré des schémas récapitulatifs sur un flux incessant de feuilles de papier volantes.

Malgré ma concentration, je n'ai jamais cessé de me dire que tout cela était inutile, que je n'avais aucune chance de rivaliser pour les emplois auxquels je postulais. Mais ce que je pouvais faire avec mes bavardages internes insipides et insécurisés, c'était de les reconnaître, puis de me concentrer, me concentrer, me concentrer sur la tâche à accomplir... ces fichues candidatures et leurs dates limites de soumission !

Après avoir finalement cliqué sur « envoyer » pour toutes les candidatures, ces pensées familières d'être un imposteur sont finalement revenues en force lorsque des lettres de rejet ont commencé à s'infiltrer dans ma boîte e-mail. Je n'ai pas bien géré la nouvelle.

Je n'étais pas totalement préparé lorsque j'ai reçu ma première lettre de refus. Mes épaules se sont affaissées et j'ai soupiré, mais quelque chose bouillonnait au-delà de la simple déception. J'étais submergé par une sensation forte et troublante de *médiocrité* pure.

Les mots « Nous regrettons de vous informer... » me fixaient depuis une police de caractères insensible, et mes yeux absorbaient le texte en taille 11 comme s'il se dressait au-dessus de moi en taille 80. Lorsque j'ai titubé jusqu'au deuxième paragraphe de la lettre de refus, j'aurais pu allumer une allumette sur ma langue. L'expression « grand nombre de candidats bien qualifiés » hantait chacune de mes pensées dans les minutes, les heures et les jours qui ont suivi. *N'étais-je pas assez bon ? Mes idées ne méritaient-elles pas d'être explorées ? Qui avait été jugé plus approprié que moi ?* J'ai laissé mon ego prendre le dessus. Je pensais que je méritais d'être sur la liste des candidats retenus pour l'entretien, et je ne l'étais pas.

Au lieu de me concentrer sur la façon d'améliorer mon jeu et d'augmenter mes chances pour la prochaine candidature, j'ai éteint mon écran d'ordinateur (sans prendre la peine de l'éteindre complètement), je suis rentré chez moi en quittant le laboratoire, j'ai monté les escaliers jusqu'à ma petite chambre minable en location et j'ai frappé l'oreiller fatigué de mon lit. Plusieurs fois. Un essoufflement m'a envahi. Les larmes mouillaient mes cils. Une mouche sur le mur aurait vu un grand enfant enflammé par une crise de colère.

Au moment de cette première lettre de refus, je n'avais pas les ressources mentales pour prendre l'échec pour ce qu'il valait. Je n'étais pas en mesure de l'utiliser pour construire une responsabilité concrète sur la façon d'améliorer le moi futur par rapport au moi présent. Et je ne savais pas, dans ces moments de rage, que mon premier rejet rejoindrait plus tard une collection avec un deuxième, un troisième et un quatrième.

Nous voulons tous être acceptés, et rater un emploi peut donner l'impression d'avoir un couteau enfoncé dans le flanc et de voir la poignée tourner lentement. Le rejet, exacerbé par l'observation des réalisations de nos pairs,[83] exposées sur les réseaux sociaux,[84] peut alimenter une panique étrangement jalouse et un cri sans réponse :

Pourquoi ne suis-je pas capable d'accomplir ce que ces autres personnes ont accompli ?

Dans de tels moments, tous vos efforts peuvent sembler vains.

Faites attention aux expériences d'imposteur qui peuvent frapper le plus fort lors de périodes de rejet.

Le rejet peut agir comme le premier domino à tomber dans une cascade de pensées qui vous amènent à conclure que vous n'êtes pas assez bon pour réussir un jour. Pour ceux qui sont dans le milieu universitaire, il est compréhensible d'être tenté de le considérer comme le cadre institutionnel unique dans lequel le rejet répété est à son paroxysme, mais cela n'est que partiellement vrai.

Bien que le milieu universitaire favorise le rejet durable comme une sorte d'initiation, il est loin d'être une expérience propre à cet environnement, et le traiter comme tel n'aide personne. Ni vous. Ni moi. Personne.

Depuis les profondeurs dévorantes d'un oreiller trempé de larmes, pendant ces années de postdoc remplies de rejets, j'ai dû trouver un moyen de faire face au fait douloureux que la porte allait me claquer au nez encore et encore. J'ai trouvé quelques joyaux thérapeutiques dans la tradition de l'échec que je veux partager avec vous. Lire certaines des histoires que je vais partager avec vous maintenant m'a aidé à apporter plus de discipline et de maturité dans la façon dont je gérais l'échec. Plus surprenant encore, parmi ceux qui m'ont aidé à recadrer ce que je ne voyais auparavant que comme une horrible honte, il y avait une vieille dame de Londres.

Partie 2 - Nous regrettons de vous informer

Le bulldog en vieille dentelle

Londres, dans les années 1950, était en pleine renaissance après les difficultés de la guerre. Une nouvelle reine était couronnée. Le cliquetis des chevaux avait presque été remplacé par des scarabées métalliques sur roues. C'était l'époque avant les tablettes et les écrans tactiles, lorsque la télévision en Technicolor et les téléphones dans des cabines rouges faisaient fureur. Et, alors que le chef de guerre du pays, Winston Churchill, était maintenant en lutte contre la vieillesse, on pouvait entendre un violoncelle jouer dans le West End de la ville.

Une vieille dame aux doigts longs et endurcis, portant un chapeau aux baies, une robe en vieille dentelle bien ajustée et un long manteau, était assise en faisant glisser son archet sur les quatre cordes de son instrument solitaire d'orchestre. À côté de sa partition et d'une boîte de collecte, se tenait un grand panneau d'environ la moitié de sa taille. Le panneau était couvert de haut en bas de mots peints à la main en horizontale, affichés avec linéarité, régularité et une discipline stricte, comme s'ils avaient été produits sur un clavier. Les passants marchant assez lentement pour jeter un œil à l'endroit où la femme jouait, ou les gardiens de parc qui s'arrêtaient pour la faire partir, liraient les mots sur son panneau :

« *Chers gens,*

Ne croyez pas que je me prétends musicienne, mais le désespoir me fait jouer pour vous afin d'obtenir votre attention. J'essaie depuis 20 ans de faire publier un roman et je suis arrivée à la douloureuse conclusion que, sans influence, l'acceptation en ces temps difficiles serait un miracle.

Si je ne veux pas de votre charité, je vous demande – y a-t-il quelqu'un ici qui pourrait m'aider à faire publier l'un de mes six romans ? Des histoires humaines qui, si elles étaient bien réalisées, feraient des films amusants ou des feuilletons radiophoniques susceptibles de plaire à un large public.

Bien sincèrement,

Zora Raeburn »[85]

Il est temps de rencontrer Zora Raeburn.

La description que je viens de vous donner de notre vieille dame jouant de la musique dans les rues de Londres provient d'une collection de photographies prises par Ken Russell (qui deviendra plus tard un célèbre réalisateur). Zora n'a jamais connu une telle célébrité, mais elle était familière avec les acclamations d'un public reconnaissant. Cette violoncelliste soliste âgée qui jouait autrefois avec un orchestre à l'intérieur du bâtiment dont elle faisait plus tard la manche à l'extérieur, ne connaissait plus tard dans sa vie que les applaudissements sporadiques des pièces qui tombaient dans sa boîte de collecte de la main d'un étranger de passage.

Si, à ce stade, en apprenant cette histoire, vous avez de la peine pour Zora, ne le faites pas. Ce personnage curieux, qui jouait seule, écrasée par les immenses colonnes à l'extérieur de la National Gallery sur Trafalgar Square, a une histoire plutôt inspirante à raconter. Nous ne nous adressons pas simplement à la vieille Zora Raeburn ici. Non, non. Nous faisons revivre le souvenir du titre de la collection de photos de Ken Russell. Notre dame dans la rue était « *Zora, l'invaincue* ».[86]

Si vous cherchiez en ligne Zora Raeburn maintenant, vous trouveriez très probablement une poignée de blogs et de publications sur les réseaux sociaux, racontant tous plus ou moins la même histoire en un paragraphe derrière la même image unique de Zora. L'image la plus connue de notre violoncelliste douce et mystérieuse la montre debout sur la deuxième marche la plus haute d'une échelle. À côté du mur de briques d'un bâtiment plus haut que le cadre de l'image, elle tient fermement le sommet de l'échelle avec sa main droite, tandis que sa main gauche brandit une vieille baguette de pointage ; le genre que vous attendriez des enseignants les plus sévères à utiliser pour bien plus que simplement pointer sur le tableau noir.

Aux fins de l'appareil photo de Ken Russell, Zora pointait un quadrillage d'environ 14 x 16 feuilles de papier individuelles collées à la façade. Il y avait environ 200 morceaux de papier en tout. Et lorsque vous zoomez sur cette grille irrégulière de papier, vous voyez que chacun est une note manuscrite ou dactylographiée. Chacune de ces feuilles de papier était une lettre de refus adressée à Zora Raeburn. Le quadrillage auquel cette jeune pensionnaire pointait montrait un montage de lettres de refus d'éditeurs, de bibliothèques, de studios de cinéma et de producteurs de radio. Pourtant, Zora était là, dans la soixantaine, cherchant toujours des moyens de publier l'un de ses six manuscrits délaissés.

Votre recherche sur Internet pour trouver cette même photographie vous parlerait des défis financiers de Zora et de son engagement inventif à consacrer du temps à essayer de publier son travail. Dans son appartement près du British Museum, elle louait deux pièces chez elle pour payer le loyer. Elle a également pris un emploi de dactylographe en sténographie pour compléter sa modeste pension. C'est tout ce que vous lirez dans les légendes disponibles, mais le travail de dactylographie en sténographie que Zora a pris mérite plus d'attention. La sténographie, ou *stenotypie*, est écrite sur une machine à sténographier. Alors que le clavier QWERTY moderne compte 104 touches individuelles, la machine à sténo n'en a que 22.

Si vous avez déjà regardé un drame policier où les avocats se livrent à des joutes verbales lors d'un procès, la personne dans le coin, suivant furieusement l'action à sa petite machine à écrire, est le dactylographe en sténographie. À gauche de la machine à sténographier se trouvent des lettres utilisées pour symboliser le début d'un mot. À droite, des touches correspondantes pour la fin des mots. Une rangée en bas donne les voyelles, et une touche astérisque centrale unique assume plusieurs fonctions. Regardez n'importe quelle vidéo YouTube qui explique la dactylographie en sténographie sur une machine à sténo et vous verrez que ce n'est pas une compétence à négliger. Avec l'étirement des petits doigts et les belles contorsions des combinaisons de touches simultanément pressées, la dactylographie en sténographie frôle la virtuosité au piano. La dactylographie en sténographie est une compétence de carrière, pas un travail subalterne. Zora avait cette autre voie de carrière pour aider à compléter sa passion pour la publication de ses écrits !

Au-delà de la triste image de Zora si facile à peindre, il y a plus à son histoire que ce que l'on pourrait voir à travers l'œil de la collection de photos de Ken Russell. Plus encore qui révèle cette histoire de rejet comme étant inspirante. En effet, Ken Russell n'est pas le seul passant à s'être intéressé à la violoncelliste essayant de vendre les droits de son livre dans les rues de Londres. Le journaliste Noel Whitcomb a parlé avec Zora à au moins deux reprises en l'espace de deux ans. Il a écrit à son sujet pour sa chronique de journal. Les méthodes inventives que Zora utilisait pour gagner de quoi payer son loyer et sa subsistance étaient complétées par le fait qu'elle vivait très modestement. Comme Whitcomb l'a saisi dans sa chronique, Zora était :

« *Parvenant à vivre convenablement avec moins que ce que certaines personnes dépensent en cigarettes* » et « *portant une robe en shantung de soie qui fut autrefois coûteuse* », et d'un autre reportage ultérieur, « *manger était devenu un luxe occasionnel* ».[87]

La modestie de Zora s'harmonisait avec sa charité discrète. Dans une interview avec Zora, Whitcomb a capturé le fait que la boîte de collecte de fonds de Zora en jouant dans la rue n'était pas pour ses propres besoins. Elle jouait pour attirer l'attention d'un éditeur, pas pour de l'argent. Citant ses propres mots tirés des entretiens avec Whitcomb, elle ne dépenserait pas cet argent pour elle-même « *jusqu'à ce que j'y sois absolument contrainte* ». La plupart des sixpence et shillings qu'elle collectait étaient destinés aux aveugles. Avec une telle collecte de fonds, elle acheta un bouquet de violettes à un vieil homme qui avait eu du mal à vendre quoi que ce soit un jeudi particulièrement morne.

Autour d'une tasse de thé chez Zora, Whitcomb a découvert que l'impressionnante collection de refus d'éditeurs de Zora n'était pas toujours si morose. Citant Zora une fois de plus, elle a révélé à son curieux auditoire journalistique une raison pour laquelle elle continuait à s'efforcer de publier son travail :

« Je ne veux pas paraître prétentieuse, mais je pense que les éditeurs ont tort. Un de mes livres a été accepté par un éditeur en 1940. Je pensais enfin avoir réussi. Mais trois jours plus tard, il a été bombardé. Après ça, plus de chance. J'ai décidé que je n'avais plus beaucoup de temps pour réaliser mon ambition. Alors, je devais faire quelque chose de désespéré. »

C'est à ce moment que notre infatigable romancière a commencé à jouer de la musique dans les rues. Dans ces moments les plus sombres pour Zora, elle avait en réalité essayé de transporter un piano avant de réaliser la taille plus facilement gérable de son violoncelle. Ayant été musicienne d'orchestre toute sa vie, jouant aux côtés de son mari chef d'orchestre avec qui elle était brouillée, elle avait des instruments qui prenaient la poussière dans son petit appartement.

Et pendant qu'elle jouait, elle était entourée d'enfants joyeux qui jouaient autour d'elle, de photographes curieux, de journalistes et d'autres écrivains rejetés, mais jamais d'éditeur. Pourtant, Zora ne laissait jamais ce vide apparent l'arrêter. Dans une réflexion consciente de la négativité qu'elle aurait pu entretenir, elle se souvenait :

« Ce que cette expérience m'a appris, je peux à peine vous le dire. Avant de commencer à jouer dans la rue – quand les choses semblaient si sombres – je commençais à me sentir dure et sans cœur... Cela me troublait, car j'ai toujours cru que les gens ordinaires étaient vraiment décents et gentils. Tous mes livres parlent de petites gens au grand cœur. Et maintenant, je sais à nouveau que c'est vrai. »

En jouant dans les rues, par amour pour son travail, Zora a reçu des dons d'une personne sourde qui ne pouvait pas l'entendre jouer et s'est vu offrir de jolies fleurs roses de la part de l'homme dont elle avait aidé à sauver les moyens de subsistance.

Visiblement captivé par Zora Raeburn, Noel Whitcomb lui a fait ses adieux après avoir emprunté l'un de ses manuscrits. Dans une appréhension soulignée et en italique, il a conclu sa première chronique de journal sur Zora en disant : « *J'ai presque peur de le lire. Je veux tellement qu'il soit bon.* »

Deux ans plus tard, Whitcomb est revenu parler à Zora, toujours rejetée, qui, au-delà de ses tentatives radicales pour trouver un éditeur dans les rues, avait maintenant franchi une étape supplémentaire. Dans un acte qui, aujourd'hui, est normalisé au-delà de tout reproche, Zora avait finalement décidé de s'auto-éditer. Financée par ses efforts en tant que dactylo en sténographie et propriétaire sous-louant, Zora a financé la publication de *Désillusionnée*, demandant 8 shillings et sixpence par exemplaire (environ 10 £ ou 14 $ (US) par exemplaire aujourd'hui).

Hélas, malgré ce qui, de nos jours, représenterait au moins un succès modeste pour quiconque avec un livre électronique, ce n'était pas la fin des refus pour Zora. Dans les années 1950, l'auto-édition était encore extrêmement rare. Une cinquantaine d'années avant l'époque de Zora, Beatrix Potter avait réussi à s'auto-éditer,[88] et a été reprise plus tard par un éditeur qui avait précédemment rejeté Pierre Lapin, mais cela n'était pas prévu pour ce que Noel Whitcomb appelait le « bulldog en vieille dentelle ». Les librairies de Londres dans les années 1950 étaient unanimement réticentes à vendre une œuvre auto-éditée. Elles ne voulaient pas faire de place sur les étagères pour *Désillusionnée*. Et pourtant, Zora continuait. Elle a choisi elle-même. Elle a fait réaliser une affiche, mettant en avant la couverture du livre et les lettres en capitales audacieuses :

DÉSILLUSIONNÉE
PAR
ZORA

À travers l'appareil photo de Ken Russell, Zora a été immortalisée traînant cette affiche derrière elle partout où elle allait ; à travers la neige d'hiver et les places de ville couvertes de pigeons, mais jamais à travers la porte d'un autre éditeur de livres.

Zora Raeburn était le nom de plume de Selma Rawlinson. Femme au foyer, musicienne, dactylo et, enfin, romancière auto-éditée. Elle est décédée à Westminster, Londres, en 1981, à l'âge de 97 ans, sachant que rien ne l'avait empêchée de publier son travail. Ni la pauvreté, ni les ruptures familiales, ni plus de 200 refus, ni le bombardement en temps de guerre de son éditeur accepté une fois, ni la vieillesse, ni la nécessité d'exercer d'autres métiers, et pas même le tabou autrefois ridicule de l'auto-édition. Elle a reconnu la facilité avec laquelle elle aurait pu abandonner et le piège de rejeter la faute sur le monde « dur et sans cœur » qui l'entourait.

L'image célèbre de Ken Russell montrant Zora pointant du doigt son montage de lettres de refus porte à juste titre le titre de la phrase que toute personne confrontée à un rejet répété aura gravé pour toujours sur son âme :

« *Nous regrettons de vous informer...* ».

L'histoire de Zora est celle que j'aurais aimé trouver lorsque je commençais à collectionner mes propres lettres de refus. C'est l'histoire qui m'a finalement convaincu de me choisir moi-même et d'auto-éditer le livre que vous lisez maintenant avec gentillesse.

Zora Raeburn savait comment séparer le pouvoir de ce qui était sous son contrôle du monde dont elle était impuissante à changer les forces extérieures.

J'ai du mal à imaginer ce que je pourrais accomplir pour moi-même si j'avais un dixième de la résilience et de l'autonomie de Zora Raeburn. Et vous ? Le journaliste Noel Whitcomb, chroniqueur fervent de Zora, laisse à tous ceux qui ont souffert du doute de soi face aux refus répétés un défi digne de ce nom :

« *Si tous ces auteurs avaient pu égaler la ténacité de Zora Raeburn, peut-être que le monde aurait une autre bibliothèque. »*

Plus d'écrivains rejetés

Si vous pensez que le monde universitaire est le seul à rencontrer des difficultés, vous avez tort, tout comme je l'avais autrefois. Car, dans une profession qui exige beaucoup d'écriture, il vous suffit de regarder les écrivains plus généralement, en dehors des universités et des institutions, au-delà de Zora Raeburn, pour voir que le monde universitaire n'est pas si spécial. Le rejet répété est partout.

Maintenant, soyez prévenus. Je m'apprête à vous donner plus d'exemples de rejets d'écrivains que vous ne le pensez nécessaire pour illustrer le problème du rejet ou notre discussion sur le syndrome de l'imposteur. Vous pourriez comprendre le point plus rapidement que je ne l'ai jamais fait, mais je pense qu'il est toujours utile pour nous de passer en revue les tentatives infructueuses de ceux qui ont lutté dans le monde, sur lesquelles je suis tombé par hasard, et qui m'ont aidé à remettre en question ma propre vision de ce que signifie le rejet, et que j'espère vous remettra en question également. Alors, allons-y...

J.K. Rowling, célèbre pour un certain jeune sorcier, a été (en tant que mère célibataire en difficulté) rejetée par 12 éditeurs avant de trouver un foyer pour *Harry Potter à l'école des sorciers* chez Bloomsbury Publishing à Londres.[89] Elle, malgré toute la controverse qui a menacé plus tard d'éclipser son travail, a donné plus d'argent à des œuvres de charité que la plupart des gens n'en ont jamais eu à dépenser. Stephenie Meyer, qui a écrit la série de livres pour jeunes adultes *Twilight*, a lu 14 lettres « *nous regrettons de vous informer* » avant de publier le livre qui engendrera plus tard une franchise cinématographique de 3,3 milliards de dollars (US).

John Grisham, l'un des auteurs de thrillers les plus prolifiques que les États-Unis aient jamais produits, a traversé 12 refus et pas moins de 16 agents littéraires avant d'être soutenu pour publier son premier roman, *Non coupable*, en 1988. Depuis lors, il a écrit un roman chaque année, culminant à plus de 300 millions de livres imprimés dans 40 langues.[90]

Je suis loin d'avoir fini. Gertrude Stein a soumis ses œuvres littéraires pendant plus de 22 ans avant de publier des œuvres telles que le désormais adoré classique, *L'Autobiographie d'Alice B. Toklas*,[91] écrit à la voix de la compagne de vie de Stein, et aujourd'hui considéré comme l'un des 20 meilleurs ouvrages de non-fiction du 20ème siècle.

Le célèbre roman anglais, *Sa Majesté des mouches*,[92] écrit par William Golding, est un livre que je suis reconnaissant d'avoir lu dans mes propres cours d'anglais au lycée. Ce livre aurait pu ne jamais exister. Il a été refusé vingt fois avant sa première parution en 1954. Plus d'un demi-siècle plus tard, même les premières ébauches de Golding sont maintenant considérées comme des artefacts dignes d'un musée.[93]

Il a fallu l'œil vif et larmoyant de l'éditrice Judith Jones de Doubleday pour sortir un journal intime d'une jeune fille juive, rejeté 15 fois, de la pile indésirable. Malgré le fait que *Le Journal d'Anne Frank* ait été publié en néerlandais et en français d'ici 1950, il a passé deux années supplémentaires en exil jusqu'à ce que Jones convainque la branche new-yorkaise de son éditeur d'imprimer la désormais tristement célèbre édition anglaise de ce compte-rendu quotidien bouleversant d'une famille espérant échapper à la persécution nazie.[94]

Le roman d'horreur de Stephen King, *Carrie*, a été rejeté 30 fois (certaines sources disent 80)[95] avant de jamais voir une jaquette. Dans ses mémoires, *Écriture : Mémoires d'un métier*,[96] King se souvient d'une pratique étrangement similaire à celle de Zora Raeburn, épinglant toutes ses lettres de refus d'écriture sur un mur :

« À l'âge de quatorze ans, le clou dans mon mur ne pouvait plus supporter le poids des lettres de refus empalées dessus. J'ai remplacé le clou par un pic et j'ai continué à écrire.»

Jonathan Livingston le goéland n'est pas un auteur, mais plutôt le sujet éponyme de la nouvelle de Richard Bach, rejetée 140 fois, qui a ensuite dominé la liste des best-sellers du New York Times pendant 37 semaines en 1972.[97]

Même ces histoires terrifiantes et répétées de rejet paraissent être un jeu d'enfant comparées à celle de William Saroyan, un Américain né de parents arméniens, qui est devenu orphelin à l'âge de trois ans en 1911. Avant de vendre sa première nouvelle (ironiquement sur les malheurs d'un jeune écrivain affamé) en 1934, il a accumulé une pile de lettres de refus de 76 centimètres de haut.[98] Cela représente 14 tees de golf, ou 55 comprimés d'aspirine, ou un peu plus de la moitié d'un Danny DeVito ! Saroyan remportera plus tard un prix Pulitzer et un Oscar pour ses écrits. La liste des histoires de refus continue. Jesmyn Ward a enduré trois années de refus avant de vendre son premier roman. Elle est maintenant la première femme à remporter deux fois le prix du livre national américain.[99] Richard Adams a essuyé 26 refus avant de partager *Watership Down* avec le monde,[100] et il a fallu à Margaret Mitchell jusqu'à sa 39ème tentative pour obtenir un quelconque soutien pour *Autant en emporte le vent*.[101]

Tous ces écrivains ont eu la discipline de sacrifier leur confort pour mener à bien leurs projets jusqu'à la fin. Leurs projets avaient un objectif clair, et chaque refus était atténué par l'image précise qu'ils avaient tous de tenir un jour un exemplaire relié de leur propre livre entre leurs mains fatiguées par le travail. Ils ne se sont pas concentrés sur un parcours professionnel linéaire. Ils n'ont pas arrêté d'écrire à la réception du premier refus. Ils ont revu, affiné, retravaillé et réécrit leurs textes, les améliorant après chaque « non » qu'ils recevaient.

Pourtant, il y a des moments où le rejet peut être surmonté, non seulement en affinant votre travail après un jugement, mais en choisissant de présenter votre travail, indépendamment de ce que certains gardiens voudraient vous faire croire. Lorsque ma fille était une insouciante petite fille, nous prenions le petit-déjeuner ensemble et discutions en regardant une charmante série animée sur un lapin espiègle vêtu d'un manteau bleu.

Ces précieux souvenirs de rires avec ma fille n'existeraient pas si Beatrix Potter, qui était également une scientifique accomplie et une conservationniste, n'avait pas réalisé que les refus qu'elle avait reçus pour *L'Histoire de Pierre Lapin* ne signifiaient pas nécessairement la fin de la partie. Après avoir essuyé le refus de six éditeurs, Potter a produit elle-même 250 exemplaires de son livre le 16 décembre 1901, simplement pour les distribuer parmi sa famille et ses amis. Cette petite publication a connu un tel succès dès sa première année que l'un des six éditeurs qui avaient initialement rejeté le livre de Potter a contribué à le diffuser à un public beaucoup plus large. Plus d'un siècle plus tard, des exemplaires du récit original auto-publié de Potter sur ce petit lapin coquin au manteau bleu se sont vendus pour plus de 35 000 £ (environ 48 000 $).

Il est facile de supposer que les refus de votre travail sont entièrement attribuables au fait que votre première proposition était mauvaise ou n'était pas de la qualité requise pour être publiée. Tout aussi probablement, votre travail rejeté ne correspondait pas au public cible, au bilan, au mandat, à l'image ou à l'éthos supposés de l'éditeur. Nous craignons chacun le rejet d'un groupe plus que le rejet de notre propre travail. Avant de vous considérer comme un échec, un imposteur et un rejeté, pensez à toutes les raisons pour lesquelles on vous a dit « non ».

Considérez que ces refus, aussi douloureux soient-ils sur le moment, pourraient être votre première série de révisions invisibles qui vous aide à atteindre de nouveaux sommets pour le bon public. Considérez qu'il y a plus de voies vers le succès qu'il n'y a de gardiens à rejeter. Une longue liste de facteurs externes pourrait vous prédisposer à l'échec. Évitez d'ajouter l'auto-sabotage à cette liste.

Considérez que rechercher activement des refus pourrait être l'une des meilleures choses à faire sur la route du succès que

vous définirez plus tard pour vous-même.

Si vos expériences d'imposteur sont motivées par la peur du rejet, que se passe-t-il si vous mettez cette peur à l'épreuve ? Que se passerait-il si vous pouviez gérer le rejet en l'invitant ? Et si...vous appreniez à aimer le rejet ?

Partie 3 - La thérapie du rejet

En 2017, Jia Jiang, manager en marketing devenu entrepreneur, a donné une conférence TED dans laquelle il a raconté l'histoire de l'acceptation du rejet pendant 100 jours.[102] Il a demandé à un étranger de lui prêter 100 $, a demandé un réapprovisionnement de burger dans un restaurant et a demandé à son professeur d'université s'il pouvait enseigner le cours dont Jiang était étudiant. Ces exercices de rejet, ainsi que 97 autres, ont été filmés par Jiang.

En regardant en arrière, il ne ressentait pas la nausée ni la peur paralysante qui l'avait envahi lors des premières itérations de son expérience de rejet. Il observait simplement le résultat et réalisait qu'il était toujours là, vivant pour être rejeté un autre jour. Au fur et à mesure que l'expérience progressait, le temps que Jiang passait avec une personne après avoir été rejeté augmentait également. Il revenait à la charge, mettant en lumière le doute et la bizarrerie qu'il ressentait, lui et son malheureux volontaire involontaire. Pour Jiang, les refus ressemblaient de moins en moins à des attaques personnelles et de plus en plus à l'affinement d'une nouvelle compétence.

Dans la thérapie du rejet,[103] vous vous préparez à une chute et remerciez ensuite quelqu'un pour cela. Vous n'attendez pas que le rejet vous trouve, vous trouvez le rejet ! Vous le provoquez. Vous dansez avec. Vous l'embrassez. Et, après tout cela, remerciez celui qui vous a rejeté. Cela peut sembler étrange, bizarre ou carrément ridicule, mais mettez-vous au défi sur cette pensée. Chercher des occasions d'être rejeté est-il *vraiment* si stupide ?

Vous ne parez pas le coup mental de quelqu'un qui vous dit « non », vous le prenez ! Lorsque Jia Jiang a mené son expérience de thérapie du rejet, il n'était pas quelqu'un de noble ou d'éminent. Il était simplement quelqu'un qui avait été confronté à une peur paralysante du rejet qu'il voulait contrôler.[104] Il a fait face à l'humiliante vérité qu'il avait peur d'être mis à l'écart et laissé indésirable. Sa solution expérimentale consistait à combattre le feu par le feu, à affronter le rejet en le trouvant 100 fois en 100 jours, et ce faisant, il a progressivement réalisé un fait psychologique important bien que contre-intuitif.

La plupart de vos pensées, quelles qu'elles soient sombres ou menaçantes, ne sont que des pensées et rien de plus. Elles n'ont pas de sens caché, pas de code à déchiffrer. Ce sont des pensées qui peuvent être reconnues et gérées. Les émotions n'ont pas besoin de vous contrôler. En invitant le rejet, vous pouvez matérialiser la réalité inoffensive du rejet plutôt que d'en prédire le pire résultat possible.

Vous pouvez affronter le véritable rejet pour éviter l'anxiété de prévoir toutes les mauvaises choses qui *pourraient* arriver.

En repensant à mon premier rejet de bourse académique et à mon accès de colère puéril, je frémis maintenant en pensant à la manière dont je me suis comporté à l'époque. À ce moment-là, j'étais si convaincu que je méritais d'être présélectionné pour un entretien que toute autre réalité, toute possibilité de rejet, me semblait tout à fait inconcevable. J'ai travaillé très dur pour en arriver là où je suis aujourd'hui, et à travers de nombreuses situations familiales difficiles, l'une d'entre elles aurait été une excuse suffisante pour abandonner. Mais en mettant tout mon cœur dans l'effort de postuler à des emplois, mes œillères de concentration, mon effort, ma passion, mon espoir, ma volonté de réussir, m'ont tous aveuglé à une possibilité plutôt évidente qui, murmurée à moi-même, a déclenché ce précédent flot de larmes, de coups de poing sur l'oreiller et de cris étouffés :

« *Quelqu'un, quelque part, postulant pour le même emploi, au même moment, était probablement plus prêt, plus adapté, mieux préparé ou plus en adéquation avec le rôle que vous ne l'étiez.*»

Une semaine entière après la nouvelle de mon premier rejet de bourse, je ne voulais pas aller travailler. Je ne me sentais pas digne d'aller travailler. Ma fière marche militaire s'est transformée en un dandinement voûté de désespoir blessé. Ça ne pouvait pas continuer comme ça...

L'une des principales choses qui m'ont permis de continuer, c'était de me rappeler le privilège insensé d'être ici pour me sentir si découragé par l'échec. Cela dit, au-delà de la découverte de l'histoire de Jia Jiang sur la thérapie du rejet, il manquait encore quelque chose. Je souhaitais disposer d'un outil plus axé sur la carrière pour rendre le désordre du rejet plus tangible. Et c'est quelque chose qui est totalement absent du CV que nous travaillons tous si dur à embellir pour nos candidatures.

Partie 4 – Votre CV des échecs

Votre CV (ou *curriculum vitae*) est le morceau de papier qui vous ouvre la porte, mais il ne vous obtient pas l'emploi. Néanmoins, il existe un accord tacite omniprésent et compréhensible parmi les personnes axées sur leur carrière selon lequel nous devons tous décorer nos CV avec des honneurs, des réussites, des adhésions à des sociétés, des récompenses, des réalisations, des articles, des expériences et des activités parascolaires. Votre CV répertorie ce que vous pensez être le meilleur de ce que vous avez accompli. Hélas, pendant que vous vous concentrez sur la perfection et le polissage de votre CV, il ne raconte jamais que la moitié de votre histoire (si tant est). Après tout, toute tendance que vous avez à penser que vous êtes un imposteur vous amènera à conclure qu'aucune preuve de vos réalisations ne sera jamais suffisante. Vous souvenez-vous de ces dix principales phrases du phénomène de l'imposteur tirées du **Chapitre 3** ?

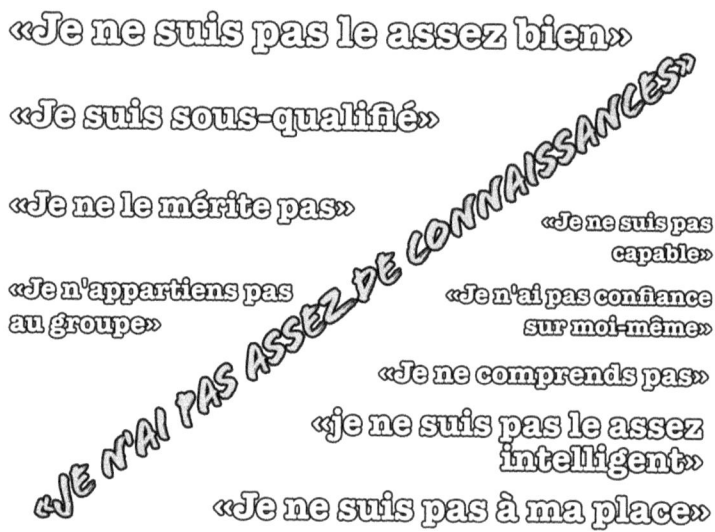

Du Chapitre 3, les dix principales phrases du phénomène de l'imposteur extraites des réponses des participants.

Votre CV peut vous aider à rassembler toutes les choses que vous pensez plaire à l'employeur que vous cherchez à impressionner, mais il ne montre pas l'étendue de vos efforts. Ce même CV omet complètement toute expérience de rejet professionnel dont nous avons passé la majeure partie de ce chapitre à discuter. Il existe cependant un autre aspect de votre CV que vous n'avez peut-être jamais envisagé, un document complémentaire qui reste trop souvent vierge, inutilisé et inhabité.

En 2010, la neurobiologiste Dr Melanie Stefan a publié une chronique dans la revue *Nature* qui a provoqué une sensation contre-intuitive parmi les scientifiques. Ayant récemment été refusée pour une bourse de recherche, le Dr Stefan a réfléchi à la manière dont ses rejets cachés se comparaient à ses succès bien plus visibles. Elle est sortie de l'école et de l'université avec les notes dont elle avait besoin pour être acceptée dans le programme de doctorat qu'elle souhaitait. Jusque-là, tout allait bien. Mais lorsqu'elle a essayé de passer à un poste plus indépendant, elle a vu la dure réalité de l'univers académique ultra-concurrentiel. Elle essayait de passer du bassin à poissons au bassin à requins.

Les emplois universitaires comme celui pour lequel Melanie postulait ont souvent moins de 1 chance sur 7 de succès. Son CV était bon mais, selon les propres termes de Melanie, il ne « *reflète pas la majeure partie de mes efforts académiques* ». Elle a opposé ses échecs cachés aux échecs bien plus transparents d'un footballeur exposé à des critiques médiatiques constantes. Elle s'est demandé pourquoi nous avons tendance (même inconsciemment) à cacher tous ces coups de réussite que nous tentons et qui ne rapportent jamais. Cette contradiction a inspiré le Dr Stefan à suggérer que nous écrivions chacun un « CV alternatif » à côté de notre CV traditionnel. Cette idée de CV alternatif a maintenant attrapé un vent perpétuel sous le nom de *CV des échecs*.[105]

Lorsque j'ai entendu parler pour la première fois du concept de *CV des échecs*, cela a été une révélation. Ce « CV de l'ombre », si vous choisissez de l'écrire, sert à consigner toutes les fois où vous avez échoué, tous les emplois pour lesquels vous avez été rejeté, tous les articles qui ont été mis de côté après l'examen par les pairs, toutes les subventions, bourses, programmes de diplômes, élections de société, œuvres inachevées et tentatives pour développer votre suivi social.

*Quoi que vous ayez essayé. Tout ce qui n'a pas fonctionné. Chaque cas détaillé où un gardien a dit « non » ou votre auto-sabotage vous a fait perdre une opportunité se trouve dans un point de la liste sur votre *CV des échecs*. Il est relativement rare de voir un professionnel rendre public sa propre liste documentée de rejets. Voici quelques exemples de *CVs d'échec* qui m'ont inspiré à écrire le mien, et qui, je l'espère, vous convaincront d'écrire le vôtre.

Exemple 1 : Jeremy Yoder

Avant de décrocher son premier poste universitaire indépendant à la California State University, Northridge, l'écologiste Dr Jeremy Yoder était un chercheur postdoctoral à long terme en quête d'emploi. Au début, Jeremy ciblait délibérément certains postes. Il était très sélectif. Après sa cinquième année en tant que postdoc, Jeremy a décidé qu'il ne pouvait plus se permettre d'être aussi sélectif. Comme il l'a écrit sur son blog :

« *J'avais essayé d'être sélectif... j'avais essayé de trouver des postes qui me convenaient bien.*»[106]

Lorsque cette approche n'a pas fonctionné, cela a conduit Jeremy à la réalisation que :

«*...essayer de lire l'esprit collectif d'un comité d'embauche était futile... Les entretiens d'embauche sont imprévisibles... mieux vaut prendre autant de chances que possible pour bien faire les choses* ».

C'était comme si le Dr Yoder avait troqué un pointeur laser pour un projecteur. Une fois qu'il s'est engagé dans sa nouvelle stratégie de recherche d'emploi à tout prix, il a consciencieusement enregistré chaque information exploitable sur sa quête : où il a postulé, combien de fois il a postulé, combien de fois il a été retenu pour les entretiens, et combien d'offres d'emploi il a reçues. Les résultats résumés sont glaçants.

Avant l'offre d'emploi qu'il a finalement acceptée, Yoder avait rédigé 112 candidatures et avait été invité à seulement 17 entretiens, et encore moins de visites physiques sur les campus (11 au total). Il a finalement obtenu 3 offres d'emploi. Si vous utilisez les offres comme mesure du succès par rapport aux candidatures échouées, le taux de réussite de Jeremy Yoder était de 2,7%.

2,7%.

Ce chiffre seul montre que Yoder n'était pas un prodige universitaire. Il ne prétendait pas être un génie, ni avoir le meilleur dossier de publication au monde. Il voulait vraiment ce type de travail et il a tout fait pour l'obtenir. Il a essayé chaque expérience, pas seulement celles qu'il aimait ou celles qu'il pensait qui fonctionneraient.

Exemple 2 : Sam Lord

Le CV du chimiste titulaire d'un doctorat, Sam Lord, présente des nominations impressionnantes dans plusieurs universités américaines de premier plan et des prix de carrière allant de la reconnaissance du leadership en enseignement aux bourses postdoctorales. Il a donné des conférences en tant qu'invité et publié dans des revues universitaires prestigieuses.

C'est seulement sur le *CV des échecs* de Sam que vous apprendrez qu'il a eu plusieurs articles rejetés, huit tentatives infructueuses pour obtenir des prix, des bourses, des demandes de subventions, un refus d'école de troisième cycle et une demande de diplôme à partir de laquelle il s'est retiré. Le Dr Lord est devenu un expert en microscopie à l'Université de Californie.[107]

Exemple 3 : Sara Rywe

La capital-risqueuse suédoise Sara Rywe, investisseuse en phase de démarrage bien voyagée diplômée d'un MBA, a un CV potentiellement intimidant, orné d'une expérience en conseil en gestion, de postes présidentiels dans une société d'entrepreneuriat et d'expériences d'études à la Stockholm School of Economics ainsi que dans plusieurs universités américaines. Son site web est élégant et est présenté par une citation d'elle-même :

« *Personne ne se souvient d'un lâche.* »

Le *CV des échecs* de Sara raconte l'histoire alternative des langues qu'elle ne pouvait pas parler, des compétences informatiques qu'elle n'a jamais eues et de tous les postes de direction, stages, invitations de conférenciers, emplois d'été et récompenses dont elle n'a jamais eu de nouvelles.[108]

Exemple 4 : Bradley Voytek

De la Suède aux États-Unis, j'ai trouvé le site web de recherche du neuroscientifique cognitif Dr Bradley Voytek. Sur le site web de son équipe de recherche, j'ai trouvé un CV de trente pages, librement disponible pour quiconque, n'importe où, à télécharger en PDF. Il est ridiculement décoré. C'est le genre de CV qui pourrait forcer quiconque souffre d'expériences d'imposteur à penser : *"Pourquoi devrais-je même essayer ?!"*

De ses huit postes de professeur et de dirigeant, en passant par des expériences industrielles et la création d'organisations à but non lucratif, plus de quarante articles, chapitres de livres, des subventions totalisant une somme à sept chiffres en dollars, de nombreuses apparitions télévisées, des articles de magazines populaires et plus de conférences qu'il n'a jamais eu de repas chauds. Mais les trois dernières pages du CV du Dr Voyek sont presque entièrement consacrées aux trente-huit récompenses et subventions qu'il n'a pas réussi à obtenir, ainsi qu'aux histoires de quinze de ses travaux publiés qui, collectivement, ont été rejetés par cinquante-six autres revues avant de voir le jour.[109]

Et si vous pensez que cette liste exhaustive d'échecs vous est familière, fiez-vous à vos instincts. Comme les histoires d'écrivains rejetés, je compte bien vous donner autant d'exemples de *CV d'échecs* que possible. Continuons.

Exemple 5 : Sam Giles

La paléobiologiste Dr Sam Giles a surmonté six refus (quatre avant toute présélection, deux après entretien) avant de remporter sa première bourse de recherche junior en 2014. Elle a terminé son doctorat en 2015 et a été rejetée pour un autre poste de maître de conférences la même année, après que sa candidature réussie pour la bourse junior ait officiellement commencé. Puis, en essayant de passer à une bourse académique plus avancée, trois autres tentatives infructueuses ont eu lieu avant qu'elle ne remporte finalement une prestigieuse bourse de la Royal Society pour étendre ses efforts de recherche. Le Dr Giles a maintenant condensé tous ces échecs en une seule diapositive de présentation pour les partager avec ses étudiants. Comme on peut s'y attendre, elle est également une adepte et propagatrice du hashtag Twitter #RejectionIsTheRule (LeRejetEstLaRègle).

J'ai quatre autres exemples pour bien enfoncer ce point sur le rejet répété. Les exemples de rejet répété abondent !

Exemple 6 : Anonyme (sur demande)

J'ai parlé avec un scientifique pluridisciplinaire qui a partagé avec moi (par le biais d'un canal Slack pour les universitaires en début de carrière au Royaume-Uni) un parcours particulièrement ardu vers son poste de maître de conférences dans une autre université britannique. Dans ses propres mots :

« *...environ 10% de mes candidatures ont abouti à des invitations à des entretiens, dont environ 20% ont abouti à des offres (environ 2% de taux de réussite global). Je ne me souviens plus du nombre total de candidatures pour des postes menant à la titularisation que j'ai faites (probablement entre 150 et 200, sur une période d'environ six ans). Cela a donné lieu à une vingtaine d'entretiens d'embauche, avec quatre offres.* »

Le taux de réussite de ce scientifique fait écho à celui de Jeremy Yoder. Environ 2%.

Exemple 7 : Veronika Cheplygina

L'experte en apprentissage automatique Dr Veronika Cheplygina, en plus de produire son propre *CV d'échecs* universitaire – composé de 13 refus d'emploi, 19 refus de subventions et de prix, et plus de 15 articles non publiés – a également inclus d'autres « merdes auxquelles j'ai dû faire face ». Dans cet exemple singulièrement cru du CV d'échecs, le Dr Cheplygina attribue des points à son diagnostic de trouble bipolaire, un ex-petit ami infidèle qui avait une famille secrète, une alerte au cancer du col de l'utérus et des problèmes de fertilité.* Presque un an après avoir quitté son poste de professeure adjointe menant à la titularisation, elle a fait la paix avec son passé difficile et a obtenu un poste de professeure associée promue dans une autre institution.

Exemple 8 : Alice Soragni

Au cours de sa première année à diriger son propre laboratoire, la biochimiste Dr Alice Soragni a publié un fil de discussion sur Twitter sur ce qu'elle aurait aimé savoir avant de commencer et ce qu'elle avait appris dans le processus de mise en place de son laboratoire.[110] Le premier tweet du fil avait été retweeté 158 fois lorsque je l'ai découvert pour la première fois. Il exprimait une vulnérabilité avec une volonté admirable de se donner du mou. Sur le rejet, elle a dit :

« *C'est le méchant que tu dois combattre. Que ce soit pour des articles, des subventions, des prix, le rejet est partout autour de toi.*
Apprenez à faire face.
Apprenez à vous défendre et à protéger votre bien-être.
Apprenez à vous battre.»

Le dernier exemple : Johannes Haushofer

Un dernier exemple que j'ai pour vous est celui qui, si vous avez déjà entendu parler du CV des échecs, pourrait être le premier cas dont vous avez entendu parler. Il est devenu viral en 2016, créant un pic dans tous les tweets portant le hashtag #CVofFailures. Il a conduit à des articles dans *The Guardian* (au Royaume-Uni)[111] et *The Washington Post* (aux États-Unis)[112]. L'économiste Dr Johannes

---

*. Dans la poursuite de l'échec, le Dr Cheplygina a produit une série d'entretiens avec un nombre croissant de scientifiques qui ont chacun échoué et avancé à leur manière unique. Voir : Cheplygina, V. How I Fail - Interviews with researchers about their thoughts about failure. Consulté le 4 février 2021, sur https ://bit.ly/3QbjgIo.

Haushofer a repris l'inspiration de Dr Melanie Stefan et l'a développée. Ses articles rejetés, ses demandes de financement infructueuses, ses non-récompenses et ses candidatures non admises à des programmes de diplôme composent une liste de 33 éléments sur 2 pages. C'est peut-être l'élément 34 de son CV des échecs dont le Dr Haushofer est ironiquement le plus fier. Dans ce qu'il appelle un échec méta, il dit :

« *Ce fichu CV des échecs a reçu bien plus d'attention que l'ensemble de mes travaux universitaires.* »

Partie 5 - Mon CV des échecs

Dans tous ces exemples de rejet répété, tous ces professionnels, que nous jugerions « réussis » en un clin d'œil, ont rassemblé tous leurs creux de carrière en un seul endroit. Nus. Exposés. Là pour que tous puissent voir. Pourquoi ? Le *CV des échecs* renverse la notion pessimiste du rejet. Il célèbre la plénitude de votre effort, et pas seulement les parties brillantes.

Sur votre CV, vous pouvez noter tous vos plus grands moments et penser que vous avez triché sur la route jusqu'à présent. Vous pourriez encore vous considérer comme un imposteur. Cependant, si vous êtes honnête avec vous-même sur toutes les merdes que vous avez vécues en route vers vos objectifs, l'exercice du *CV des échecs* est un exercice qui vous fera vous sentir courageux et inspiré.

La capacité à tenir physiquement votre CV « ombre » à côté de votre CV habituel est là où son utilisation prend véritablement forme. Chaque rejet que vous affrontez peut désormais être l'occasion de relever la tête et de noter cet échec comme un autre point sur le *CV des échecs*. C'est ainsi que vous pouvez vous responsabiliser pour apprendre, vous améliorer et pivoter.

Il est infiniment plus facile d'échouer une fois à quelque chose et de le juger impossible que de surmonter la phase d'adaptation.

Lorsque vous vous considérez comme un « imposteur », c'est souvent le résultat d'une évaluation rapide et approximative ; une comparaison grossière avec les autres et une définition incomplète et sur-généralisée de la réussite. Chaque personne que vous rencontrerez ou idolâtrerez a commis des erreurs dont vous ne savez rien. Comme vous, ils sont incontestablement humains et imparfaits. Vous êtes, bien sûr, en partie prédisposé au succès ou à l'échec par les faits incontrôlables de l'endroit où vous êtes né, de l'époque à laquelle vous vous trouvez, de ceux qui vous ont élevé et de ceux qui vous entourent. Prédisposé ne signifie pas prédéterminé. Et des outils comme le *CV des échecs* sont tout ce que je peux vous offrir avant que la responsabilité ne vous incombe. C'est à vous d'agir.

Votre CV est un condensé des meilleurs moments.

Pour toutes les réussites qui ornent votre CV, il y a bien plus d'échecs, de quasi-succès, de non-sélections, de médailles de participation et de lettres de refus. Voici une liste abrégée de certains de mes échecs de carrière les plus notables en cours de route jusqu'à où je suis maintenant. La liste s'allonge sans cesse, et le nombre de leçons de vie qu'elle contient ne cesse d'évoluer :

2021 - Subvention majeure de recherche (rejetée)

2020 - Scientifique senior industriel (entretien, mais poste refusé)

2020 - Bourse de recherche (non sélectionné)

2019 - Maître de conférences universitaire (entretien, mais poste refusé)

2019 - Maître de conférences universitaire (entretien, mais poste refusé)

2019 - Bourse pour entrepreneurs (non sélectionné)

2019 - Bourse de recherche (non sélectionné)

2019 - Subvention européenne pour l'infrastructure (éliminé au premier tour)

2018 - Bourse de recherche (non sélectionné)

2017 - Bourse de recherche (non sélectionné)

2016 - Maître de conférences universitaire (non sélectionné)

2016 - Bourse de recherche junior (non attribuée)

2015 - Bourse de recherche junior (non attribuée)

2014 - Concours international de doctorat (non sélectionné)

Il ne saurait être trop souligné :

Cette liste est *abrégée*. Ma liste complète de propositions de subventions, de concours et de candidatures à des emplois échoués est tout simplement trop longue pour me souvenir de tous. L'important est que mes échecs sont nombreux. Ils surpassent largement le nombre de réussites et de moments marquants. En cela, je ne suis pas seul.

Nous essayons à nouveau. Nous échouons à nouveau. Et nous essayons d'échouer mieux.

Partie 6 – Données sur le rejet académique

En 2020, la professeure adjointe en sciences biomédicales, Dr Amanda Haage, a publié une analyse culturelle des candidatures à des postes universitaires.[113] L'enquête de 2018-2019 portant sur plus de trois cents répondants, principalement des postdoctorants en sciences de la vie cherchant un premier poste universitaire indépendant, a révélé que les chercheurs d'emploi détestaient unanimement le processus de candidature universitaire.

Pour ce qui exige généralement des candidats de fournir un CV détaillé, une liste de publications, un plan de recherche et une déclaration d'enseignement, les répondants de l'enquête ont signalé que la recherche d'un emploi universitaire était opaque, stressante, chronophage et désespérément dépourvue de commentaires utiles. L'insatisfaction est plus compréhensible lorsque l'on considère la rareté et la concurrence impitoyable des emplois sur le marché universitaire. Parmi les répondants de cette étude, une seule offre d'emploi en 2018-19 pouvait généralement attirer plus de 200 candidats parmi lesquels 30 passeraient la première sélection, 10 seraient invités à un entretien à distance, 6 seraient avancés pour un entretien sur site, et tout cela pour aboutir à 1 offre.

Parmi tous les répondants de l'étude du Dr Haage, le nombre médian de candidatures par personne (ayant jusqu'à une décennie d'expérience) était de 15. La fourchette du nombre de candidatures pour un individu était très large, allant d'une seule candidature à un nombre déconcertant de 250 ! En comparant le tiers des répondants qui ont reçu des offres d'emploi universitaires aux deux tiers qui ne l'ont pas fait, les candidats retenus avaient tendance à être ceux qui soumettaient davantage de candidatures.

Ceux qui n'ont pas réussi, ne recevant aucune offre d'emploi de leurs candidatures, n'ont peut-être tout simplement pas soumis assez de candidatures pour avoir une chance raisonnable de recevoir cet appel téléphonique tant attendu. Tout candidat qui soumettait 15 propositions ou plus avait une chance nettement plus élevée d'être présélectionné pour des entretiens d'embauche après les premières candidatures écrites. Les mesures individuelles de performance académique d'un candidat, telles que l'indice h, ne correspondaient pas bien au taux d'offres d'emploi finalement reçues par un candidat. Et la grande majorité des candidats n'avaient aucune publication dans les soi-disant revues à fort impact comme *Cell*, *Nature* et *Science*. Nous reviendrons sur la nature des mesures académiques douteuses dans le prochain chapitre.

L'enquête de Haage représentait une réponse à peu près égale entre les sexes et montrait une histoire de succès statistiquement indifférente. Les hommes ont postulé 16,5 fois pour obtenir 1 entretien à distance, 2 entretiens sur site et 1 offre d'emploi. Les femmes ont postulé 13 fois pour obtenir 2 entretiens à distance, 2 entretiens sur site et 1 offre d'emploi. Cela représente un taux de succès d'environ 6 à 8% au total, avec presque aucune différence entre les sexes.

Un seuil minimum d'avoir une bourse de recherche postdoctorale et un nombre suffisamment élevé de citations (indépendamment de la prestige perçu de la revue spécifique) formaient ensemble la base. Après cela, le nombre de candidatures soumises par un candidat était tout ce qui importait pour obtenir une place présélectionnée dans les prochains tours d'entretiens.

En tant que jeune postdoctorant désireux de commencer une carrière de recherche indépendante, le nombre de fois où vous postulez pour des postes universitaires rares compte. Et si jamais vous réussissez et que vos cheveux sont de plus en plus décorés de mèches grises, le nombre de fois que vous postulez pour des subventions (par opposition aux offres d'emploi) compte également.

Une enquête des Instituts nationaux de la santé (NIH) des États-Unis et d'organismes de financement associés a montré que, parmi les scientifiques qui demandent des subventions de recherche dans les domaines biomédicaux, ce sont généralement les scientifiques plus âgés qui l'emportent.[114] Pas vraiment une surprise, n'est-ce pas ? Les scientifiques plus âgés sont des vétérans aguerris de l'art délicat de la rédaction de demandes de subventions. Ils ont des équipes plus importantes de personnes générant plus d'idées d'une élégance supérieure par rapport aux candidats plus jeunes et, pourrait-on dire, plus solitaires. La raison facile et axée sur la responsabilité ici serait de dire que le nom du scientifique plus âgé les précède et que le prestige d'un nom aide. Les candidats plus âgés pourraient être considérés comme plus dignes de confiance et plus fiables en ce qui concerne la gestion de sommes importantes de financement de la recherche... surtout l'argent provenant du gouvernement. Comme le dit le principe de Matthieu :

« *A celui qui a, on donnera encore plus...mais à celui qui n'a pas, on prendra encore plus.*»[115]

Ce mantra selon lequel le succès engendre davantage de succès est en partie vrai, mais ce n'est pas toute l'histoire.

Les scientifiques plus âgés qui ont remporté davantage de subventions ne l'ont PAS fait parce qu'ils étaient nécessairement meilleurs que les autres. Plus un scientifique était âgé, plus il était à l'aise avec l'échec et plus il postulait pour des subventions. Alors, pourquoi exactement les scientifiques plus âgés demandent-ils plus de subventions que les scientifiques plus jeunes ? D'une part, l'expérience du temps est susceptible de découvrir plus de trésors sous plus de pierres, plus de bonnes idées parmi un amas de mauvaises. C'est un cas où l'âge peut effectivement engendrer la sagesse. Dans ma propre étude sur le phénomène de l'imposteur, il y avait des preuves intrigantes suggérant que les participants plus âgés obtenaient des scores d'imposteur plus faibles. Qu'en est-il alors des composants de cette sagesse ? Qu'est-ce qui nous aide à mieux échouer ?

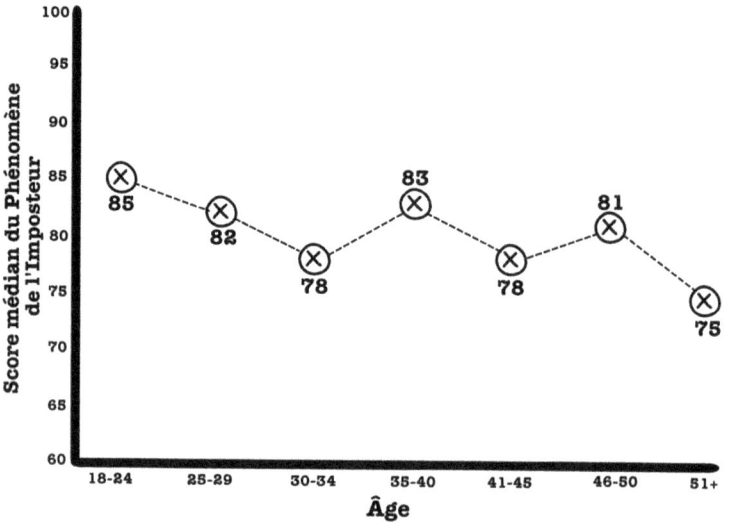

Scores moyens du phénomène de l'imposteur en fonction de l'âge. Bien que les scores selon l'âge (pour ce groupe d'étude) restent élevés, il y a des preuves suggérant que l'expérience de l'imposteur devient moins sévère à mesure que nous vieillissons.

Partie 7 – Les composants pour mieux échouer

Que ce soit la thérapie du rejet de Jia Jiang, le chemin de l'auto-édition de Zora Raeburn ou le *CV des échecs* de Melanie Stefan, tous ces professionnels sont des exemples de personnes dont la volonté d'atteindre un objectif précis les a aidés à persévérer face au rejet constant. Mais le point commun entre ces histoires va au-delà de l'explication apparemment paresseuse selon laquelle elles étaient simplement persévérantes.

De manière cruciale, ils ont tous refusé de considérer le rejet comme un *échec*. C'était l'expérimentation et le confort de considérer chaque rejet comme une expérience qui les a soutenus. Avec chaque rejet venait un raffinement d'une idée. Avec chaque « non », un pas créatif était franchi pour trouver (ou créer) un « oui ».

Jia Jiang a recherché 100 rejets et a lentement apprivoisé sa peur de l'échec. Zora Raeburn a recueilli suffisamment de lettres de refus de manuscrits pour recouvrir le côté d'un bâtiment avant de se choisir elle-même. Melanie Stefan a navigué dans le rejet comme étant la norme dans le milieu universitaire en documentant la totalité de ses efforts, réussis ou non.

Le but de ces histoires de rejet n'est pas de glorifier l'échec. Et vous entendrez d'autres histoires au-delà de celles que nous avons explorées en profondeur. Des histoires comme celles de James Dyson, qui a créé plus de 5 000 prototypes avant de commercialiser le premier de sa désormais célèbre gamme d'aspirateurs sans sac, et Thomas Edison, qui était souvent (à tort) considéré comme ayant échoué 10 000 fois avant de faire fonctionner son ampoule électrique, sont des histoires qui peuvent être prises pour applaudir l'échec. C'est ce que l'écrivain et entrepreneur James Altucher appelle le *Porno de l'échec*.[116]

J'ai eu du mal à comprendre pourquoi je me contentais autrefois de me comporter comme un enfant gâté lorsque je recevais un seul refus d'emploi, mais je suis devenu plus impassible lorsqu'un nouveau refus apparaît...

Ensemble, les traits suivants nous aident à comprendre la force de persévérer malgré le rejet.

Ténacité

Les personnes les plus réussies ne sont que rarement celles qui ont le plus de potentiel. Ce qui compte (le plus souvent), c'est ce que vous faites de votre potentiel. La psychologue Dr Angela Duckworth a étudié des personnes à succès dans différents contextes pour comprendre pourquoi elles ont maintenu le cap de leur voie choisie, ont battu la concurrence et ont réussi à obtenir l'emploi, la position ou le mode de vie qui aurait pu sembler impossible au premier abord.

L'approche de Duckworth vise à dissiper les explications faciles du succès. Pour Duckworth, une métrique en un mot, bien que loin de donner l'image complète, nous aide à comprendre ce qui motive les personnes les plus réussies, le genre de personnes auxquelles nous pourrions nous comparer lorsqu'on retombe dans une autre instance de nos expériences d'imposteur. Cette métrique est la *Ténacité*.[117]

La *Ténacité* est composée de deux éléments clés : la passion et la direction. Il s'agit d'avoir une idée très précise, très personnelle et très claire de ce que vous essayez d'atteindre. C'est un peu comme l'autodiscipline, mais différente de celle dont vous avez besoin pour vous asseoir et faire vos impôts, ou étudier pour un examen dans une matière qui ne vous intéresse pas. Cela fait partie d'une tentative de déconstruire certains éléments de la réalisation d'objectifs plutôt que de se contenter du culte du « génie ». Pour cet objectif le plus précieux, la *Ténacité* est similaire à ce que les Finlandais appellent le *sisu* - l'acte de creuser profondément et de le faire quand même, même quand on n'en a pas envie.[118]

Pour formaliser l'étude scientifique de la Ténacité, Duckworth a développé un questionnaire en dix points qui définit une échelle de Ténacité, allant de 1 (pas du tout tenace) à 5 (aussi tenace qu'on peut l'être à propos d'un objectif). Le test est librement disponible sur le site web de Duckworth, dans son livre Grit, et dans les publications scientifiques décrivant l'échelle. Les questions incluent :

> (1) *De nouvelles idées et projets me distraient de ceux précédents.*
> (2) *Les revers ne me découragent pas. Je n'abandonne pas facilement.*
> (3) *Je fixe souvent un objectif, mais je choisis plus tard d'en poursuivre un autre.*
> (4) *Je suis un travailleur acharné.*
> (5) *J'ai du mal à maintenir mon attention sur des projets qui prennent plus de quelques mois pour être achevés.*
> (6) *Je termine tout ce que je commence.*
> (7) *Mes centres d'intérêt changent d'année en année.*
> (8) *Je suis assidu. Je n'abandonne jamais.*
> (9) *J'ai été obsédé par une certaine idée ou un projet pendant un certain temps, mais j'ai perdu l'intérêt par la suite.*
> (10) *J'ai surmonté les revers pour vaincre un défi important.*

J'ai obtenu environ 3,9 sur 5 au moment d'écrire ce chapitre. Les revers ne me découragent pas facilement. Je suis un travailleur acharné et j'ai surmonté des défis importants après des revers, mais il y a encore des moments où je m'ennuie avec d'anciens projets après un mois et je poursuis quelque chose de nouveau. J'ai définitivement eu des occasions où je n'ai pas réussi à terminer quelque chose que j'ai commencé.

Mais tout comme l'échelle du Phénomène de l'Imposteur de Clance (0-100), votre score de *Ténacité* est particulier au moment où vous l'avez mesuré. Je suis à 70 sur l'échelle de l'imposteur maintenant, mais j'aurais été plus proche de 85 juste après mon doctorat, lorsque j'ai déménagé dans un autre laboratoire de recherche pour la première fois en quatre ans. Et bien que j'étais à 3,9 sur l'échelle de Duckworth lors de la création de ce livre, j'étais facilement en dessous de 3, peut-être en dessous de 2 sur 5 pendant mes années de licence au début de la vingtaine. À l'époque, j'étais beaucoup plus distrait, beaucoup moins engagé envers un seul objectif, et pas encore passionné par quoi que ce soit en particulier. Comme Duckworth l'explique dans son livre, la *Ténacité* peut croître, et cela est cohérent avec l'étude d'Amanda Haage sur les postdocs postulant pour des emplois académiques rares. La croissance de la *Ténacité* avec l'âge est également cohérente avec l'hypothèse selon laquelle les professeurs plus âgés obtiennent plus de subventions simplement parce qu'ils postulent et sont rejetés plus fréquemment que leurs homologues plus jeunes.

Résilience

Au-delà de la définition formelle du *Ténacité* tirée des travaux d'Angela Duckworth, la Dr Meg Jay, psychologue clinicienne de l'Université de Virginie, a réfléchi aux origines d'un autre trait souvent mentionné pour le succès : la *résilience*. Sur 400 personnes étudiées dans une étude de 1962 menée par Victor et Mildred Goertzel, 300 d'entre elles ont été trouvées ayant souffert et survécu à des traumatismes dans leur enfance.[119]

Le musicien Louis Armstrong a grandi dans la pauvreté et a quitté l'école jeune pour soutenir sa famille en difficulté. Howard Schultz, fondateur de Starbucks, a également grandi dans la pauvreté. Le magnat des affaires John D. Rockefeller avait un père escroc et souvent absent. L'icône de la télévision Oprah Winfrey a été abusée sexuellement par des membres de sa famille lorsqu'elle était jeune. La *résilience*, comme le *Ténacité*, est souvent trop simplement définie. La *résilience* n'est pas simplement une capacité à rebondir après des épreuves. Ce n'est pas simplement un trait, c'est une façon de penser, une façon de vivre. C'est utiliser tout ce que vous avez, même si c'est peu, à votre avantage. C'est de la détermination, c'est de la résolution de problèmes, c'est de la persistance. La *résilience* prend de nombreuses formes. Ce qui est constant d'un cas à l'autre, c'est ce qui engendre la résilience. À savoir, l'exposition à des facteurs de stress intermittents.

Optimisme appris

Au début des années 1990, le psychologue Dr Martin Seligman a présenté le concept d'*Optimisme appris*.[120] Seligman a exploré le style explicatif d'une personne, essentiellement si elle avait tendance au pessimisme ou à l'optimisme. En bref, les pessimistes ont tendance à penser que les événements négatifs sont permanents, définitifs et sans espoir. Les optimistes, à l'inverse, considèrent les mêmes problèmes comme des hoquets temporaires sur la route du succès.*

Que vous craigniez l'échec ou le rejet que vous associez à l'échec, voici quatre rappels et questions à étudier lorsque le nuage sombre de vos pensées d'imposteur s'accumule au-dessus de votre tête :

> (1) *« C'est la manière dont je fais face à mes échecs qui compte vraiment.»
> (2) *« Y a-t-il des distractions que je pourrais gérer plus rapidement ? »*
> (3) *« Qu'est-ce qui va vraiment se passer si je ne fais pas cela parfaitement ? »*
> (4) *« Est-ce que me sentir coupable [du succès] aide ? »* (Ça n'aide pas !)

---

*. Ceci présente de fortes similitudes avec le concept de mentalité fixe versus mentalité de croissance de la Professeure Carol Dweck. Voir : Dweck, C. S. (2006). Mindset : The New Psychology of Success. États-Unis : Random House Publishing Group.

Antifragilité

Certains rejets peuvent sembler aléatoires, incontrôlés, imprévisibles et largement soumis au caprice d'un panel de subjectivité humaine. C'est ce genre d'inconnu qui peut contribuer fortement aux expériences stressantes d'imposteur. Pourtant, faire face à des événements de cette nature aléatoire est ce dont de nombreux systèmes, y compris vous, ont besoin pour grandir. Tout comme le stress intermittent renforce la résilience, nous sommes un exemple d'une classe de systèmes qui ont plus à gagner de facteurs de stress aléatoires que d'une protection perpétuelle prévisible. Certains systèmes, comme un verre à vin, sont véritablement fragiles. Si vous en renversez un, il se brise et ne bénéficie pas, ni ne s'améliore en aucune manière, du fait d'avoir été renversé. Si, à la place, vous laissez tomber un gobelet en plastique pour enfant, il ne se brise pas, mais en même temps, ce gobelet en plastique n'améliore pas sa fonction à la suite de la chute au sol.

Vous, en revanche, êtes un système biologique, né sous une forme incomplète, prêt à grandir et conçu pour apprendre. Exposé aux chocs, vous apprenez grâce aux retours d'information et vous adaptez. Sans aucune exposition à de tels chocs ou facteurs de stress, vous ne pouvez jamais en tirer de leçons. L'auteur, ancien trader et praticien du risque sans concession, Nassim Nicholas Taleb, a forgé le terme *antifragile*. Il l'a fait pour conceptualiser la vérité cachée des systèmes qui ont plus à gagner qu'à perdre lorsqu'ils sont exposés à des événements stressants aléatoires.[121]

Le sociologue Dr Jonathan Haidt est devenu un fervent défenseur du concept d'*antifragilité*, montrant comment il aide à comprendre les dangers d'une éducation parentale surprotectrice.[122] Les parents bien intentionnés font du mal physiquement et mentalement à leurs enfants s'ils éliminent ou surveillent chaque obstacle que leur enfant pourrait rencontrer, depuis le ventre jusqu'à l'adolescence. De même, ceux qui cessent de s'appliquer à un objectif particulier après le premier rejet pourraient canaliser la fragilité du verre à vin.

Le Creux

Dans le **Chapitre 4**, lorsque nous avons discuté des véritables imposteurs, nous avons examiné ce qui se rapproche le plus d'un opposé du Phénomène d'Imposteur – l'Effet *Dunning-Kruger*. Ceux qui sont incompétents et qui ne le savent pas apprennent un peu pour atteindre le sommet apparent du nouvel apprentissage, puis restent là, sur le « Mont Stupide ».

Le reste d'entre nous s'écrase dans le gouffre, la Vallée du Désespoir, d'où nous grimpons lentement et, avec un effort constant, sûrement vers l'expertise. Ce gouffre est ce que la légende du marketing Seth Godin appelle autrement Le Creux.[123] Dans le livre du même nom, Godin explore l'idée que lorsqu'un objectif ambitieux semble trop difficile, il est plus facile d'abandonner. Dans de tels cas, progresser à travers un creux consiste à visualiser les avantages remarquables à tirer en persévérant.

D'un autre côté, il y a du talent à savoir quand abandonner. Il y a des moments où vous n'êtes pas dans un creux, mais dans une *impasse* : une marche stagnante, plate et improductive vers nulle part. C'est là que vos investissements en temps et en énergie peuvent être motivés émotionnellement plutôt que rationnellement. Nous sommes toujours à risque de succomber au *Sophisme des coûts irrécupérables*, où nous avons l'impression de devoir continuer à investir dans quelque chose parce que nous sommes désireux de ne pas perdre la précieuse ressource que nous avons déjà mise en place.[124]

Le problème sur lequel vous travaillez est-il réellement dans une impasse ? Avez-vous quelque chose de plus urgent ou de plus digne de votre temps, de votre argent et de votre énergie ? Si oui, jetez le problème. Abandonnez avec confiance. C'est une *impasse*. Votre problème est-il difficile ? La fin est-elle en vue, mais agonise comme un mirage ? Avez-vous envie d'abandonner, mais voyez-vous des améliorations à chaque rejet qui se présente ? Continuez. C'est un *creux* !

Collectivement, la Ténacité, la Résilience, l'Optimisme Acquis, l'Antifragilité et le Creux peuvent vous aider à développer la détermination de Zora Raeburn et la vulnérabilité expérimentale de Melanie Stefan. Alors, nous voici, ayant considéré l'échec et nos expériences d'imposteur. Permettez-moi de vous imprégner d'un dernier message sur ce sujet...

Partie 8 – Résumé

Quand j'échoue maintenant, je ne frappe pas l'oreiller. Je n'organise pas une pathétique manifestation privée, même si la tentation demeure. Et je ne pense pas du tout à quel point j'aurais mérité ou non d'être considéré pour l'opportunité dont je viens d'être rejeté. Au mieux, je pourrais laisser échapper un juron murmuré accompagné d'un profond soupir. Alors que j'ai essayé de persévérer dans les objectifs qui comptent le plus pour moi, mon incapacité fragile à gérer l'échec s'est transformée en un état de croissance antifragile. Les histoires de rejet répété que j'ai trouvées en chemin ont mené la charge.

Si vous oubliez tout le reste que j'ai partagé avec vous dans ce chapitre sur le rejet, souvenez-vous de cette vérité inévitable :

Vous échouerez.

Aussi effrayant que cela puisse paraître, la prise de conscience la plus importante ici n'est pas que vous échouerez, mais que vous *pouvez* échouer. Encore et encore.

Si vous lancez suffisamment de choses contre un mur, les bonnes choses finiront par coller. Ne procrastinez pas pour postuler à des bourses. Ne vous persuadez pas qu'un emploi ne vaut pas la peine d'être postulé. Ne vous empêchez pas de créer cette entreprise. Ne pensez pas que mettre votre stylo sur le papier est une perte de temps pour tout le monde. C'est une bonne pratique. Si vous n'essayez pas, vous vous exposerez à encore plus d'expériences d'imposteur et à une interminable série d'excuses paresseuses pour expliquer pourquoi quelqu'un d'autre est apparemment plus méritant d'une opportunité que vous.

Si votre première tentative pour atteindre votre objectif vient et passe, ce n'est pas grave. Cet échec ne sera jamais aussi important qu'il vous semble dans ce premier moment le plus douloureux. Votre premier échec a nivelé le terrain et posé les bases intellectuelles sur lesquelles vous pouvez construire quelque chose de plus solide pour la prochaine fois.

Tout comme les récits de souffrances liées aux expériences d'imposteur ne sont pas exclusifs à la sphère universitaire, les expériences de rejet répété touchent également tout le monde, de tous les horizons de cette existence humaine dont nous faisons partie.

Et si vous n'êtes pas traditionnellement couronné de succès en faisant la coupe de quelqu'un d'autre, inspirez-vous de l'histoire de Zora Raeburn, le « bulldog en vieille dentelle » de Londres. Choisissez-vous. Si vous voulez vraiment ce que vous recherchez, trouvez un moyen. Trouvez *un autre* moyen.

Lorsque l'échec vous donne l'impression d'être un imposteur, le défi est d'éviter de sauter directement à l'excuse que le monde est contre vous. Ne laissez pas les explications faciles du succès de quelqu'un d'autre peupler vos conversations avec des hochements de tête polis d'accord que tout est injuste. Ce n'est que rarement, voire jamais, le « génie » ou le plus intelligent des intelligents qui réussit. Cette personne qui vous inspire et vous intimide a probablement subi ses propres rejets en cours de route. Le rejet est souvent la règle. Essayez de perdre le moins de temps possible à être jaloux du succès de quelqu'un d'autre alors qu'il y a de fortes chances que vous n'ayez jamais vraiment considéré ce qu'il a fallu à cette personne pour réussir. Après tout, le temps passé à la jalousie est un temps que vous ne récupérerez jamais.

Vous devez être suffisamment intelligent et avoir assez de détermination ciblée pour vraiment monter là où vous voulez être. Ne présumez pas de talent inné. Demandez-vous si votre point de vue paniqué est précis. Rédigez un *CV des Échecs* pour accompagner votre CV. Notez les leçons tirées de chaque refus. La plupart d'entre nous sont tellement concentrés sur la création de versions positives de nos parcours professionnels que nous ne montrons tout simplement pas combien de travail, d'effort, de courage, d'imperfection et de persévérance il a fallu pour rédiger le CV que nous supposons que tout le monde veut voir.

Partager des idées peut être comme ouvrir votre poitrine et exposer votre âme frissonnante au monde. Mais vous devez partager vos idées ! Les gens sont prêts à aider si vous les laissez faire. Montrez votre idée aux personnes que vous connaissez, en qui vous avez confiance et que vous respectez. Vos pensées intérieures d'être un imposteur peuvent être gérées si vous permettez à d'autres voix, externes, de vous parler. S'ils n'aiment pas votre idée dans sa version brouillon, accueillez le rejet comme s'ils venaient de vous féliciter.

Ce qui vous semble être une démolition est en réalité le premier pas vers la construction de votre travail dans un état meilleur qu'auparavant. Quelque chose que vous pouvez présenter. Pas parfait, mais précieux pour ceux qui ont besoin de ce que vous avez à offrir. Vous avez besoin de votre ego pour faire connaître votre travail, mais vous devez mettre ce même ego de côté et verser vos idées sur la toile de quelqu'un d'autre si vous voulez améliorer la manière dont votre idée est présentée.

En exprimant des idées, en les partageant avec ceux en qui vous avez confiance, en les soumettant au panel qui vous fait peur, vous pouvez éliminer les aspérités pour sculpter quelque chose qui ressemble à un chef-d'œuvre pour ceux qui en ont besoin, même si vos tendances perfectionnistes tressaillent encore à l'intérieur. Si vous êtes le seul à vérifier votre travail, vous pourriez penser que vous suivez votre perfectionnisme secret alors qu'en réalité, vous retardez la chance d'aider ceux qui ont le plus besoin de vous. La valeur des commentaires sur votre travail dépendra de la manière dont vous décidez d'utiliser ces commentaires.

Échouez souvent pour perfectionner votre art.

Les rejets sont des expériences, pas des humiliations. Les rejets sont des expériences, pas des découragements. Les rejets sont des expériences, et ils fournissent tous les retours dont vous avez besoin pour progresser.

N'abandonnez pas la partie parce que la victoire n'est pas immédiate. Quelqu'un quelque part a besoin de ce que vous avez à offrir.

Vos défis de chapitre

1. Considérez le rejet comme la norme. Recherchez-le à travers votre propre forme de thérapie par le rejet.

Utilisez le modèle fourni dans les ressources du journal du livre pour :

(i) enregistrer des scénarios dans lesquels vous devez demander quelque chose. Une combinaison d'objectifs plus sérieux et d'exemples absurdes pour l'exercice de rejet est idéale ici.

(ii) notez toutes les pensées anxieuses qui surviennent avant que vous ne fassiez la demande dans chaque scénario.

(iii) documentez ce qui s'est passé et si votre demande a été acceptée ou non. Quel a été le résultat d'agir malgré les pensées qui vous auraient autrefois paralysé au point de ne rien faire ? (Indice : si vous avez survécu au rejet assez longtemps pour le noter, vous êtes sur la bonne voie).

2. Les histoires de rejet répété avant le succès sont nombreuses, dans et en dehors du monde universitaire. Beaucoup de succès « du jour au lendemain » sont plutôt le résultat de nombreuses heures de travail ! Dans ce chapitre, vous avez appris un petit échantillon d'écrivains dont le travail a été rejeté plusieurs fois avant qu'il ne soit soit réussi, soit l'auteur ait choisi de faire les choses à sa manière.

Choisissez une personne qui a réussi (quelle que soit votre définition de la « réussite ») et creusez en profondeur pour savoir comment elle en est arrivée là. Regardez leurs interviews, lisez leurs biographies et parcourez leurs réseaux sociaux. Contactez-les même !

Notez ce que vous supposiez sur le succès de cette personne, puis comparez cette hypothèse à ce que vous avez découvert en creusant.

Partagez avec les autres ! Postez une photo de votre exercice en ligne en utilisant le hashtag du livre #VousNÊtesPasUnImposteur. Ainsi, vous pourriez même trouver d'autres histoires surprenantes de rejet transformé en triomphe de la part d'autres lecteurs.

(Alerte spoiler ! Ce défi de chapitre vous aidera grandement dans ce que vous apprendrez au prochain chapitre.)

3. Célébrez vos rejets et échecs comme des expériences vers votre objectif.

Notez chaque refus ou échec professionnel sous forme de point dans votre CV des Échecs. Un modèle est fourni dans les ressources du journal disponibles.

Au minimum, imprimez votre CV des Échecs nouvellement créé et votre CV standard.

Si vous voulez utiliser votre exemple pour aider les autres à faire de même, prenez une photo de vos CV et CV des Échecs imprimés et partagez-la en ligne.

Si vous voulez aller plus loin et publier votre CV des Échecs sur votre site web, faites-le. Vous pouvez trouver une version imprimée de mon exemple dans l'annexe du livre, ou rendez-vous sur www.dr-marc-reid.com/cv-of-failures pour voir la version vivante (et grandissante) du document.

Chapitre 7 : Comparaisons sociales

Lorsque vous vous comparez aux autres, êtes-vous conscient de toutes les suppositions que vous faites ? Ces suppositions, que vous en soyez conscient ou non, vous conduisent sur le sombre chemin vers des pensées d'imposteur. Considérez, par exemple, le résultat curieux suivant de ma propre recherche. Lorsqu'on a demandé aux participants leur avis sur les évaluations de performance, il y a eu un clivage dans la salle. Autant de personnes voulaient éviter les évaluations de performance que d'y assister. C'est l'une des rares questions de l'étude sur le Phénomène d'Imposteur dont la réponse collective n'a pas donné lieu à un fort accord dans une direction particulière. Pourquoi ?

C'est ici, dans ce chapitre, que je partage avec vous l'épée à double tranchant la plus notoire du Phénomène d'Imposteur. Chaque fois que j'ai eu le privilège de parler de ce sujet devant un public, une question revient systématiquement :

Y a-t-il quelque chose de bon dans le Phénomène d'Imposteur ?

La comparaison sociale est l'exemple même. Comme vous allez bientôt le découvrir, les comparaisons que vous faites entre vous et les autres peuvent être le carburant qui allume le feu de votre ambition. Si elles sont poussées à l'extrême, ces mêmes comparaisons peuvent réduire vos ambitions en cendres.

Chapitre 7 : Comparaisons sociales

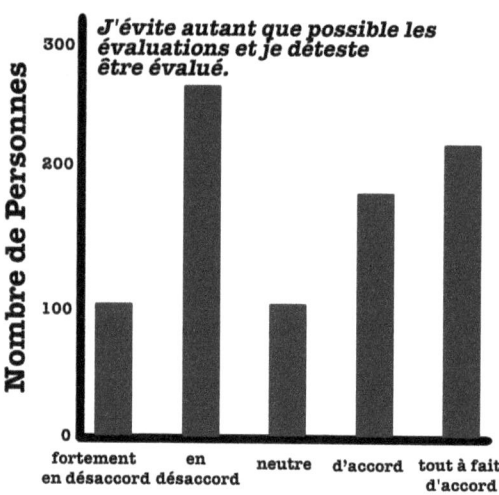

Question sur le score du Phénomène d'Imposteur mettant l'accent sur le rôle de l'évaluation dans le déclenchement des expériences d'imposteur. Un exemple rare d'une question provoquant un clivage parmi les participants.

Pendant 730 jours complets de ma carrière universitaire, je n'ai pas été confronté à ma plus grande honte. Et c'est ici que nous rencontrons le cœur même du Phénomène de l'Imposteur - cette volonté insatiable de nous comparer aux autres autour de nous. Dans mon étude, des termes de comparaison relatifs (« que moi », « comparé à moi », et ainsi de suite) apparaissaient dans environ 29% de toutes les histoires d'expérience d'imposteur. Les histoires citant les parents n'apparaissaient que dans 23% des cas. Les comparaisons sont donc également au cœur des sentiments d'être un imposteur, des préoccupations liées au perfectionnisme et de la peur de l'échec. Alors, pendant que je trouve comment vous raconter mon côté de l'histoire, je vous demande de réfléchir au monde de la haute cuisine gastronomique.

Partie 1 - Le chef qui se souciait trop de sa réputation

Au XVIIe siècle, dans la haute société française, François Vatel était un homme impressionnant. Il travaillait pour le surintendant des finances du pays et devint plus tard maître d'hôtel (gestionnaire du château) pour un prince. Vatel était une figure bien connue dans le monde élevé qu'il habitait. Il était respecté et apprécié ; l'organisateur d'événements prototype de son époque. Vatel était si estimé qu'il portait sa propre épée cérémonielle et avait sa propre chambre dans le château où il travaillait (la lame et le lit étant de clairs symboles de statut pour l'époque).

Hélas, la position acquise de Vatel et ses responsabilités royales ont pris fin lorsqu'il s'est jeté sur son épée. L'histoire de François Vatel est celle de quelqu'un qui avait une peur panique du déshonneur et du jugement imaginaire de ceux à qui il se comparait. Travailler dur pour être attaqué par la panique perpétuelle de défendre une réputation résonne en moi plus que je n'ose vous l'avouer. Vous, comme moi, pourriez ne pas être un chef de quelque description que ce soit. Néanmoins, en poursuivant cette histoire, essayez de garder une trace de la façon dont l'interprétation des événements dans la vie de Vatel ne correspondait pas à la réalité.

Dans quels cas les comparaisons que vous faites pourraient-elles exagérer votre expérience d'imposteur ?

Vatel est né Fritz Karl Watel dans une famille suisse de la classe ouvrière vivant en Belgique.[125] Après son apprentissage de cuisinier dans une pâtisserie, il s'est propulsé au sommet de la cuisine française. Il n'était pas tant un cuisinier ou un chef qu'un leader pour les grandes équipes de cuisine qu'il dirigeait. Il avait des rois excentriques à satisfaire. L'extravagance était le maître-mot, et Vatel excellait dans ce domaine.* Ses événements signatures comprenaient des illusions de scène, des banquets abondants et des feux d'artifice éblouissants. C'était de l'organisation d'événements - style du XVIIe siècle.

En avril 1671, l'employeur de Vatel à l'époque, le prince de Condé, annonça un honneur douteux. Louis XIV, alors roi de France, visiterait bientôt le château de Chantilly. Deux semaines avant la visite du roi omniprésent (qui construisit le palais de Versailles, la plus grande résidence royale jamais construite, juste pour garder ses serviteurs sous un même toit), Vatel fut chargé de préparer un banquet de trois jours... pour une suite de cinq *mille* personnes. Ce banquet presque impossible reposait entièrement sur les épaules de Vatel. Il ne dormit pas pendant douze nuits consécutives.

Les banquets de la Renaissance pouvaient être ridiculement somptueux. Ces démonstrations d'importance personnelle étaient censées transformer l'humble nécessité de manger en une expérience transcendante. On reconnaissait que la bonne cuisine ne suffisait pas pour faire de ces festins un succès ; de véritables maîtres de cérémonie faisaient partie intégrante de la main-d'œuvre pour les classes supérieures qui commandaient de tels événements. Les exigences d'un rassemblement de la Renaissance étaient si pointilleuses qu'à deux cents ans avant l'époque de Vatel, le guide *Du fait de cuisine* fut écrit par un maître cuisinier médiéval pour aider les organisateurs d'événements à calculer ce dont ils auraient besoin pour une bonne fête.[126]

Imaginez que vous devez préparer de la nourriture pour plusieurs centaines d'invités, sans réfrigérateur, sans congélateur, sans électricité et avec un mauvais éclairage. Vos invités doivent être bien nourris et pourraient même rester quelques jours de plus que prévu.

---

*. Le surintendant des finances, dont Vatel fut employé, était un certain Nicolas Fouquet. Après les manifestations d'opulence de Fouquet, auxquelles Vatel participa sur le plan culinaire, Fouquet fut jeté en prison par le roi Louis XIV, pour qui les actions de Fouquet étaient à la fois menaçantes, ambitieuses et finalement assimilables à un détournement de fonds du gouvernement.

Il n'y a pas d'internet et vous n'avez pas le luxe d'une voiture ou de *Click and Collect*. De quoi pensez-vous avoir besoin ? Selon le guide d'organisation d'événements de 1420, vous chercheriez à obtenir environ 200 agneaux, 100 veaux et 2 000 poulets. Par jour. Et, juste pour rendre les choses un peu plus intéressantes, les jours de jeûne chrétien, vendredi et samedi, le poisson était essentiel. Pas de viande autorisée ces jours-là.

Pour la visite du roi Louis XIV au château de Chantilly, François Vatel organisait un événement de trois jours, du jeudi au samedi, non pas pour plusieurs centaines de personnes, comme cela était indiqué dans le guide de planification *Du fait de cuisine*, mais pour cinq *mille* personnes. Oh, et je n'ai même pas évoqué la quantité de produits laitiers, d'épices, de personnel de cuisine, de vin et de musiciens qui seraient nécessaires pour réaliser cette célébration gigantesque, mais vous voyez l'idée. Ces banquets n'avaient pas besoin de menus, ils exigeaient des plans.

Pendant les préparatifs de la visite du roi, les choses sont allées de mal en pis pour Vatel. C'était un perfectionniste ; un homme de la classe ouvrière toujours en compagnie de supérieurs royaux. La comparaison entre lui et les autres n'était probablement jamais loin de son esprit. Il était désireux de plaire et poussé, par un tour de son propre esprit, à travailler sans arrêt.* Juste avant le début de l'événement, il a été annoncé que *soixante-quinze* invités supplémentaires rejoindraient le roi Louis XIV pour le banquet. Cela ne correspondait pas à son plan.

En conséquence, il fut contraint de laisser deux des tables du banquet sans rôti de viande. Il n'avait pas prévu de pénuries ou de changements de dernière minute dans son exécution précise des festivités. Plus étrangement, Vatel resta hanté par l'erreur du rôti de bœuf même si son employeur direct, le prince de Condé, tenta de le consoler, affirmant que la pénurie de nourriture n'était *pas* de la

---

*. Dans les lettres de Madame de Sévigné, Vatel était décrit comme ayant « *un sens trop délicat de l'honneur* ». Voir la traduction anglaise des lettres originales françaises à : Récupéré le 30 mars 2020, de https ://bit.ly/3BSySgb.

faute de Vatel. Souvenez-vous, tout le temps, que l'un des principes fondamentaux de l'expérience de l'imposteur est de se sentir ainsi même lorsque les preuves et les autres autour de vous voient les choses différemment.

Après les échecs apparents du jeudi soir, Vatel resta éveillé jusqu'aux petites heures du vendredi matin. Souvenez-vous, il n'avait pas dormi pendant douze nuits, se torturant à l'idée de préparer ce festival pour ses supérieurs perçus. Pour le banquet principal du vendredi, le poisson devait être la pièce maîtresse (dans la France catholique du XVIIe siècle, aucune viande ne pouvait être consommée un vendredi). Vers 4 heures du matin ce même vendredi, Vatel rencontra un marchand qui livrait du poisson au château. Mais là, Vatel fit face à un autre problème terrible. La livraison de poissons était minuscule, loin d'être suffisante pour nourrir tous les invités. Lorsque Vatel demanda au marchand si c'était tout le poisson qui devait arriver, le marchand acquiesça.

Plusieurs heures passèrent alors que Vatel attendait, dans l'espoir et la terreur, que d'autres poissons arrivent sur place. Ce poisson ne se matérialisa jamais devant les yeux de Vatel. Trois échecs apparents – les invités supplémentaires, les tables sans rôti et la pénurie de poisson – au service de ceux qu'il plaçait au-dessus de lui-même étaient trop pour Vatel. Il se rendit dans sa chambre et ferma la porte. Montant son épée de cérémonie en angle sur le sol, il recula puis courut sur la pointe de la lame. Comme les trois échecs dans la planification du festival qui l'avaient déprimé, Vatel tomba sur son épée trois fois avant que l'acier ne touche son cœur fatigué. Sous la pression du perfectionnisme et de la volonté de plaire aux nobles auxquels il se comparait, la délivrance de Vatel fut de laisser son sang se refroidir sur la pierre.[127]

Ce que Vatel n'avait pas compris du marchand de poissons avec qui il s'était entretenu, c'est que la livraison en question n'était pas tout le poisson qui allait être livré ce vendredi matin. La première livraison à 4 heures du matin était simplement tout le poisson que le premier marchand avait. D'autres devaient suivre. Pas plus de quelques heures après le suicide de Vatel, les livraisons de poissons restantes arrivèrent pour le banquet. Resté sans le maître de cérémonie qui superviserait sa préparation, ce poisson ne fut jamais mangé.

L'histoire de Vatel survit grâce à une épistolière prolifique de son époque. Pour l'échec de la première soirée, il est rapporté que Vatel a dit à plusieurs reprises :

« *J'ai perdu mon honneur ! Je ne peux supporter cette disgrâce.* »

Vatel était tellement concentré sur ses échecs qu'il ne pouvait tout simplement pas croire le Prince, son employeur, qui essayait de rassurer Vatel avec les mots :

« *Tout est extrêmement bien conduit, Vatel ; rien ne pourrait être plus admirable que le souper de Sa Majesté.* »

Le prince a continué à offrir son soutien, mais cela n'a tout simplement pas touché Vatel, qui a répondu :

« *La bonté de Votre Altesse me submerge ; je suis conscient qu'il manquait de rôti à deux tables.* »

Bon sang ! Vatel s'est fait dire directement par la personne pour qui il travaillait que tout allait bien. Plus que cela, le repas n'était pas seulement bien, mais plutôt « *rien ne pourrait être plus admirable* ». Et pourtant, qu'est-ce qui est resté avec Vatel ? La « *carence en rôti* ». Lorsque Vatel a appris la pénurie apparente de poissons, quelques-uns des derniers mots qu'il a prononcés pour les oreilles extérieures étaient :

« *Je ne peux survivre à cette disgrâce.* »

François Vatel se comparait à ceux qui l'entouraient et se souciait profondément de ce qu'ils pensaient de lui. Lui, un homme de travail issu d'une humble famille suisse qui a travaillé dur pour atteindre le sommet de sa profession, face aux rois de France. Le perfectionnisme a obscurci la raison, et il a payé le prix ultime. François Vatel est mort un vendredi. Son banquet a continué le samedi.[128]

Chapitre 7 : Comparaisons sociales

Hélas, ces sombres journées d'avril 1671 ne marqueront pas la dernière fois que la France et la Suisse seraient liées par les luttes mentales des superstars culinaires. Il y a une histoire plus moderne à raconter de chefs liés par la comparaison et le perfectionnisme.

Partie 2 – Le Poison du Perfectionnisme Comparatif

Au sud-est de Paris, à environ trois heures de route du lieu du décès de Vatel, se trouve la petite ville de Saulieu. Des maisons en terrasse décolorées par le soleil et des murs de briques pavées remplissent ses ruelles étroites. Le clocher unique de la chapelle du village surplombe des voitures sans prétention dont la couleur d'usine s'est depuis longtemps estompée. Un cimetière paisible repose les ancêtres de la ville. Sur l'une de ces tombes repose la sculpture noircie de vêtements de chef soigneusement pliés, ornée des lettres entrelacées « B. L. ».

Parcourez environ 270 kilomètres (168 miles) à l'est de Saulieu et vous arriverez à la ville suisse de Crissier, située au bord d'un lac. C'est une ville avec une palette cosmopolite de bâtiments : des demeures carrées de trois étages avec des lambris en bois, des finitions de peinture nettes et des rangées de fenêtres parfaitement alignées. Par mile carré à Saulieu, vous trouveriez soixante-quinze personnes parlant français ; à Crissier, vous en trouveriez mille quatre cents, conversant en français, italien, portugais, allemand et romanche.

Si vous souhaitez un jour échapper aux terreurs en terabytes de la vie citadine moderne, Saulieu et Crissier offriraient chacune la tranquillité à leur manière caractéristique. Ce qui lie ces villes, cependant, ce ne sont pas les lignes bleues lumineuses des itinéraires sur Google Maps, mais quelque chose de bien plus sombre. Saulieu et Crissier abritent toutes deux des restaurants d'hôtel renommés, qui valent le détour juste pour le plaisir d'y manger. Les chefs étoilés des deux restaurants de ces deux villes sont tous deux décédés par suicide.

Les lettres « B.L. » sur le tablier de chef sur la pierre tombale à Saulieu commémorent feu le Chef Bernard Loiseau. Il était le propriétaire de troisième génération de La Côte d'Or, un bâtiment tristement célèbre qui porte désormais le nom de Loiseau. Il a travaillé sans relâche pour obtenir le rare et convoité statut de trois étoiles Michelin. Depuis ses jours d'apprentissage à l'adolescence dans les années 1970, regardant ses mentors atteindre le statut divin de trois étoiles, les trois étoiles Michelin étaient tout ce que Bernard Loiseau voulait. En 1991, ce rêve est devenu réalité.

Mais le temps est venu, au tournant du nouveau millénaire, où le statut culinaire de Loiseau semblait atteindre sa date limite de consommation. En 2002, une réunion avec des représentants du Guide Michelin laissait entendre que le restaurant trois étoiles Michelin de Loiseau pourrait tomber à seulement deux étoiles.[129] De plus, un guide de restaurant concurrent avait récemment déclassé le restaurant principal de Loiseau de 19/20 à un score encore très respectable de 17/20.[130]

Soyons clairs : dans le monde de la cuisine, la troisième étoile Michelin, presque divinement inspirée, est ce qui élève votre restaurant dans les guides d'un détour mérité à un pèlerinage qui confirme la vie.[131] Elle a le pouvoir d'ajouter (ou de soustraire) des zéros au chiffre d'affaires de n'importe quel restaurant. Dans la poursuite d'un rêve d'enfance, les étoiles Michelin avaient apporté à Bernard Loiseau renommée, fortune, soutiens et stabilité pour sa famille. Son charisme chaotique alimentait un empire. Si une étoile devait disparaître du nom de son restaurant dans le guide annuel Michelin, tout ce que Loiseau avait construit serait compromis.

Dans sa période de gloire, il avait contribué à lancer la *Nouvelle Cuisine* : un style de cuisine propre et élégant qui évitait les tonnes de beurre et les sauces lourdes pour plutôt mettre en valeur les saveurs naturelles de chaque ingrédient.

Le 24ᵉ février 2003, le Chef Bernard Loiseau dirigeait son service habituel de midi à *La Côte d'Or*. Guidé par des yeux vides, il s'est rendu dans son bureau à domicile pour une pause, et n'est jamais revenu au restaurant. Plus tard dans l'après-midi, la femme de Bernard, Dominique, l'a trouvé dans leur chambre à coucher. Il gisait sans vie à côté d'un fusil de chasse qu'elle lui avait autrefois offert.

Avançons rapidement de 2003 à 2016, et le chef triplement étoilé Benoît Violier du Restaurant de l'Hôtel de Ville à Crissier, en Suisse, est retrouvé mort chez lui, sans vie à cause des blessures par balle d'un fusil de chasse lors d'un suicide présumé.* Au moment de sa mort, Violier était le chef du meilleur restaurant au monde.[132]

Alors, qu'avons-nous ? Deux chefs superstar, séparés par treize ans et 300 kilomètres, liés par une profession qui les a noyés sous tant de stress qu'ils ont chacun tiré une balle sur leur propre tête.

Dans leur quête du statut de trois étoiles Michelin, ils ont chacun brûlé des vapeurs pour atteindre une notoriété perpétuelle en comparaison avec leurs pairs.

En fin de compte, le lien ultime entre Loiseau et Violier, et le pauvre François Vatel trois siècles avant eux, reste leur mort prématurée et évitable au service du perfectionnisme. Mais c'est plus que cela.

Ce qui est particulièrement révélateur chez Loiseau et Violier, d'une manière qui n'était pas possible du temps de Vatel, c'est leur lien avec un système de notation des restaurants. Vatel était obsédé par le nombre de rôtis et de poissons. Loiseau et Violier comptaient les étoiles. Mais pour comprendre à quel point il est bizarre qu'un système de notation de restaurants pousse ces hommes (et d'autres chefs d'ailleurs) à se comparer constamment aux autres, il faut comprendre d'où vient le système des étoiles Michelin en premier lieu.

---

*. Benoît Violier, comme Bernard Loiseau, était un chasseur passionné. L'ironie de leur mort similaire n'est pas perdue dans ce fait.

Partie 3 – Michelin et la naissance des métriques infernales

Vous avez peut-être entendu le vieil adage : « *Ce qui se mesure se gère* ».[133] Il a été prononcé à l'origine avec une connotation positive : si vous trouvez la manière appropriée de suivre une tâche, vous pourrez observer les progrès de manière objective. Du côté plus cynique, « *Ce qui se mesure se gère* » peut aussi prendre un sens plus totalitaire. Si un patron veut contrôler ses employés, il les tiendra à des métriques de performance particulières.

Dans votre propre vie professionnelle, vous avez peut-être rencontré une métrique qui suscite l'indifférence et les soupirs chez ceux – y compris vous-même – qui peuvent être liés par elle. Vous soupirez au nom de la « responsabilité » annuelle. Mais laissez-moi vous poser directement cette question.

Pour toute métrique à laquelle vous avez été confronté, ou qui vous a amené à vous comparer au score de quelqu'un d'autre sur cette métrique, savez-vous d'où vient cette métrique ?

Vous êtes-vous déjà demandé qui l'a inventée, pourquoi elle existe, ou ce qui s'est passé avant que tout le monde autour de vous ne la prenne pour acquise ? Avant de commencer à étudier en profondeur les sources d'expériences d'imposteur, je ne m'étais jamais posé ces questions sur les métriques. Et pourtant, comme le montrent les données en ouverture de ce chapitre, il y a autant de personnes qui redoutent l'évaluation que celles qui sont peut-être motivées par elle. J'ai encore plus réfléchi à la véritable influence des métriques lorsque j'ai commencé à lire sur les plus grands chefs du monde qui se suicident. Alors, qu'en est-il des étoiles Michelin ? D'où, dans le ciel nocturne, sont-elles tombées sur le monde ?

Le logo principal de Michelin est un personnage de dessin animé blanchâtre et fantomatique, replet en raison des pneus concentriques qui composent son torse. Il s'agit en fait de la même entreprise Michelin qui produit le désormais tristement célèbre guide rouge des restaurants et le système de notation à trois étoiles. La métrique à trois étoiles qui peut faire et défaire les carrières des chefs qui s'y conforment. C'est-à-dire que l'entreprise Michelin de la gloire des pneus et l'entreprise Michelin produisant le petit livre rouge qui régit le monde de la cuisine haut de gamme sont *une seule et même entreprise.*

Si cette connexion entre pneus et restaurants vous semble étrange, ridicule ou bizarre – tant mieux ! Faites confiance à vos instincts. Cette connexion a été une révélation pour moi, et elle a fait voler en éclats l'importance que j'accordais aux métriques universitaires auxquelles, en tant que scientifique, je vivais autrement inconsciemment. Certaines de ces métriques ont exagéré la fréquence et la proximité avec lesquelles je me compare aux autres et combien de fois je me suis senti sous-qualifié sur mon lieu de travail. Avant d'aborder le monde universitaire, je tiens à partager avec vous l'histoire plus profonde de la façon dont les étoiles Michelin en sont venues à être, et combien il est tragique et compréhensible que tout chef vive (et meure) par ce petit livre rouge.

De nos jours, les voitures sont sur toutes les routes, partout. Mais au début des années 1900, les voitures étaient encore assez rares et, pendant un temps, partageaient les routes avec des chariots tirés par des chevaux. Alors, voici une question pour vous : comment vous sentiriez-vous si vous possédiez une entreprise vendant ce dont les propriétaires de voitures avaient besoin, mais que vous saviez que les voitures elles-mêmes étaient rares ? Autrement dit, si vous aviez un excellent produit à vendre en volume mais seulement une petite base de clients, pensez-vous que votre entreprise aurait des chances de réussir ? De telles questions étaient au cœur d'un problème auquel étaient confrontés les frères français Édouard et André Michelin. En développant leur entreprise au tournant du 20ème siècle, leur question cruciale était :

Comment pousser les gens à acheter plus de pneus ?

Sous une forme plus rusée, l'objectif ultime des frères Michelin tournait autour de la question :

Comment convaincre davantage de personnes d'acheter des voitures qui les amènent ensuite à acheter les pneus que nous vendons ?

À l'époque des frères Michelin, il y avait moins de 3 000 voitures sur les routes de France (comparativement à environ 32 millions de voitures au moment de la rédaction de cette phrase, plus de cent ans plus tard). À l'époque, la plupart des gens ne pouvaient pas encore imaginer le monde de possibilités qu'une voiture pouvait leur offrir. Ce problème de savoir comment vendre un produit pour améliorer les ventes d'un autre est le genre de défi dont les rêves des responsables marketing sont faits, et les frères Michelin étaient plus qu'à la hauteur de la tâche. Leur solution ? Si vos clients potentiels ne savent pas encore ce qu'une voiture peut faire pour eux, vous les *éduquez*. Vous leur donnez un *guide*.

En 1900, Édouard et André ont publié pour la première fois leur livre de cartes, d'instructions d'entretien des pneus, de sites touristiques et de recommandations de restaurants. C'était le *Guide Michelin*, une collection compacte d'inspirations pour les automobilistes en herbe, la réponse d'Édouard et André pour faire prospérer leur entreprise de pneumatiques. Ils étaient les pionniers du marketing de contenu de leur époque.

Les 35 000 premiers exemplaires du Guide Michelin ont été publiés gratuitement ; un cadeau au peuple de France, les incitant à rechercher des expériences exaltantes dans leurs voitures. Le pari marketing a été gagnant. Le succès du guide a été tel qu'en 1904, il a été étendu de la France à la Belgique, puis à plusieurs autres pays d'Europe.

En 1920, les frères Michelin ont cessé de financer le guide par des pages de publicité et ont commencé à facturer 2,15 $ par exemplaire, supprimant toute perception que le petit livre rouge n'était qu'un cale-porte. Six ans plus tard, en 1926, le *Guide Michelin* a changé à jamais le secteur de la restauration. Ayant remarqué que la section des restaurants du guide était la plus populaire, la société Michelin a embauché ses premiers *clients mystères* pour évaluer secrètement les restaurants et les hôtels de France.

La récompense pour impressionner un client mystère était d'avoir une étoile apposée à côté de votre inscription dans le guide. Aux yeux du guide et de ceux qui le lisaient, vous (en tant que propriétaire du restaurant) étiez désormais considéré comme particulièrement digne du temps d'un automobiliste. Pour des raisons logistiques, le système de notation s'est ensuite concentré uniquement sur les établissements de haute cuisine, et, en 1936, le cachet d'une étoile est devenu le système de notation à trois étoiles Michelin connu dans le monde entier aujourd'hui. Voici comment compter les étoiles attribuées aux restaurants dans le guide :

- 1 étoile = *cuisine de grande qualité, mérite un arrêt.*
- 2 étoiles = *excellente cuisine, mérite un détour.*
- 3 étoiles = *cuisine exceptionnelle, mérite une visite spéciale.*

D'autres systèmes de notation des restaurants existent, mais, pour reprendre les mots immortels du regretté grand chef, Paul Bocuse (un nom célèbre en France) :

« *Le guide Michelin est le seul guide qui compte.* »

De nos jours, lorsque le *Guide Michelin* est publié en janvier de chaque année, le buzz médiatique rivalise avec celui des Oscars ou du prix Nobel. Les journaux annoncent les étoiles gagnées, conservées et perdues par rapport à l'année précédente. L'astucieux stratagème marketing qui incitait davantage de personnes à acheter des pneus suscite désormais le respect des restaurateurs dans vingt-quatre territoires sur trois continents. Ceux qui obtiennent une nouvelle étoile se réjouissent de l'insigne d'honneur lucratif et de l'exposition publicitaire que l'étoile apporte à leur entreprise. Les perdants, en revanche, ceux qui sont délaissés ou dépossédés de leur(s) étoile(s), baissent la tête. Dans certains cas, les perdants vont même jusqu'à poursuivre la société Michelin en justice.* Mais vous savez maintenant que la peur de perdre une étoile Michelin peut signifier quelque chose de bien pire que de mauvaises critiques. Bernard Loiseau et Benoît Violier l'ont découvert à leurs dépens.

Alors, pourquoi un système de notation, né d'un coup de marketing, suscite-t-il le respect et, hélas, la vie de tant de chefs ? Je pense que c'est pour certaines des mêmes raisons que François Vatel s'est jeté sur son épée.

Pour le meilleur ou pour le pire, des mesures secrètes et subjectives comme les étoiles Michelin alimentent néanmoins notre tentation de nous comparer aux autres.

La définition des 1, 2 et 3 étoiles Michelin semble complètement claire et ostensiblement transparente. Lorsque vous avez ces notes, vous savez ce que cela signifie. C'est imprimé en rouge et blanc glorieux sur le site web de Michelin et le guide imprimé. Ce qu'il ne vous dit *pas*, c'est *comment* gagner une étoile. Tout ce que les chefs savent, c'est qu'un certain niveau de performance et de cohérence est attendu. Les méthodes de l'institution Michelin elle-même sont entourées d'un profond secret. La façon dont les clients mystères de Michelin observent et jugent ces chefs est inconnue.

En 2003, Pascal Rémy, un ancien inspecteur Michelin (un client mystère), a publié son exposé sur l'institution. [134] Cela a provoqué des ondes de choc palpables dans l'industrie. Rémy a contesté la capacité de Michelin à inspecter annuellement tous les restaurants de leur guide. Il y a simplement trop de restaurants de haute qualité et pas assez d'inspecteurs. Par le même coup de couteau, Rémy a accusé Michelin de traiter certains chefs vedettes comme intouchables. En rehaussant le statut de demi-dieu de certains chefs, cela a contribué à maintenir la légitimité de la marque Michelin.

---

*. Le restaurant alpin de La Maison des Bois du chef français Marc Veyrat a été récompensé par sa troisième étoile Michelin, la note la plus élevée possible, en 2018 et a été rétrogradé à 2 étoiles l'année suivante. Veyrat a tenté de poursuivre la société Michelin et a perdu. Michelin l'a qualifié de « diva narcissique ».

Les notions curieuses et peu claires des inspections mystères de Michelin vont encore plus loin. En 2002, un an avant sa mort, Bernard Loiseau a eu une réunion secrète avec des représentants de Michelin, qui étaient préoccupés par la cohérence et la qualité de la cuisine de Loiseau. Plus tard, Michelin essaiera de nier que cette réunion ait eu lieu, mais les procès-verbaux documentés ont rendu l'effet évident. On a noté que Loiseau était « *visiblement choqué* ». [135] Hélas, alors que Bernard et sa femme ont affirmé que Bernard se consacrerait à maintenir les trois étoiles du restaurant, Michelin n'a rien dit sur la manière dont cette qualité devrait être maintenue. Le système de notation est resté opaque pour Loiseau jusqu'à ce qu'il appuie sur la gâchette de son fusil de chasse.

Gagner ou perdre une étoile Michelin peut sérieusement impacter les revenus d'un restaurant. * Lorsque les chefs sont pris dans les phares éblouissants des mesures Michelin, ils ne voient pas le train lancé à toute allure qui se précipite vers eux.

Gagner du statut avec une mesure est une chose, mais la pression pour maintenir ce statut quantifié peut être écrasante.

En plus de céder à un ensemble mystérieux de normes, jugées anonymement par des personnes ayant moins de compétences culinaires que celles qu'ils jugent, certains chefs vivent avec la peur constante de se démoder. Ce qui est innovant et révolutionnaire une année peut être jugé ennuyeux et chassé par de jeunes chefs l'année suivante. Pourtant, il y a une innovation d'un chef particulier qui aide à transformer ces sombres récits en un outil pour gérer les types de comparaisons que nous associons si intrinsèquement au Phénomène de l'Imposteur.

---

*. Le chef étoilé deux fois au Michelin, Raymond Blanc, a un jour lancé une attaque virulente contre Michelin pour le pouvoir qu'ils ont sur la somme d'argent que peut gagner l'entreprise d'un chef. De même, dans son livre *Wine Snobbery*, le critique de vin Andrew Barr a révélé la vérité derrière certains millésimes apparemment prestigieux, plus des marques gonflées que de délicieux mélanges. Parmi tout cela, il y a des chefs avisés qui ont vu le *Guide Michelin* pour l'artifice métrique qu'il est (pour certains) devenu.

Partie 4 – Le Gamin des rues

Au cours de sa carrière, le chef Marco Pierre White est passé de laveur de vaisselle à la royauté culinaire. Il a lutté jusqu'à remporter les convoitées trois étoiles Michelin. En 1995, à seulement trente-trois ans, il était le plus jeune chef britannique à être jugé digne de la plus haute distinction de Michelin. Il est la *persévérance* personnifiée. Le travail acharné et les risques mesurés lui ont valu des rôles convoités et lucratifs en tant que chef de télévision et ambassadeur de la marque.

Après un parcours de seize ans pour obtenir ses étoiles, il les a conservées pendant cinq ans, prouvant que ce qu'il pouvait gagner, il pouvait le conserver. De manière constante. Puis, apparemment contre toute logique, il a pris sa retraite et a rendu les étoiles à Michelin. Un chef avec trois étoiles Michelin, un homme au sommet du monde avec la note la plus élevée de ce qui était la mesure la plus vénérée dans la gastronomie, a rendu l'équivalent d'un prix Nobel pour les chefs. Pour ceux qui cherchaient encore leurs propres étoiles (y compris le protégé sans doute le plus célèbre de White, Gordon Ramsay), c'était de la folie. Un coup de publicité bon marché. Michelin s'est empressé de prétendre que rendre les étoiles n'était même pas du ressort de White. Mais pourquoi Marco Pierre White l'a-t-il fait ?

Le documentaire de 2012 *The Madness of Perfection* a exploré les hauts et les bas des cuisines étoilées Michelin et ce qu'il faut pour gagner et conserver les étoiles Michelin.[136] Lorsqu'on a demandé au chef White ce qu'il pensait de son expérience, il a déclaré que gagner trois étoiles était comme « *la fin de la course* ». Plus important encore, lorsqu'on lui a demandé pourquoi Michelin exerce une telle pression sur les chefs, il a corrigé le documentariste en disant que les chefs se mettent cette pression sur « *eux-mêmes* ».

Il y a une ligne très fine entre les pressions externes imposées par un système de mesures et la pression interne induite par

l'adhésion à de telles mesures.

White a compris que gagner et conserver ses étoiles Michelin n'étaient pas la même chose. À ce niveau, maintenir trois étoiles consiste à faire la même chose, encore et encore, de manière cohérente selon les niveaux indéfinis attendus par Michelin, facturant des additions à trois chiffres aux convives pour le plaisir. White est même allé jusqu'à qualifier le processus de maintenance des trois étoiles d'« ennuyeux », et il n'est pas le seul à avoir flairé le piège Michelin.

Skye Gyngell, Alain Senderens, Joël Robuchon, Marc Veyrat et Olivier Roellinger ne sont que quelques-uns des chefs décorés du Michelin qui ont depuis dit merci... mais non merci. [137] Ils font tous leur propre chose, selon leurs propres règles, ne défilant plus au rythme inquisiteur des clients mystères qui ont beaucoup moins de compétences techniques qu'eux. [138]

Vatel, Loiseau, Violier et d'autres encore* quelque chose de profondément frappant m'a frappé lorsque j'ai étudié ces chefs. Ils étaient tous des performeurs de haut niveau, tous au sommet de leur art. François Vatel était un innovateur en son temps, un maître de cérémonie pour la royauté. Bernard Loiseau a sauvé un hôtel en faillite de la ruine et est devenu un nom connu en France. Et Benoît Violier, auteur d'un triomphal opus de 1 000 pages sur la cuisine de la viande de gibier, dirigeait un restaurant récemment célébré comme numéro 1 dans *La Liste*, une sélection des mille meilleurs restaurants du monde. Numéro 1.†

---

*. En 1966, le chef Alain Zick s'est suicidé par balle après que Michelin lui a retiré son statut de 2 étoiles. Et en 2003, la même année que la mort de Bernard Loiseau, le chef Gérard Besson a subi une crise cardiaque non mortelle en apprenant qu'il allait perdre sa troisième étoile Michelin.

†. La Liste est la réponse française à une autre liste de classement des restaurants que les Français considèrent comme biaisée contre les restaurants français, peut-être parce que le sentiment inverse existe pour le biais en faveur des restaurants français dans le Guide Michelin. Dans La Liste, l'algorithme utilisé porte le nom de Ciacco, d'après une âme gloutonne condamnée à une punition éternelle par un chien à trois têtes dans le troisième cercle de l'Enfer.

Il y avait une effrayante familiarité qui émanait de ces histoires de chefs. Des personnes très performantes dans un paysage compétitif cherchaient une perfection inatteignable. Les innovateurs étaient jugés selon des critères mal définis qui les poussaient à survaloriser les opinions extérieures. Ils tendaient vers des étoiles qui ne laissaient que des cicatrices mentales. C'est un problème qui va bien au-delà du monde de la haute cuisine.

Partie 5 – Le grand-père de Google

La métrique du papier collant

Comme les chefs lassés par la vie qui poursuivent les étoiles, les universitaires ont leur propre version du piège des critères Michelin. Là encore, que vous soyez dans le milieu universitaire comme moi ou non, je suis prêt à parier que vous pouvez établir des parallèles entre l'histoire du Michelin et les critères qui existent sur votre lieu de travail. Nous en parlerons plus tard, dans les Défis de votre chapitre. Quant à la manière dont cela se rapporte au Phénomène de l'Imposteur, 30 % des participants à mon étude ont cité les revues, les publications et leur classement métrisé comme source de leur propre expérience d'imposteur (contre 23 % pour les parents). Voici ce qu'un simple échantillon d'entre eux a rapporté :

« *Quand je vois des collègues publier dans des revues à fort impact et que je n'y arrive pas, je pense que c'est de ma faute, je ne suis pas aussi bon qu'eux.*»

« *Dans mon doctorat, certains de mes pairs publiaient des articles à fort impact, obtenaient leur diplôme rapidement et obtenaient des subventions impressionnantes pour poursuivre leur trajectoire éblouissante… Il était facile de se concentrer sur ces personnes plutôt que sur la grande majorité qui étaient comme moi…*»

« *Chaque fois que quelque chose en lien avec les publications est évoqué, je me sens comme un imposteur.*»

« Je pense que je me sens tellement submergé par les informations et les gens qui se vantent de leurs publications et de leurs succès, que j'ai simplement l'impression d'être un perdant.»

Encore une fois, vous pourriez être l'une de ces personnes, ou peut-être pas. Mais l'une de ces personnes pourrait être votre fils, votre fille, votre frère ou votre sœur, ou parmi ceux que vous chercheriez à recruter dans votre entreprise.

Le vieil adage dans le milieu universitaire est que vous devez *« publier ou périr »*.[139] En tant qu'universitaire, vous développez vos recherches comme un repas gastronomique, puis vous les présentez dans un article de revue. Plus vos articles sont bien perçus, meilleures sont vos chances d'attirer des étudiants ambitieux dans votre laboratoire et de remporter des subventions lucratives. Voyez-vous les parallèles entre les chefs et les universitaires maintenant ?

Voici la contradiction. Tout comme de nombreux excellents restaurants existent sans nécessairement être décorés d'étoiles Michelin, il y a eu des découvertes primées rapportées dans des revues apparemment de « niveau inférieur ».* L'histoire du Michelin nous aide à voir comment un stratagème devient facilement un dogme pour les chefs, et il y a aussi une histoire révélatrice derrière la façon dont les universitaires dans les universités sont en partie gouvernés par une métrique de revue immortelle appelée « facteur d'impact ».

Au moment où Zora Raeburn essayait de se faire publier, personne n'avait d'ordinateur à la maison. Il faudrait encore plusieurs décennies avant que la puissance de calcul des ordinateurs portables et des smartphones ne parvienne entre les mains, entre autres, des bibliothécaires. Loin d'être une profession calme, silencieuse et discrète, les bibliothécaires ont pour mission de consolider les

---

*. Le prix Nobel de chimie 2016 a été attribué conjointement à Fraser Stoddart, Ben Feringa et Jean-Pierre Sauvage. Le travail primé de Sauvage a été publié à l'origine dans une revue aujourd'hui considérée comme ayant un faible impact (*Tetrahedron Letters*). Qui plus est, l'article a été publié en français !

archives consultables de notre connaissance humaine combinée. Ce sont les premiers scientifiques de l'information.

Pour trouver des livres, des articles, des lettres, des thèses et des tomes du monde entier et à travers les âges, il a été le travail des bibliothécaires de trouver les méthodes de classification qui rendent les connaissances de l'histoire documentée accessibles. Avec des budgets limités, les bibliothécaires doivent déterminer quels documents littéraires stocker, auxquels s'abonner et quels ignorer.

Avant que la barre de recherche Google ne soit même une lueur dans l'œil de Larry Page, le travail de tri relevait encore des bases de données papier, des cartes perforées et des périodiques. Loin des plateformes classées par pages de l'ère d'Internet, les scientifiques de l'information de l'époque savaient qu'il y avait de sérieux problèmes pour les universitaires cherchant à trouver des sources d'idées dans la littérature. Les origines d'une idée particulière pourraient reposer dans le propre domaine de l'universitaire ou bien en dehors de leur champ d'intérêt perçu. Ce problème « collant » de relier les idées à l'information s'est avéré avoir une solution plutôt collante.

En 1875, le vendeur Frank Shepard avait besoin d'un moyen d'aider les avocats à comprendre quand et pourquoi un cas juridique ferait référence à un autre. Utilisant du papier gommé, il collait des notes à l'intérieur des dossiers reliés, reconnaissant d'autres sources citant le cas particulier auquel les notes étaient collées. Les idées et le contenu d'un cas pouvaient ainsi être liés aux idées et au contenu d'autres cas, sans que les deux cas n'aient à se produire dans la même source publiée. Plus il y avait de notes collantes sur le dossier, plus il était cité et plus on lui attribuait de la valeur. La profession juridique utilise les citations de Shepard depuis plus de cent ans. L'entreprise originale a depuis été acquise et modernisée grâce à une fusion commerciale lucrative.[140] Cependant, tirer parti de l'innovation des notes collantes de Shepard dans les bibliothèques plutôt que dans les cabinets d'avocats nécessitait un saut idéologique en soi. Entrez, Eugene Garfield.

Notre désir naturel de tout catégoriser est embrouillé par le fait que les axiomes d'un sujet croisent souvent ceux d'un autre sujet. Il existe des passerelles entre la physique et la chimie, la chimie et la biologie, la poésie et l'histoire, etc. Lorsque Garfield, un scientifique de l'information, a commencé à s'attaquer à ce problème de bibliothèque à l'époque pré-informatique, il a apporté un aperçu intellectuel crucial :

Les chercheurs qui consultent la littérature ne sont pas principalement motivés par un sujet bien défini ; ils sont animés par des *idées*.[141]

Garfield a développé son idée en un indice de classement qui offrait le meilleur compromis pour rassembler le plus grand nombre d'idées connectées dans des articles de haute qualité et minimiser la citation de données de mauvaise qualité. Cela a aidé les bibliothécaires à choisir quels journaux mettre en rayon ! Garfield a formulé ce qui pourrait facilement être appelé un indice *d'association des idées*. Aujourd'hui, il est considéré comme le *Grand-père de Google*.[142] Il a, à son tour, introduit le *Facteur d'Impact des Journaux* (JIF), l'équivalent universitaire de l'apposition de notes adhésives sur des dossiers juridiques.[143] Malgré les raisons éminemment légitimes pour lesquelles il a été créé, le JIF, comme les étoiles Michelin, peut facilement être déformé en un cauchemar de comparaison.[144]

Interpréter l'Impact

La problématique qu'Eugene Garfield a résolue avec sa mesure de classement des revues était de la baser sur le nombre de citations obtenues par les articles d'une revue particulière. Ce qui comptait, c'était d'avoir plus de notes adhésives sur le dossier, et non pas tant leur provenance. Le Facteur d'Impact des Journaux (JIF, désormais) ne se soucie pas de savoir si les citations proviennent de votre domaine ou d'un domaine totalement éloigné. Plus le nombre de JIF est élevé, plus les articles de recherche rassemblés dans une revue sont susceptibles d'être de bonne qualité. C'est simple. Quantifié. Élégant. N'est-ce pas ?

Eh bien, vous savez maintenant que les prestigieuses étoiles Michelin ont été créées à l'origine pour vendre des voitures plutôt que des repas raffinés. Pensez-vous que la mesure JIF allait être *si* facile à utiliser ? Tout comme les chefs étoilés se sont débattus avec la pression de la renommée Michelin, et comme tant de participants à l'étude sur le phénomène de l'imposteur désireux d'éviter l'évaluation, l'académie a également poussé le JIF bien au-delà de l'innocence du classement des étagères de bibliothèque. Le premier problème du JIF réside dans son interprétation.

Le principal problème de la mesure JIF est qu'elle est présentée sous la forme d'une moyenne appelée *moyenne*. Mais (voici où cela devient statistique) cela suppose que le graphique montrant combien d'articles ont un certain nombre de citations est en forme de cloche. En revanche, les données réelles de citation d'articles ne sont pas du tout en forme de cloche et sont plutôt écrasées à gauche, ressemblant davantage à une cloche qui a fondu d'un côté. Et lorsque vous avez des données aussi biaisées, ce n'est pas la *moyenne* qui est la statistique la plus précieuse pour donner un sens à la « valeur médiane » de la dispersion, mais plutôt la *médiane*, une cousine plus robuste de la *moyenne*.[145]

Alors que la mesure *médiane* plus robuste est tout aussi disponible que la *moyenne*, c'est la *moyenne* des données qui est utilisée et mise en avant sur les pages web des revues. Pourquoi ? Eh bien, si vous aviez le choix de présenter le facteur d'impact de votre propre revue comme étant de 26 (la moyenne) ou de 16 (la médiane),[146] laquelle choisiriez-vous pour promouvoir votre revue ?[147]

Dans un cas merveilleusement ridicule, le facteur d'impact d'une revue spécialisée en chimie est passé de 2 à 42 en un an à cause d'un seul article très souvent cité qui est paru dans cette revue. Au moment de la rédaction, le facteur d'impact de cette même revue est retombé à environ 2.*

Ce qui lie tout cela au phénomène de l'imposteur, c'est la façon dont le facteur d'impact de la revue, inventé innocemment, a conduit à des descendants qui, plutôt que d'essayer de mesurer la qualité d'une revue, tentent d'objectiver la valeur professionnelle d'un individu.[148]

La contorsion des mesures académiques

En 2005, environ cinquante ans après l'introduction du facteur d'impact des revues de Garfield, le physicien Jorge Hirsch a inventé ce qui est maintenant connu sous le nom d'indice *h-index*. Alors que la mesure de Garfield visait à classer une *revue*, la mesure de Hirsch visait à évaluer les contributions individuelles d'une *personne*.[149]

L'indice *h-index* d'un auteur universitaire indique qu'il a au moins *h* articles avec *h* citations ou plus chacun. Pour Hirsch, c'était un moyen de combler la lacune laissée par l'utilisation du nombre brut de citations comme moyen traditionnellement préféré de mesurer la productivité d'un chercheur. Le problème avec les décomptes bruts de citations est que si une personne avait un seul article avec un très grand nombre de citations, un *tube scientifique unique*,[150] cela suffirait pour qu'elle soit considérée comme un succès. De tels cas exceptionnels sont inacceptables pour la communauté scientifique qui, dans l'ensemble, valorise les contributions régulières et cohérentes plutôt que les succès uniques et stratosphériques. Hirsch a conçu l'indice h pour aider la communauté de la physique théorique à mieux comprendre la productivité, mais l'influence de l'indice h s'est étendue bien au-delà de ses racines. Cette mesure individualiste est maintenant utilisée pour évaluer les candidatures

---

*. En équilibre, en chimie, il semble y avoir une certaine validité entre le facteur d'impact et la proportion d'articles d'une revue atteignant un certain nombre de citations. Mais la tendance reste que la plupart des articles individuels d'une revue obtiennent moins de citations que ce que le facteur d'impact glorifié suggérerait. Voir, par exemple : Cantrill, S. (2014, December 5). Nature Chemistry's 2014 impact factor citation distribution. Nature Chemistry. https ://go.nature.com/3vA8rYo.

académiques et elle est l'une des rares étiquettes visibles sur le profil Google Scholar d'un auteur.

Dans plusieurs articles de revue expliquant l'histoire et la signification du facteur d'impact des revues, Eugene Garfield a reconnu que le JIF avait évolué pour déterminer l'impact des auteurs ainsi que celui des revues. Il n'a pas hésité à reconnaître qu'il est dangereux de confondre le facteur d'impact d'une revue avec l'impact d'un chercheur unique. Dans ses propres mots :

« Le terme 'facteur d'impact' a progressivement évolué, surtout en Europe, pour décrire à la fois l'impact des revues et celui des auteurs. Cette ambiguïté pose souvent des problèmes. Il est une chose d'utiliser les facteurs d'impact pour comparer les revues et une autre de les utiliser pour comparer les auteurs. »

Dans le monde universitaire, c'est ce passage vers des mesures individuelles qui joue un grand rôle dans l'encouragement des mauvais types de comparaisons entre nous et les autres.
151

Mesures et argent

Lorsque j'ai lu les récits personnels de Garfield sur le facteur d'impact des revues, j'ai trouvé quelque chose de fascinant au-delà du contenu principal. Sur la première page, soigneusement placée dans le coin inférieur gauche dans une petite police, vous trouvez l'adresse de correspondance de Garfield. Dans ces articles, Eugene Garfield n'est pas répertorié dans une université, comme le serait normalement un universitaire, mais en tant que « *Chairman Emeritus de Thomson Scientific* ». Si vous recherchez « *Thomson Scientific* » maintenant, vous ne trouverez pas leur site Web.

La société a fusionné avec Reuters Group en 2008. La division Science & IP de Thomson Reuters a ensuite été vendue à une société de capital-investissement qui, à son tour, a créé la société d'analyse de revues Clarivate. L'un des produits sous l'égide de Clarivate est

Web of Science (en gros, le Google pour les scientifiques). L'entreprise originale dont Garfield avait été président avait, grâce à son intuition, créé des moyens de stocker, de conserver et d'indexer les connaissances scientifiques mondiales. Les données ainsi accumulées par Thomson Scientific étaient si précieuses qu'à travers les itérations d'acquisitions et de fusions, la société a été vendue, le 3 octobre 2016, pour 3,55 milliards de dollars (US).* En espèces. Alors que les mesures rendent fous beaucoup de gens, elles font d'autres millionnaires.

J'ai toujours pensé qu'une carrière dans le milieu universitaire représentait le summum de la réussite. En me rappelant être un étudiant universitaire de première génération comme cause profonde de mes expériences d'imposteur, j'ai toujours placé la possibilité d'être un universitaire sur un piédestal.

Comprendre le modèle économique derrière la science du travail d'Eugene Garfield a été une révélation pour moi. Avant de lire sa dernière adresse de correspondance, j'avais naïvement supposé que ce travail bibliométrique resterait académique. Cela m'a plutôt donné une perspective cristalline sur combien il est tragiquement ridicule de se laisser prendre par les mesures qui nous amèneraient à nous comparer les uns aux autres encore plus que nous ne le ferions autrement. Pourquoi me comparer aux autres à travers une mesure qui a été déformée au-delà de son objectif initial ? Pourquoi gaspiller mes pensées et mon souffle sur une marque individuelle exacerbée qui ne dit rien des équipes avec lesquelles j'ai travaillé, du domaine dans lequel je travaille ou de l'utilisation de mon travail au-delà des pages de mes articles de revue ?

Il faut le souligner. Les revues prestigieuses reconnaissent publiquement les limites de ces mesures. En même temps, cependant, elles reconnaissent l'attrait de la rareté alimentée par le rejet que les mesures ont permis au nom du marketing. C'est comme ce que

---

*. Une partie de la propriété intellectuelle de l'entreprise qui était autrefois Thomson est le calcul plus complexe derrière le facteur d'impact des revues, reliant un article à ses citations uniques par d'autres chercheurs dans d'autres articles.

disait le chef Marco Pierre White. La société Michelin ne met pas la pression sur les chefs pour qu'ils travaillent selon leur indicateur, les chefs le font *d'eux-mêmes*.

Et il en va de même dans le milieu universitaire. Les revues ne forcent pas les scientifiques à se stresser à cause de facteurs d'impact perçus comme élevés et d'indices h dopés au carburant. Les scientifiques le font *d'eux-mêmes*. Et cela a hélas conduit à des jours sombres similaires à ceux qui ont secoué le monde des chefs. En 2014, le professeur de toxicologie Stefan Grimm a mis fin à ses jours lorsque ses employeurs de l'Imperial College de Londres l'ont averti que ses subventions (indirectement liées à la qualité apparente des articles de Grimm déterminée par les mesures) n'étaient pas assez élevées.

Les dangers modernes du JIF et des mesures individuelles qui en sont issues ont poussé plusieurs organisations à élaborer des manifestes sur la manière de rendre l'évaluation de la recherche équitable. Par exemple, la *Déclaration de San Francisco sur l'évaluation de la recherche* (DORA) [152] souligne directement les insuffisances du JIF dans son texte, exhortant les chercheurs et les évaluateurs à prendre cette métrique tristement célèbre avec une grande prudence.

Plus récemment, le *Manifeste de Leiden* propose dix principes sur l'utilisation responsable des indicateurs et encourage les évaluateurs à adopter une approche flexible de l'évaluation, basée sur le domaine de recherche et les actifs tangibles d'impact développés à la suite des articles examinés. [153]

Vatel, les frères Michelin, Loiseau, Violier, Garfield, Shepard et Grimm - tout cela m'amène à l'histoire que j'ai évité de raconter. Jusqu'à présent.

Partie 6 - L'histoire que je ne voulais pas partager

C'était un matin ensoleillé rare, les rayons pénétrant dans mon bureau universitaire. J'ai ouvert mes e-mails et lu qu'un jeune scientifique prometteur venait dans mon département pour présenter son travail récent. L'annonce par e-mail révélait que ce scientifique en début de carrière* avait été si performant qu'il avait publié une série de plus de dix articles en un peu plus d'un an. J'en avais publié un. Cette personne avait une année d'avance sur moi, dans une position académique similaire et, à première vue, sur un chemin de carrière similaire.

Immédiatement et sans prévenir, je me suis retrouvé désespérément à court de souffle. Toutes mes pensées familières sur mon manque de valeur académique sont revenues en force. Avant même de pouvoir reprendre ma respiration, je me suis précipité pour comparer ma carrière, livre pour livre, article pour article, métrique pour métrique, à cette étoile montante... qui visitait mon département ! *Mon bureau*! Alors que je dépoussiérais ma table et reposais les chaises avec soin, j'en suis venu à la conclusion, négligeant la logique et la réflexion, que j'étais un imposteur. D'une manière ou d'une autre, il me semblait que rien de ce que j'avais accompli dans ma propre carrière ne pouvait rivaliser avec ce que cet autre jeune universitaire avait déjà réalisé.

Mon attention était portée sur les métriques défectueuses que j'avais autorisées à être juge, jury et bourreau de tous mes efforts. J'ai parcouru le site web de ce visiteur imminent. J'ai comparé nos facteurs d'impact des publications et nos indices h, sans jamais me demander ce que signifiaient ces mesures ni d'où elles venaient. Je

---

*. « En début de carrière » dans le milieu universitaire est souvent confondu avec l'âge brut. Cependant, le terme est plus largement défini comme incluant toute personne se trouvant dans les 3 à 5 premières années de sa première nomination académique.

me suis demandé si je ne devrais pas abandonner pendant qu'il en était encore temps. Dans cette panique aveuglément stupide, je fixais l'e-mail annonçant le programme du visiteur et me suis silencieusement effondré.

Cette compulsion à me comparer inconsciemment et injustement à l'un de mes pairs a été la première et la seule fois où je me suis rapproché de l'idée que les choses pourraient être mieux si je n'étais pas là du tout...

Je ne pense vraiment pas que l'obscurité qui a consumé François Vatel, Bernard Loiseau, Benoît Violier, Stefan Grimm ou toute autre personne soit en moi. Néanmoins, cette expérience de fixation sur les mesures a révélé un côté de moi-même qui m'a effrayé. Je ne suis pas sûr de pouvoir être poussé à tomber sur mon propre glaive, mais cela n'a pas vraiment d'importance. La façon dont je me suis senti en me comparant à cet universitaire en visite m'a laissé face à une route sombre avec seulement des questions sans réponse pour me tenir compagnie.

Qu'aurais-je pu être convaincu de faire ? Et si je pensais qu'il n'y avait qu'une seule façon de mettre fin à mes inquiétudes ? Ce que je partage avec vous ici, maintenant, est mon embarras ultime. Cette expérience de l'imposteur la plus désespérée a été déclenchée par la comparaison à travers les mesures académiques. Cependant, les mesures ne sont pas entièrement à blâmer.

Ces tentantes comparaisons sont bien plus fondamentales que les métriques que nous construisons.

Le physicien du début du 20e siècle, Paul Ehrenfest, s'est suicidé après des années d'auto-critique tourmentée. Travaillant à l'époque de géants comme Niels Bohr, Paul Dirac et Albert Einstein, et malgré sa réputation de communicateur hors pair, Ehrenfest considérait ses propres contributions à la physique comme insignifiantes en comparaison.[154] Écrivant à ses doctorants, il avoua un jour :

« *Chaque nouveau numéro du Physical Review me plonge dans une panique aveugle. Mes garçons, je ne sais absolument rien.* »[155]

Ehrenfest est décédé en 1933 et, comme François Vatel avant lui, l'a fait bien avant que les mesures modernes ne s'emparent de sa profession. Il n'avait pas les mesures des revues d'Eugene Garfield alimentant ces expériences dépressives de l'imposteur. Les comparaisons sociales qu'il a faites avec ses pairs ont eu lieu quand même. En effet, en luttant pour gérer les comparaisons qui ont conduit au pire de toutes mes propres expériences d'imposteur, j'ai appris que les comparaisons ne sont pas simplement au cœur du phénomène de l'imposteur. Non, non. Les comparaisons sont au cœur même de ce que nous sommes.

Partie 7 – La psychologie de la comparaison

François Vatel est devenu déprimé à cause de l'apparent déshonneur de ne pas être à la hauteur des rois auxquels il se comparait. Bernard Loiseau a alimenté son ascension étoilée au Michelin et sa fin prématurée par une comparaison épuisante avec ses collègues chefs trois étoiles et un perfectionnisme inatteignable. Paul Ehrenfest n'a pas pu concilier son formidable talent d'enseignant avec des géants de la recherche comme Einstein.

Terry Crews, dont l'histoire a inspiré l'ouverture de ce livre, n'est presque jamais devenu acteur car il a paniqué en travaillant avec la superstar établie Arnold Schwarzenegger. Et les universitaires stressés, moi y compris, comparent leur valeur intellectuelle à celle de leurs pairs à travers le cadre contorsionné des métriques de revues.

Ce chapitre entier se résume à ce qui est sans doute la caractéristique principale de toutes les expériences d'imposteur : notre désir naturel de nous comparer à nos pairs. Dans ma propre étude, aucune question n'a reçu de réponse plus catégorique que celle portant sur le poids de la comparaison entre nous et nos pairs.

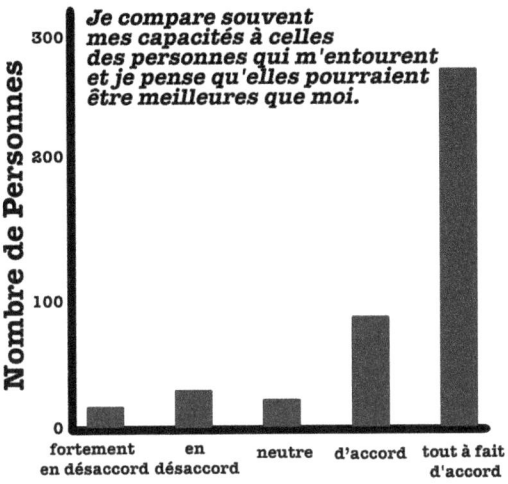

Question sur le score du phénomène d'imposteur mettant l'accent sur le rôle de la comparaison dans le déclenchement des expériences d'imposteur.

Remarquez que j'ai dit « pairs » et non pas simplement « personnes ». Car, ce que vous devez réaliser, comme je l'ai fait maintenant, c'est que cette volonté de comparaison va bien au-delà du phénomène de l'imposteur. Car le phénomène de l'imposteur lui-même, je le soutiendrais, est l'enfant d'un phénomène sociologique qui a été inventé pour la première fois lors de l'étude des soldats et des aviateurs américains pendant la Seconde Guerre mondiale.

Imaginez, un instant, que vous êtes de sortie pour boire un verre et rattraper deux vieux amis. La conversation se tourne vers la façon dont les choses se passent au travail. Les deux amis (appelons-les Alex et Andy) travaillent dans la même grande entreprise, mais dans des départements différents. Leurs départements sont dans des bâtiments séparés et ils ne se voient jamais au travail. Autour des boissons, Alex vous explique que son département plutôt chic et bien équipé est un lieu de promotions rapides, tandis que le département d'Andy a très peu de promotions.

En sirotant votre boisson et en écoutant ce qu'Alex et Andy ont à dire, vous savez qu'ils sont tous les deux travailleurs, diplômés du secondaire et méritent tous les deux les emplois qu'ils occupent, mais qui pensez-vous être le plus satisfait de son travail ? Alex ou Andy ? Si, compréhensiblement, vous supposiez qu'Alex, étant celui du département le mieux financé avec les plus grandes chances de promotion, vous auriez tort. Pourquoi est-ce que la personne que nous pensons être plus satisfaite au travail ne l'est pas ? Et pourquoi n'ai-je pas mentionné qu'Andy, dans le département moins prestigieux, est du tout jaloux d'Alex ?

Lorsque le professeur de sociologie Samuel A. Stouffer a étudié le moral et les motivations de plus d'un demi-million de soldats en temps de guerre, lui et son équipe ont observé une curieuse différence entre les militaires de la police militaire et ceux du corps aérien.[156] Stouffer a interrogé plus de 2 000 hommes dans ces deux divisions de l'armée et a posé la question suivante :

« Pensez-vous qu'un soldat ayant de bonnes capacités ait de bonnes chances de promotion dans l'armée ? »

Les résultats, publiés dans un ouvrage en deux volumes intitulé *The American Soldier*, ont révélé un concept omniprésent qui traverse maintenant la psychologie, la sociologie, l'économie et au-delà.[157] Stouffer a découvert que la police militaire répondait à la question de la promotion de manière plus positive que le corps aérien. Le corps aérien (comme le département d'Alex) était mieux payé, avec de meilleures conditions et des promotions plus fréquentes que dans la police militaire (le département d'Andy). Pourquoi est-ce que le groupe de la police militaire, supposément moins bien loti, se sentait plus satisfait que leurs collègues du corps aérien, plus prestigieux ?

Comme vos amis Alex et Andy, travaillant dans la même entreprise mais dans des départements éloignés, les deux sections différentes de l'armée se rencontraient rarement. On pourrait penser que, parce que le corps aérien avait une meilleure situation, la police militaire verrait leurs chances de promotion de manière plus négative que leurs estimés collègues aériens. Mais ce n'est pas du tout ce qui se passe.

Les policiers militaires travaillaient en étroite collaboration avec d'autres policiers militaires qui partageaient la rareté d'être promus. Les membres du corps aérien comparaient leur position par rapport à tous leurs autres collègues dans le même environnement de promotion rapide. Comment vous sentiriez-vous à travailler dans un endroit où beaucoup de promotions ont lieu, mais vous ne recevez pas la vôtre ? Lorsque deux groupes de personnes apparentés sont éloignés, les personnes d'un groupe comparent leur situation uniquement à celle des autres au sein du *même* groupe. Andy, dans le département moins riche, est plus satisfait de son travail qu'Alex, dans le département plus riche, parce qu'Alex et Andy n'ont jamais l'occasion de se comparer l'un à l'autre. Ils ont chacun des comparaisons plus immédiates à faire.

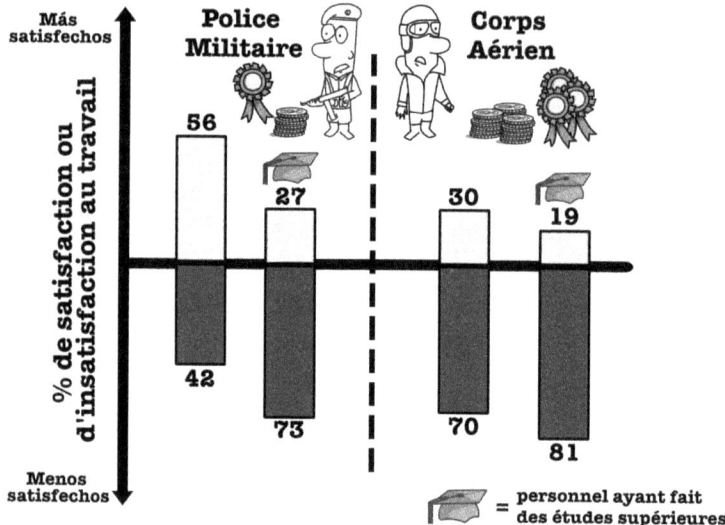

À gauche de la ligne verticale pointillée : données de satisfaction professionnelle pour la police militaire. À droite de la même ligne : données comparables pour le corps aérien. Que l'on compare l'ensemble ou le sous-ensemble plus instruit de chaque groupe, dans tous les cas, le corps aérien a signalé moins de satisfaction que la police militaire, malgré de meilleures conditions et plus de chances de promotion.

Stouffer a réalisé que les comparaisons sont relatives, pas absolues. Le résultat inattendu l'a conduit à formuler un concept aujourd'hui connu sous le nom de *Privation Relative*.[158] Et c'est un concept qui imprègne de nombreux domaines, car lorsqu'il est appliqué dans un contexte spécifique, la *Privation Relative* chevauche plusieurs autres phénomènes psychologiques qui portent des noms différents.

En 1954, Leon Festinger a publié un article influent sur la *Théorie de la Comparaison Sociale* : un mécanisme psychologique fondamental influençant nos expériences, comportements et jugements.[159] Lorsque vous voulez comprendre où se situent vos capacités ou opinions, vous vous tournez vers ceux qui vous entourent. Mais vous ne cherchez pas n'importe qui pour en apprendre davantage sur vous-même. Lorsque vous faites ces comparaisons, vous vous comportez comme la police militaire étudiée par Samuel Stouffer.

Vous faites des comparaisons localement, avec ceux qui sont les plus proches de vous, ceux qui sont à portée de main. Vous ne faites pas de comparaisons qui sont intangiblement lointaines. Si vous êtes dans la police militaire, vous ne vous souciez pas du corps aérien.

La *Théorie de la Comparaison Sociale* de Festinger repose sur neuf principes. Parmi eux, le plus important pour nos préoccupations sur le phénomène de l'imposteur, l'un des neuf principes reconnaît que, lorsque vous évaluez vos capacités, vous vous comparez naturellement à quelqu'un que vous percevez comme étant devant vous. Autrement dit, il y a une tendance naturelle à la hausse lorsque des comparaisons sont faites pour établir le niveau de capacité. Vous vous comparez à d'autres personnes dans le cadre de vos tentatives pour comprendre comment élever votre niveau. Et plus le niveau de quelqu'un d'autre est éloigné du vôtre, moins vous vous comparez à lui. Les comparaisons sont les plus féroces, les plus puissantes, lorsqu'elles sont proches.

Il nous est souvent impossible de déterminer notre niveau de compétence ou la validité de nos opinions en nous référant au monde physique. Pour tous ces moments où vous êtes laissé à la recherche, la *comparaison sociale* devient la meilleure alternative. C'est souvent la seule chose. Vous rechercherez d'autres personnes semblables à vous-même, et légèrement plus avancées en termes de compétences. Vous vous comparerez aux autres, même si une base de données hypothétique de toutes les comparaisons possibles avec le monde physique existait. Hélas, les comparaisons sociales à proximité sont simplement beaucoup plus faciles que d'investir les ressources mentales supplémentaires nécessaires pour évaluer la liste objective de toutes les comparaisons possibles. La comparaison sociale nous aide à atteindre nos objectifs en fournissant un mécanisme écoénergétique d'auto-évaluation et d'amélioration personnelle. Sur la raison pour laquelle nous nous comparons aux autres, Festinger lui-même a dit :

« *Le maintien d'options incorrectes et/ou d'évaluations inexactes de ses capacités par référence au monde physique peut être punitif voire fatal… ».*

Mais plus que cela, le langage de la comparaison nous aide à communiquer efficacement. La distance d'ici au soleil est d'environ cent quarante-huit millions de kilomètres, mais cela n'a pas beaucoup de sens intuitif en soi. Dire à la place que la distance d'ici au soleil est la même que de marcher du pôle Nord au pôle Sud plus de sept mille fois commence à vous donner un sens plus profond de l'ampleur du voyage, n'est-ce pas ?

De la *Privation Relative* de Stouffer à la *Théorie de la Comparaison Sociale* de Festinger, la raison pour laquelle les expériences d'imposteur semblent toujours être liées à des comparaisons devenait plus claire pour moi. Pourtant, la plus importante de ces théories de comparaison - pour moi, pour ma vie professionnelle, pour le Phénomène de l'Imposteur - utilise une métaphore de poissons dans des étangs.

Dans les années 1960, James Davis a étudié la confiance en soi et les réalisations académiques des diplômés universitaires.[160] Il a constaté que le calibre du choix de carrière des étudiants diplômés était plus étroitement lié à la moyenne pondérée cumulative (MPC) qu'à la qualité classée de l'école elle-même. L'argument principal de Davis était que les étudiants fréquentant des universités mieux classées se sentaient moins bien quant à leurs compétences individuelles, et obtenaient donc une MPC plus basse au moment de l'obtention du diplôme que les étudiants d'un collège de rang inférieur. Davis a même comparé sa proposition aux travaux de Sam Stouffer sur la *privation relative* concernant la police militaire et les corps d'aviation :

« *La théorie de la privation relative suggère une explication plausible, à savoir que les décisions de carrière des étudiants sont influencées par leurs auto-jugements concernant leurs capacités académiques, et que, comme les soldats, les étudiants ont tendance à se juger par comparaison avec les autres membres de leur unité, c'est-à-dire en termes de MPC.*»

L'article de Davis s'intitulait « *Le campus comme une mare aux grenouilles* ». Il nous amène à une question profonde sur les comparaisons, et quelque chose que je pense être au cœur du Phénomène de l'Imposteur :

Est-il préférable d'être une grosse grenouille dans une petite mare, ou une petite grenouille dans une grande mare ?

Une vingtaine d'années après que James Davis ait posé cette question pour la première fois, elle a évolué pour concerner les poissons plutôt que les grenouilles. En 1984, le psychologue australien Herbert Marsh a mené une étude pour examiner les relations entre l'éducation socioéconomique, la réussite scolaire et l'*autoconcept académique*.[161] L'autoconcept académique (ou ACA), simplement dit, est la façon dont vous évaluez vos propres capacités. La valeur de l'ACA ne saurait être surestimée. Le fait d'avoir un score élevé ou faible sur une telle échelle peut avoir une influence profonde sur ce que vous choisissez de faire dans votre vie professionnelle. Vous pouvez considérer l'autoconcept académique comme étant une tarte coupée en quatre parts :

ACA absolu : performance sans lien avec une référence interne ou externe.

ACA critique : performance évaluée par rapport à une mesure objective.

ACA individuel : performance comparée aux performances passées.

ACA social : performance individuelle comparée à celle des pairs.

Parmi toutes les parts de tarte qui composent l'ACA, l'ACA social est la plus grande. Marsh a constaté que pour chaque augmentation d'une unité de la moyenne de la classe, il y avait une diminution presque égale de l'ACA social.* Pour la même augmentation d'un écart-type de la moyenne de la classe, l'ACA absolu diminuait de

---

*. J'ai volontairement évité de parler de ce point en termes plus rigoureux sur le plan académique d'*écart-type*.

seulement 0,2 écart-type. En d'autres termes, la propension d'un étudiant à comparer ses performances à celles des personnes qui l'entourent est le moyen le plus sûr de diminuer son autoconcept académique. Plus votre classe est performante, plus vous vous sentez mal, quelle que soit votre performance réelle.

Les résultats de Marsh sont encore plus étranges. Vous pourriez penser qu'un étudiant issu d'un milieu plus aisé se sentirait mieux quant à ses capacités académiques qu'un étudiant issu d'un milieu plus pauvre. L'enfant plus riche aurait probablement des circonstances familiales stables, plus de possibilités de soutien académique extrascolaire et plus de possibilités de se sentir confiant dans ses capacités académiques qu'un enfant issu d'un ménage à faible revenu.

Mais selon l'étude de Marsh, cette intuition est fausse. Les enfants des ménages les plus riches avaient l'*autoconcept académique le plus bas* de tous. Et bien que les étudiants des écoles les mieux classées se sentent moins bien quant à leurs capacités que les étudiants des écoles moins bien classées, l'*évaluation des enseignants* de ces étudiants montrait la tendance inverse. Lorsque les enseignants devaient évaluer l'autoconcept académique des élèves, ils attribuaient aux élèves des écoles de statut supérieur une opinion plus élevée de leurs capacités académiques que les élèves des écoles de rang inférieur. Les élèves et les enseignants évaluaient l'autoconcept académique à travers des lentilles très différentes. Cette corrélation négative globale entre la performance moyenne de la classe et l'autoconcept académique propre d'un élève est désormais connue sous le nom d'*Effet du gros poisson dans la petite mare*.

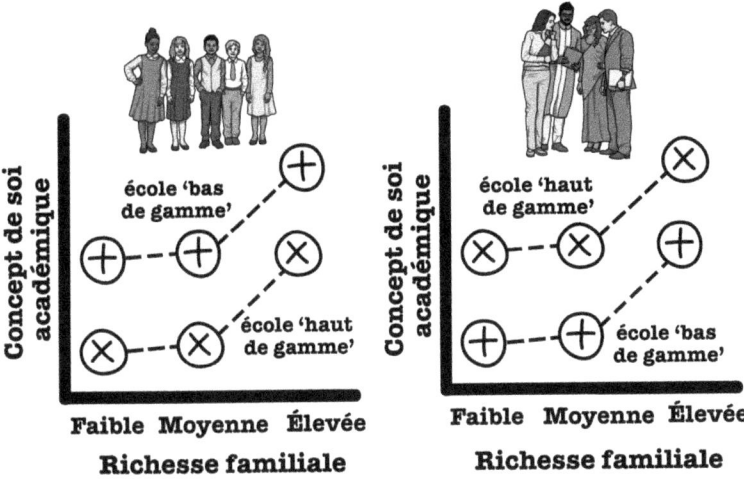

À gauche : lorsque les élèves déclarent comment ils se voient réussir sur le plan académique, c'est pire dans les écoles apparemment mieux classées, quel que soit le statut socioéconomique. À droite : lorsque les enseignants estiment le même autoconcept académique des élèves, la tendance s'inverse, les enseignants classant les enfants des écoles haut de gamme plus capables que ceux des écoles bas de gamme, encore une fois indépendamment des facteurs socioéconomiques.

Une étude majeure de suivi réalisée par Marsh en 2003 a trouvé des preuves de l'*Effet du gros poisson dans une petite mare* dans 26 pays, dont 24 étaient hautement significatifs.[162] En 2018, une étude de l'Université Stanford a rapporté les preuves les plus convaincantes à ce jour, montrant un lien causal négatif clair entre la moyenne de classe et le concept de soi académique d'un individu. L'étude portant sur 33 pays a révélé l'*Effet du gros poisson dans une petite mare* indépendamment de la classe sociale, de la matière étudiée et du genre.[163] L'étude présente les preuves les plus définitives à ce jour que, en tant qu'individus, les environnements académiques compétitifs constituent un moteur puissant pour l'autocomparaison. Et en ce qui concerne la façon dont vous vous sentez à ce sujet, il vaut beaucoup mieux être un gros poisson dans une petite mare qu'un petit poisson dans une grande mare.

Cela doit nous amener à nous demander :

Est-ce que les « meilleures » écoles nous aident à viser nos ambitions les plus élevées, ou encouragent-elles le type de comparaisons qui nous font choisir seulement les fruits les plus faciles à atteindre ? Personnellement, je suis simplement reconnaissant d'avoir appris l'envers de la comparaison sociale avant qu'il ne soit trop tard...

Partie 9 – Résumé

Dans de nombreux aspects, l'histoire du Phénomène de l'Imposteur est l'histoire de la comparaison sociale. Si vous vous êtes déjà senti comme un imposteur, je serais prêt à parier que c'est, au moins en partie, parce que vous vous êtes constamment comparé aux meilleurs dans votre domaine, à la grosse pointure quelques rangs au-dessus de vous qui est célèbre et couverte d'admiration. Leur succès semble si proche et pourtant si lointain.

Quand je repense maintenant à cette journée sombre et ensoleillée avant que la jeune superstar universitaire ne visite mon bureau, je regarde à nouveau les comparaisons que j'ai faites en pilote automatique. Je pense, maintenant, à ce que je ne savais pas à l'époque. Je pense à François Vatel et aux dangers du surmenage au service d'un banquet parfait. Je pense à Bernard Loiseau et Benoît Violier, hantés par l'obtention d'une étoile, indicateur à l'origine conçu pour vendre des pneus de voiture ; un indicateur qui les a fait comparer souvent et stresser toujours. Je pense aux universitaires comme Paul Ehrenfest et Stefan Grimm, hantés par les pièges de la compétition académique. Je pense à tous les étudiants dont le concept de soi académique est gâché par les classements des écoles et des collèges que la société considère comme le berceau du succès professionnel. Et je pense à vous, car si vous êtes toujours avec moi, vous avez reconnu des expériences de comparaison en vous-même.

Alors écoutez ceci.

Il existe une myriade de pressions, de systèmes, d'indicateurs et de jeux qui vous amèneraient, consciemment ou non, à vous comparer aux autres. Les incitations du jeu peuvent vous faire perdre de vue ce qui compte le plus. Vous adoptez la définition du succès du jeu et oubliez totalement la vôtre. Vous essayez de cocher **leurs** cases, pas les vôtres.

Avoir l'impression d'être un imposteur découle souvent du fait que les gens essaient désespérément de trouver leur place unique dans la foule. Vous vous sentez comme une contrefaçon parce que vous avez tellement d'occasions de vous considérer comme le petit poisson nageant dans un océan infesté de requins. Éloignez les expériences d'imposteur en trouvant votre niche. Affrontez des eaux inexplorées.

Ne soyez pas le gros poisson. Soyez le seul poisson.

Les comparaisons entre nous et nos pairs sont inévitables. De la guerre, de la sociologie, de la psychologie, la comparaison fait partie de la condition humaine. Les indicateurs de nos salles de classe et de nos lieux de travail peuvent pousser ces comparaisons au-delà d'un moyen de nous améliorer vers un moyen dérangé de conclure que nous sommes toujours sous-qualifiés. Comprendre d'où vient un indicateur, où il est né, peut nous aider à le retirer du piédestal sur lequel nous l'avons désespérément placé. Qu'il s'agisse d'étoiles Michelin, de citations d'articles ou de moyennes pondérées, apprécier les histoires d'origine de l'existence de ces chiffres peut aider à détourner votre esprit de la folie des indicateurs et à le concentrer sur le seul jeu de comparaison que vous pouvez toujours gagner...

Rendre votre *maintenant*... meilleur que votre *avant*.

Les défis de votre chapitre

1. **Tout ce qui peut être compté ne compte pas. Les origines d'un indicateur peuvent révéler leurs limites. Nous avons abordé ici le Facteur d'Impact des Revues et les étoiles Michelin. Maintenant, c'est à vous.**

Quelle est votre version de l'obtention de trois étoiles Michelin ou de la publication dans une revue à fort facteur d'impact ? Considérez les indicateurs en jeu dans votre propre lieu de travail.

Si l'indicateur implique une échelle numérique, écrivez-le. Notez à quoi ressemble le « bon » selon cet indicateur.

Creusez les origines de l'indicateur que vous avez choisi. Finalisez votre modèle de défi en documentant les faits historiques sur l'indicateur qui diffèrent de la manière dont il est utilisé ou interprété aujourd'hui.

2. **Méfiez-vous de votre environnement. Vous vous comparerez toujours à ceux qui vous entourent. Passer d'une étape ou d'un lieu dans votre carrière à un autre est un déclencheur puissant pour les expériences d'imposteur.**

Notez une année d'études ou une transition d'emploi notable que vous avez vécue dans votre carrière. Pour être clair, comme discuté en ce qui concerne l'Effet du gros poisson dans une petite mare, le changement de carrière en question peut être n'importe quoi, d'un passage de l'école à l'université, à un changement d'entreprise, d'équipe ou de rang.

Sur une échelle arbitraire de 1 à 5, évaluez votre confiance en vos propres capacités avant et après ladite année d'études ou transition de carrière. Un modèle est disponible dans la ressource de journal accompagnant.

Comment ce changement a-t-il affecté la fréquence à laquelle vous étiez tenté de vous comparer aux autres dans votre travail ?

Chapitre 8 : Questionner votre cerveau

Si vos expériences d'imposteur vous amènent à conclure que vous n'êtes pas assez bon, que se passe-t-il si vous essayez de prouver que vous n'êtes pas assez bon ? Et si vous commenciez à élaborer un plan progressif pour atteindre le niveau de « suffisamment bon » ? Si nous mettons au défi les pensées négatives dans nos têtes avec des preuves externes, nous pouvons commencer à cultiver la conscience de soi nécessaire pour continuer à avancer.

Partie 1 – Les jours du journal intime

L'ensemble de ce projet de livre a commencé comme quelque chose qui n'était pas destiné aux autres. Il a débuté lors de ma transition de mon laboratoire de doctorat à mon laboratoire de postdoctorat, d'une organisation à une autre, d'un groupe de collègues à un autre. La panique qui s'est emparée de moi s'est alors déversée dans un journal intime. Ce journal est devenu le livre que vous lisez maintenant. Car c'est à ce moment-là, lors de ce premier grand changement de carrière, que j'ai appris, par moi-même, que je ne pouvais pas supporter les pensées d'infériorité intellectuelle qui tournoyaient dans ma tête. Alors, c'est à ce moment-là que j'ai mis pour la première fois le stylo sur le papier.

Après ces premiers jours dans mon nouveau rôle de postdoctorant, je suis rentré chez moi dans ma chambre louée dans la charmante petite maison en face du bâtiment où je travaillais. Je suis monté discrètement à l'étage, j'ai enlevé mes chaussures et j'ai ouvert mon ordinateur portable. J'ai ouvert un nouveau fichier et j'ai écrit. Tous les jours. Pendant deux ans.

Cet exercice d'écriture quotidien était ma première tentative d'extraire mes pensées de ma tête et de les placer devant mes yeux. Péniblement et obstinément, j'ai essayé de manifester chaque pensée en mots et d'analyser chacune d'elles. Après ce passage d'un laboratoire à un autre, plutôt que de me concentrer sur mon travail, j'étais envahi par des pensées sur l'intelligence que je supposais chez mes nouveaux collègues par rapport à moi. Tout ce que je vous ai dit dans les chapitres précédents a émergé à un moment où chaque instant semblait être un doigt accusateur pointé sur moi, me révélant comme un imposteur, prêt à me chasser de mon lieu de travail.

Si je n'avais jamais écrit tous ces moments où je pensais être un imposteur, ce livre n'aurait jamais existé.

Je ne vous parlerais pas maintenant. Je ne serais peut-être pas là du tout.

Mais aussi dramatique que cela puisse paraître, cela sert le but de me permettre de partager avec vous un dernier ensemble d'outils pour gérer vos propres expériences d'imposteur. Dans l'autoréflexion, la conscience de soi et la capacité de se déconnecter du mêlée instantanée de vos pensées dans le moment présent, se trouve la magie résiliente pour gérer vos combats avec le Phénomène d'Imposteur.

Avant de plonger dans une dernière histoire, je veux que vous considériez le résumé suivant de tous les chapitres précédents jusqu'à présent et réfléchissez à ce qui les relie. Allons-y :

Dans le **Chapitre 1**, nous avons réfléchi aux émotions inconnues, non étiquetées et non gérées qui peuvent nous convaincre que nous n'avons pas notre place sur le lieu de travail. Nous avons également plongé profondément dans les origines du Phénomène d'Imposteur et comment l'éducation familiale peut jouer un rôle bien intentionné et involontaire dans la cause fondamentale de se sentir comme un imposteur.

Dans le **Chapitre 2**, nous avons donné un nom à ces expériences troublantes : expériences d'imposteur. C'est ici que pour la première fois nous avons examiné l'histoire du Phénomène d'Imposteur tel qu'il a été formulé pour la première fois par Pauline Rose Clance et Suzanne Imes. Peut-être, tout aussi important, trouver l'origine du Phénomène d'Imposteur* nous a aidé à comprendre que ce n'est pas le Syndrome d'Imposteur, comme cela est maintenant répandu dans notre culture en ligne.

Le **Chapitre 3** a remis en question l'idée que l'un d'entre nous puisse jamais se sentir seul en ayant l'impression d'être un imposteur, et le **Chapitre 4** nous a défié de réfléchir davantage à la signification du mot « imposteur ».

Pour le **Chapitre 5**, nous avons examiné la véritable histoire de la chance - une excuse préférée pour le succès parmi les personnes souffrant du Phénomène d'Imposteur - et l'incroyable improbabilité de notre existence.

Ensuite, dans le **Chapitre 6**, nous avons retourné la situation sur la façon de voir le rejet, pour voir que les échecs sont souvent des expériences de persévérance vers nos objectifs.

Et dans le chapitre précédent, **Chapitre 7**, nous avons abordé une meilleure compréhension des comparaisons - bonnes, mauvaises et laides - qui sont si souvent au cœur de toute expérience d'imposteur.

Quel est le lien entre tous les autres chapitres ? En un mot : la conscience. Maintenant, nous examinerons spécifiquement certaines des techniques que nous pouvons utiliser pour améliorer la conscience de soi et remettre en question votre statut d'imposteur auto-étiqueté.

Appelons un chat un chat. Le Phénomène d'Imposteur est, en son cœur, une merveille psychologique. Les pensées entraînant des comportements, entraînant d'autres pensées et d'autres comportements, encore et encore. Mais avez-vous déjà pris le temps de réfléchir à ce qu'est une pensée, une *pensée unique*, en réalité ? Votre Phénomène d'Imposteur est-il le triste résultat d'une logique apparemment mal dirigée ? Ces pensées sont-elles fixes, immuables, des vérités profondément enracinées dans votre passé ancestral, ou sont-elles des prédictions flexibles d'un cerveau en manque de données ?

L'une des découvertes les plus surprenantes de ma propre étude concernait les thèmes identifiés dans les expériences des participants. Lorsqu'on leur demandait de décrire une situation personnelle d'une telle expérience, beaucoup citaient des facteurs évidents tels que la comparaison sociale, les barrières démographiques (âge, sexe, origine ethnique) et l'environnement de travail. Néanmoins, une part importante de la population étudiée citait des questions d'anxiété, de dépression, de stress post-traumatique, de perfectionnisme et de faible estime de soi dans leurs réponses. Pour environ 40 % des répondants est venue le rappel nécessaire que le Phénomène d'Imposteur est, en partie, enchevêtré avec d'autres affaires de l'esprit.

Avec le temps, j'ai découvert que connaître un peu comment fonctionnent (et ne fonctionnent pas) nos cerveaux peut être extrêmement valorisant. Apprendre comment nos émotions sont créées, comme si elles provenaient d'une expérience hors du corps, peut nous aider à ne pas paniquer sur le moment, à chaque fois qu'une nouvelle expérience d'imposteur survient.

Partie 2 - Le problème avec la psychanalyse

Des pensées fugaces apparaissent dans notre esprit tout le temps. Mais qu'en est-il de ces flots de conscience qui nous choquent lorsque nous sortons d'une rêverie ?

Le Dr Sigmund Freud, sans doute le psychologue le plus célèbre du $20^{\text{ème}}$ siècle, était le père de la psychanalyse. Il estimait que les rêves et les comportements humains associés pouvaient être rationalisés. Pour Freud et ses adeptes, nos rêves, cauchemars, pensées, tics et autres actions pouvaient tous être liés à une pulsion primaire inconsciente ou à un traumatisme oublié. La psychanalyse déduisait que toutes les pensées avaient un sens.[164] Les efforts des psychanalystes pour traiter cliniquement les patients étaient axés sur le passage des pensées inconscientes au domaine conscient. Pour les freudiens, le libre arbitre n'existait pas. Tout dans l'esprit humain était prédéterminé.

En un mot, les psychanalystes supposaient que les humains étaient entièrement motivés par des pulsions biologiques inconscientes telles que le sexe et l'agressivité. Pourquoi tout cela vous concerne-t-il ? Eh bien, laissez-moi vous guider à travers un exemple de l'un de mes flots de pensées lors d'une expérience d'imposteur lorsque je suis passé de mon doctorat à mon laboratoire postdoctoral :

« Oh, mon Dieu, j'aimerais que cette personne arrête de parler. J'aimerais vraiment avoir ce qu'ils ont. J'aimerais être meilleur. Je ne serai jamais aussi qualifié ou aussi accompli qu'eux ! J'aimerais pouvoir faire plus. Pff, à quoi bon ? Peut-être que je ne suis pas doué pour ça. Peut-être que mon travail sera détesté de tous. Personne ne comprendra jamais ce sentiment. Je serai toujours seul. Je ne vaux rien pour ce travail. Je suis un imposteur. On va bientôt me démasquer...»

« Pourquoi la position freudienne importe-t-elle ? » vous demandé-je. Si quelqu'un souffre de pensées paralysantes qui menacent de devenir un sérieux problème psychologique, dire à cette personne que ses pensées ont un sens bien défini, qu'elles reposent toutes sur des pulsions biologiques immuables, peut être extrêmement dangereux ! Qu'est-ce qui pourrait vous rendre plus impuissant que de vous dire que votre thérapie n'est rien de plus qu'une tentative de révéler ce qui est préconfiguré à l'intérieur de la boîte noire de votre tête ? En d'autres termes, il y a un problème avec l'approche freudienne du traitement des personnes vivant avec des problèmes psychologiques.[165]

L'idée que les pensées sont liées à des événements réels, tangibles et explicatifs, soulève instantanément un obstacle pour dépasser ces pensées. Malgré l'infamie de son nom, l'approche psychanalytique de Freud pour traiter les luttes mentales a maintenant perdu son emprise autrefois inébranlable sur la psychologie. Alors, qu'est-ce qui a pris la place de Freud ?

Vos pensées sont plus sous votre contrôle que vous ne le pensez.

Partie 3 - Thérapie cognitivo-comportementale

À la fin des années 1800, le physiologiste Ivan Pavlov étudiait la salivation et la digestion chez les chiens.[166] Lorsqu'on leur présentait de la nourriture, les chiens bavaient. Mais par hasard, Pavlov remarqua que son chien bavait d'excitation au bruit des pas d'un assistant qui approchait avec de la nourriture, ce qui l'inspira pour une série d'expériences désormais tristement célèbres, qui aboutirent à l'expression que vous avez peut-être déjà entendue : *le chien de Pavlov.*[167] Le physiologiste désormais célèbre découvrit par la suite qu'il pouvait « conditionner » son chien à associer le tintement d'une cloche à l'approche de la nourriture. Au sommet du conditionnement, il pouvait faire sonner la cloche et la bouche du chien s'humidifiait, prête à manger, même si aucune nourriture n'arrivait.

Ce travail a donné naissance à un vaste mouvement en psychologie du début du 20e siècle, connu sous le nom de thérapie comportementale. Plus largement, le mouvement psychologique du *béhaviorisme*, inventé par John Watson en 1913,[168] a conduit à une période sombre dans le traitement psychologique où les pensées internes étaient ignorées. Seules les réponses mesurées aux stimuli étaient prises en compte.

Dans les années 1940 à 1970, le psychologue américain Dr Albert Ellis et le psychiatre Dr Aaron Beck ont chacun travaillé à ramener la rationalité dans le traitement des troubles psychologiques, en se concentrant sur (plutôt que d'ignorer) les processus de pensée internes d'un patient. Ellis avait été formé initialement en psychanalyse (style de pensée freudien). Non convaincu par l'efficacité et la validité scientifique de la pratique psychanalytique établie, il rompit avec la tradition, et ne ménagea pas ses critiques. En 1950, Ellis publie un monographe qui ose remettre en question la psychanalyse, disant :

« Bien que l'art de la psychanalyse ait maintenant plus d'un demi-siècle, une formulation complète de ses principes scientifiques est encore loin d'être réalisée. Une telle formulation, qui dépouillera de la théorie et de la pratique analytiques toutes les oripeaux du dogmatisme, de la spéculation non vérifiée, des préjugés et du cultisme, et qui ne laissera subsister que les principes et les procédures qui sont, ou semblent bien en voie de le devenir, cliniquement validés, a été partiellement tentée, mais n'a en aucun cas encore été systématiquement exécutée, par plusieurs néo-freudiens...»

Il a suivi ce coup de poing verbal contre la psychanalyse par un uppercut écrasant :

« Avec les défenseurs de la psychanalyse non scientifique, il ne peut y avoir essentiellement aucun argument...La plupart des psychologues et des psychiatres contemporains conviennent cependant que la connaissance scientifique approfondie est la seule base valide pour la thérapie analytique (et autres) et que la critique rigoureuse des méthodes psychologiques non scientifiques est tout à fait justifiée.»[169]

Albert Ellis a développé la *Thérapie rationnelle émotive et comportementale* (TREC).[170] Cela a marqué le premier grand changement loin de la pseudo-science infondée de la psychanalyse vers des méthodes cognitives plus actives pour gérer les problèmes psychologiques.

Aaron Beck, travaillant légèrement plus tard qu'Albert Ellis, travaillait avec des patients souffrant de dépression lorsqu'il a commencé à remarquer des points communs entre les schémas de pensée des patients individuels.[171] Il a remarqué que ses patients exprimaient plusieurs catégories de ce qu'il appelait des *pensées négatives automatiques*. En un clin d'œil, les patients de Beck tiraient des conclusions déformées, désespérées et infondées sur eux-mêmes, le monde et l'avenir. Mais plutôt que de faire confiance à ces pensées à leur valeur faciale, Beck a essayé de faire en sorte que ses patients *réévaluent* les preuves contraires à ce que leurs pensées automatiques les amenaient à croire. Ce changement de perspective d'Aaron Beck – réévaluer les pensées plutôt que de supposer qu'elles avaient un sens plus profond – l'a aidé à remarquer quelque chose de profond.

Au fil du temps, ses patients ont pu penser de manière plus équilibrée et réaliste, surmontant leur dépression et changeant la manière dont ils traitaient leurs pensées. Ce qui est devenu connu à l'époque sous le nom de *Thérapie cognitive*, l'accent était mis sur la compréhension de la manière dont nous, en tant qu'êtres humains, pensons,* et sur l'application de cette compréhension au traitement des défis psychologiques.[172]

Ni la thérapie comportementale issue du chien de Pavlov, ni les thérapies cognitives d'Ellis et Beck ne dressent un tableau complet de la pensée et du comportement humains à elles seules. Pendant plus de vingt ans, à l'époque où les thérapies comportementales et cognitives étaient disponibles, il y a eu un débat ouvert et intense sur l'utilisation et la validité de la thérapie cognitive par rapport à la thérapie comportementale. Ce n'est que dans les années 90, lorsque deux conférences mondiales distinctes réunissant ces deux thérapies ont commencé à recevoir des articles de recherche

---

*. En 1979, le livre de la psychologue familiale Dr Alice Miller, *Le drame de l'enfant doué*, axé sur les traumatismes de l'enfance, a fourni un véhicule complémentaire et tout aussi puissant pour exposer la psychanalyse freudienne en tant qu'outil inadapté pour un traitement psychologique efficace. La psychanalyse freudienne a placé l'esprit humain dans une boîte noire et l'a traité comme un automate immuable. Des personnes comme Ellis, Beck et Miller ont montré qu'il y avait beaucoup à gagner en soulevant le couvercle de la boîte.

chevauchant, que les points communs entre les thérapies cognitives et comportementales sont devenus évidents. Aujourd'hui, elles sont combinées dans ce que l'on appelle désormais la *Thérapie cognitivo-comportementale* (TCC).[173]

Voici comment envisager la TCC dans le contexte du phénomène de l'imposteur :

Vous êtes parmi un groupe de pairs et éprouvez une pensée attristante. Cette petite graine grandit et jette rapidement une ombre dans votre esprit. Elle persiste, elle s'enroule, elle s'accroche, et vous finissez par conclure que vous êtes un imposteur. Vous êtes convaincu que ces personnes sont à quelques secondes seulement de découvrir que vous n'êtes pas assez compétent pour être là avec eux. Vous acquiescez à la conversation, vous souriez et vous riez quand il faut rire. À l'intérieur, votre cœur cogne contre votre cage thoracique et votre sueur pourrait faire bouillir une rivière.

Cette pensée pourrait disparaître, vous pourriez vous calmer. Peut-être. Mais le fait que vous *reconnaissiez* la pensée signifie que vous avez vécu quelque chose de similaire dans votre passé, et cela pourrait très bien se reproduire dans votre avenir. Mais maintenant, que faire ? Plutôt que d'accepter simplement que c'est ainsi pour vous, c'est là que la TCC pourrait intervenir.

L'approche innovante proposée par la TCC pour gérer vos moments d'anxiété ne consiste pas à demander quelle pourrait être l'origine de la pensée ou quel désir inconscient elle représente. Non ! C'est ce que Freud et ses adeptes vous feraient faire. Au lieu de cela, posez-vous cette question :

Quelles sont les preuves qui soutiennent la conclusion tirée de la pensée d'imposteur que vous avez ressentie ?

Repensez à cette situation hypothétique où vous vous trouvez au milieu d'un groupe de pairs. Si vous vous considérez comme un imposteur, un faux ou un prétendant, présentez vos preuves en ce sens. Avez-vous *vraiment* réussi à vous faufiler dans le système, uniquement grâce à la chance ? Votre succès (aussi grand ou petit soit-il) est-il réellement insignifiant ? Vos amis ont-ils manqué une ruse sournoise et trompeuse de votre part ? Assez rapidement, le manque de preuves en faveur de votre statut d'imposteur dénoue lentement la nature absurde de vos pensées basées sur l'imposture.

Vous pouvez considérer la TCC comme une « thérapie par la parole » basée sur des preuves qui vous aide à réévaluer les distorsions identifiables dans vos processus de pensée.* Il a été prouvé qu'elle est aussi efficace que les médicaments dans les premières étapes du traitement de certains troubles psychologiques (anxiété sociale,[174] dépression,[175] stress post-traumatique,[176] agoraphobie[177]), et souvent plus efficace que les médicaments pour apporter un changement durable. La TCC s'est avérée être un élément positif pour traiter la faible estime de soi,[178] le trouble bipolaire,[179] et la psychose.[180] Elle inculque une pratique durable qui a le potentiel de rester une partie de votre routine bien après la fin d'un rendez-vous chez le médecin ou l'épuisement d'un médicament prescrit.

Les distorsions négatives de la pensée que la TCC vous permet de repérer peuvent, ironiquement, tenter certains de rejeter la TCC comme un exercice sans esprit de pensée positive. Ce n'est pas le cas. Grâce à sa structure et à sa pratique, la TCC vous aide à réévaluer votre évaluation initiale d'une situation. Vous travaillez ensuite vers une interprétation plus *réaliste* et *actionnable* de ce qui s'est passé à ce moment-là.

En fin de compte, l'objectif est de vous aider à adopter des réponses plus mesurées et attentives lorsque vous vous retrouvez dans des situations stressantes similaires à l'avenir. En substance, la TCC vous offre un cadre dans lequel vous pouvez voir comment vos pensées, vos sentiments, vos émotions, vos sensations physiques et votre environnement interagissent tous pour expliquer votre

---

*. Si vous souhaitez aller plus loin, vous pourriez envisager la TCC en parallèle avec la CFT, la thérapie axée sur la compassion, développée par Paul Gilbert. La TCC qui m'a aidé et que je partage avec vous se concentre sur le comportement et la pensée. La CFT adopte une approche centrée sur les émotions. Voir, par exemple : https://bit.ly/3d1iIGy.

comportement (que ce soit pour une expérience d'imposteur ou une autre lutte psychologique). Si vous n'êtes pas encore convaincu, tant mieux. Il y a quelques exercices et expériences de pensée à venir. Je vous encourage à y réfléchir lorsque vous le pourrez.

Une autre façon de comprendre comment la TCC peut vous aider à réévaluer les pensées négatives automatiques consiste à utiliser un acronyme à trois lettres connexe : *ABC*.

- A représente les *antécédents*, qui est en réalité une façon sophistiquée de désigner les événements déclencheurs ou quelque chose qui se produit pour démarrer un processus en chaîne d'autres pensées et sensations physiques qui suivent.
- B représente le *comportement* ; en termes simples, ce que votre cerveau choisit de faire physiquement et mentalement à la suite de l'événement initial. Physiquement, votre cœur peut battre plus vite, votre estomac peut se contracter, vos paumes transpirent, votre respiration s'approfondit. Mentalement, vous pourriez vivre un événement négatif avec des émotions telles que la peur, la terreur ou la nervosité.
- C représente les *conséquences* de ces comportements. Que se passe-t-il à la suite de votre comportement ? Oubliez-vous de dire quelque chose d'important ? Vous écartez-vous d'une négociation ? Ne vous donnez-vous pas la peine de vous présenter ?

Ce qui relie ce modèle ABC, c'est le B au milieu. La façon dont vous vous *comportez* à la suite d'un événement particulier conduira à certaines conséquences. Si la manière dont vous vous comportez automatiquement ne peut pas être identifiée, engagée et lentement modifiée, de nouvelles occurrences des *antécédents* (A) conduiront à des variations similaires ou peut-être pires des *conséquences* (C). L'inévitabilité implicite des comportements dans le cadre de la psychanalyse freudienne a finalement conduit à la chute de cette approche du traitement psychologique. La TCC, en revanche, vous aide à comprendre comment certains événements ou déclencheurs (les antécédents) ont, par le passé, conduit à vous réagir d'une manière particulière (les comportements) et à provoquer des résultats apparemment inévitables (conséquences).

Pensez à un moment où vous vous êtes senti comme un imposteur. Qu'est-ce qui, dans l'*antécédent* (ou événement déclencheur), vous a semblé être une menace ? Reconsidérez à nouveau ce groupe de pairs hypothétique que je vous ai demandé d'imaginer en leur compagnie, dans l'histoire précédente de ce chapitre. Ce groupe de pairs était un exemple de ce genre de menace. Vos pensées résultantes d'être un imposteur représentent l'un des *comportements* qui suit à partir du moment où vous vous êtes approché de ce groupe de pairs.

La Thérapie Cognitive Comportementale vous permet de remettre en question votre interprétation initiale de tout événement que vous pourriez avoir jugé menaçant au premier abord.

Elle vous encourage à examiner de très près pourquoi vous percevez l'événement comme une menace. Pour être clair, ce n'est pas la version freudienne de la question « pourquoi ? ». La TCC ne consiste pas à trouver un désir immuable, inconscient et innommable que vous auriez soi-disant caché dans les tréfonds de votre cerveau primitif. Loin de là. Ici, avec la TCC, vous posez la question « pourquoi » afin de commencer à chercher des preuves de votre imposture qui n'existent pas. Vous pensez être un imposteur ? D'accord, pourquoi cela ? Et où sont les preuves ?

La TCC a été extrêmement puissante et complètement révolutionnaire dans la manière dont j'ai abordé mes propres expériences d'imposteur. Alors, reprenons l'histoire que je vous ai racontée dans le **Chapitre 7** à propos du jeune universitaire surdoué qui venait visiter mon bureau et à qui je me suis comparé dans les termes les plus terribles. Voici l'ABC de ce qui s'est passé :

- **A** - l'*antécédent* était le premier e-mail que j'ai reçu annonçant la visite du jeune universitaire dans mon université.

- **B** - mes *comportements* suite à l'annonce par e-mail ont inclus la recherche du profil de cette personne et de ses indicateurs de performance académique. Cette traque de carrière en ligne a ensuite conduit à une série de pensées automatiques où je n'ai prêté aucune attention aux différences distinctes entre mon parcours professionnel et celui du visiteur. J'ai supposé que cette personne était meilleure que moi à tous égards intellectuels imaginables, ce qui signifiait alors que j'étais un imposteur et très susceptible d'être découvert lors de ma prochaine conversation avec cette personne dans mon bureau. Comme en pilotage automatique, je me suis alors laissé entraîner dans une comparaison sans fin. Ma respiration s'est approfondie et mon cœur a bourdonné.
- **C** - les *conséquences* de ces comportements ont été que, lorsque j'ai réellement rencontré cette personne, j'ai parlé rapidement, ri nerveusement et eu du mal à rester attentif à ce qu'ils disaient en réponse à la recherche dont je leur parlais. Je me sentais terriblement mal après la réunion. Frustré. Le schéma ci-dessous montre une ventilation de ce qui s'est passé.

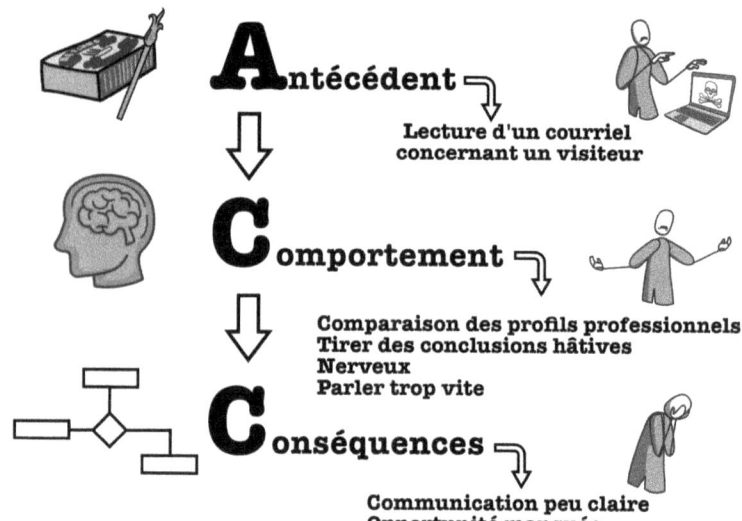

Résumé visuel de l'antécédent (A), des comportements (B) et des conséquences (C) qui se sont manifestés pour donner lieu à la pire de mes expériences d'imposteur basées sur la comparaison. La Thérapie Cognitive Comportementale (TCC) et les outils associés sont ce qui peut aider à repérer de tels schémas d'activité et vous aider à vous orienter vers des comportements plus positifs et des conséquences plus constructives pour des antécédents futurs similaires (ou événements déclencheurs).

Dans cet exemple tiré de mes propres expériences d'imposteur, où est le « pourquoi ? » derrière mon processus de pensée d'imposteur ? Regardez à nouveau ce que j'ai écrit contre B du processus ABC. J'ai « *supposé que cette personne était meilleure que moi* » et je « *n'ai prêté aucune attention aux différences distinctes entre mon parcours professionnel et [le leur]* ».

Avec l'aide de la TCC, j'ai appris, lentement mais sûrement et de plus en plus rapidement, à reconnaître que ma toute première réponse (B) à l'annonce de n'importe quel visiteur (A) cède à la tentation de regarder une série de statistiques résumées métrisées qui ne me disent absolument rien sur le parcours de cette personne jusqu'à maintenant (C). L'expérience a tout fait pour renforcer mes horribles suppositions d'être un imposteur alors que les preuves de mes réalisations indiquaient le contraire. Revisitez **Chapitre 7** si vous avez besoin d'un rappel sur pourquoi tout ce qui peut être compté ne compte pas.

Passons maintenant de l'histoire de la TCC et de mon expérience de son utilisation, pour examiner davantage les outils de la TCC que vous pouvez utiliser pour reconnaître de manière plus consciente certains de vos propres comportements. Au cours du développement de la TCC, certaines « distorsions » courantes de la pensée ont été identifiées qui peuvent se manifester dans n'importe quel processus *antécédent-comportement-conséquence* (ABC). Reconnaître ces distorsions est ce qui déclenche votre capacité à changer les comportements physiques et mentaux automatiques que vous supposez autrement être hors de votre contrôle. Neuf des distorsions de pensée les plus courantes sont les suivantes :

1. **Filtrage mental** - vous vous concentrez sur les aspects négatifs des commentaires ou des résultats d'événements, en ignorant tout ce qui est positif, flatteur ou rédempteur.

2. **Généralisation excessive** - non seulement vous vous concentrez sur le négatif, mais vous encadrez ces négatifs comme étant globaux, fixes et immuables. Vous utilisez des mots comme *'jamais'* et *'toujours'* comme s'ils englobaient chaque aspect de votre vie. Vous ne parvenez pas à utiliser des termes plus réalistes et pratiques comme *'en ce moment'* ou *'dans ce cas'* qui vous rappelleraient à la place que rien n'est gravé dans la pierre.*

3. **Catastrophiser** – pour vous, le scénario du pire semble être le seul scénario possible. Vous imaginez toutes les choses terribles qui pourraient arriver après un événement comme s'ils allaient *forcément* se produire. Vous faites cela avant que quelque chose ne se soit *réellement* passé. Ceci est étroitement lié à une autre distorsion de la pensée connue sous le nom de **Prédiction du futur**.

4. **Pensée tout ou rien** – vous pensez que si vous n'êtes pas 100%

---

*. Avant d'examiner votre propre comportement, parcourez n'importe quelle série de publications en colère sur Twitter et je serais prêt à parier que vous trouverez la généralisation excessive sans trop d'effort.

parfait, vous êtes un échec. Il n'y a pas d'entre-deux, pas de nuances de gris pour vous. Soit vous êtes la bonne personne au bon endroit au bon moment, soit vous êtes un imposteur.

5. **Lecture de l'esprit** – vous tirez des conclusions sur ce que quelqu'un pourrait penser sur la base de peu ou pas de preuves. Vous amplifiez les critiques négatives possibles que la personne pourrait avoir à votre égard, et vous considérez rarement des interprétations positives alternatives de ce que cette personne pourrait *réellement* penser de vous.

6. **Raisonnement émotionnel** – comment vous vous sentez et comment les choses sont réellement peuvent être facilement mélangées. Ici, vous en concluez que ressentir une émotion négative est, en soi, une preuve de faute. Dans votre esprit, les preuves matérielles et votre expérience émotionnelle sont une seule et même chose.

7. **Minimisation des aspects positifs** – vous écartez les événements positifs que vous jugez sans importance et qui, selon vous, « ne comptent pas ». Ceci est une variante particulière de la **filtration mentale**.

8. **Rejet de la responsabilité** – vous vous concentrez sur des facteurs externes comme étant la cause ultime de vos problèmes et prêtez peu d'attention à la manière dont vous pourriez assumer la responsabilité de ce qui est sous votre contrôle. Si vous vous surprenez à blâmer le monde pour tous vos problèmes, il vaut toujours la peine de se rappeler que lorsque vous pointez du doigt quelqu'un, il y a toujours trois autres doigts qui pointent vers vous.

9. **Étiquetage (des traits)** – une forme extrême de **généralisation abusive** et de **pensée tout ou rien**, où vous vous attribuez des étiquettes fortement émotives. *« X est arrivé, donc je suis un imposteur »*.

Combien de ces distorsions de la pensée avez-vous reconnues ? J'ai eu l'impression d'avoir gagné la pire partie de bingo lorsque j'ai vu cette liste pour la première fois. Chaque fois que vous réfléchissez à un événement qui a conduit à une pensée déformée, vous pouvez maintenant *nommer* cette distorsion. Vous pouvez l'appeler pour ce qu'elle est. Ce n'est qu'une pensée, et ce n'est pas forcément le reflet de la réalité.

En liant la TCC à notre discussion précédente sur la solitude du **chapitre 3**, essayez de trouver une personne à qui vous pouvez dire à voix haute : « *Je me sens comme un imposteur* ». Vous entendrez comment cela sonne et eux, votre confident de confiance, vous diront la même chose. Les pensées dans nos têtes prennent les armes jusqu'à ce que nous projetions nos voix dans le silence pour que quelqu'un d'autre les attrape.

Bien que la thérapie cognitivo-comportementale puisse sembler être une révolution du 20e siècle, elle trouve certaines de ses origines dans la Grèce antique. Et c'est là que nous trouvons un exercice de style TCC qui peut vous aider à éviter la pire conséquence de se sentir comme un imposteur... ne pas agir par peur de l'échec.

Partie 4 – Définition de la peur

Les expériences d'imposteur sont alimentées par la peur de l'inconnu et des distorsions de la pensée telles que la catastrophisation, la prédiction du futur et le raisonnement émotionnel que nous avons nommées lors de la discussion sur la *thérapie cognitivo-comportementale*. Mais ce que je n'ai pas mentionné concernant le développement de la TCC, c'est qu'elle a été inspirée par la sagesse ancienne des philosophes stoïciens. Surtout pour Albert Ellis, le pionnier de la TCC qui a rejeté l'approche psychanalytique freudienne, la philosophie stoïcienne a joué un rôle déterminant dans la prise de conscience que toutes les pensées ne sont pas rationnelles ou même significatives. De Marc Aurèle, le philosophe qui a le plus résonné avec Ellis :

*« Si vous êtes contrarié par quoi que ce soit d'extérieur, la douleur n'est pas due à la chose elle-même, mais à votre propre estimation de celle-ci ; et cela, vous avez le pouvoir de le révoquer à tout

moment.»[181]

L'entrepreneur en série et auteur Tim Ferriss a également été fortement influencé par la philosophie stoïcienne. Avant d'en arriver là, comprenez que le succès de Ferriss ne signifie pas qu'il n'a pas été confronté à l'échec et aux défis mentaux (nous avons examiné de près l'hypothèse du succès dans le **chapitre 6**). Il est atteint de trouble bipolaire et a des antécédents de dépression suicidaire. Il a également failli se tuer pendant ses années universitaires. Pour maintenir sa force, sa concentration, son optimisme et son élan, Ferriss a créé un exercice écrit de trois pages appelé Définition de la peur, tiré de l'exercice stoïcien *premeditatio malorum* (signifiant *la préméditation des maux*).[182] Ferriss est cité comme ayant effectué cet exercice de Définition de la peur au moins une fois tous les trois mois.

Ce qui m'attire dans cet exercice particulier, c'est son chevauchement avec les nombreux exercices similaires de la TCC. La Définition de la peur est simple, répétable et très utile pour faire face à la procrastination que vos expériences d'imposteur peuvent provoquer.

Comme la TCC, la Définition de la peur vous aide à remettre en question ce que vous ressentez dans une situation particulière à un moment donné. Elle met en lumière les choses que vous envisagez d'essayer mais, en même temps, vous pensez que vous n'êtes pas assez bon pour cela. Pour les risques qui en valent la peine et qui vous paralysent dans la procrastination, voici comment fonctionne la Définition de la peur.

Dans la première page de l'exercice, vous notez, en détail, les scénarios du pire cas de l'action dont vous avez peur. Vous faites cela en trois parties :

> (1) **Définir l'action.** Qu'est-ce que vous envisagez de faire mais que vous craignez d'essayer ?
> (2) **Envisager la prévention du désastre.** Quelle action

proactive pouvez-vous entreprendre pour réduire les chances d'échec ?

(3) **Envisager les réparations**. Si le scénario du pire cas se réalise, que pouvez-vous faire pour limiter les dégâts et tirer le meilleur parti de l'échec apparent ?

Dans le TED talk de Ferriss sur la Définition de la peur (vu plus de neuf millions de fois lorsque j'ai écrit ce chapitre), il pose une question de suivi très puissante :

« *Quelqu'un d'autre dans l'histoire du temps, moins déterminé ou moins intelligent, a-t-il déjà compris cela ?* »

La réponse, comme je l'espère, vous serez d'accord, est presque toujours « oui » !

Dans la deuxième page de la Définition de la peur, on vous encourage à poser une autre question :

« *Quels pourraient être les avantages d'une tentative ou d'un succès partiel ?* »

Comme Zora Raeburn et les écrivains que nous avons rencontrés dans le **chapitre 6**, qu'arrive-t-il si vous essayez et échouez ? Que pourriez-vous gagner en affrontant ce que vous craignez le plus ? Que se passerait-il, par exemple, si vous preniez la chance de faire un discours ou de donner une présentation, même si vous ne vous sentiez pas prêt pour cela ? Votre communauté apprendra qui vous êtes et ce que vous faites. En vous tenant sur la scène ou en vous asseyant devant votre webcam, vous donnez à tout le monde la possibilité de commencer une conversation avec vous, l'orateur. Vous n'êtes pas caché dans un coin et hors de portée. Vous êtes là. Vous êtes visible. Vous êtes investi et vous vous donnez la pratique dont vous avez besoin pour affiner votre approche.

Dans la troisième et dernière partie de l'exercice de Définition de la peur, vous posez peut-être la question la plus importante (et pertinente pour les expériences d'imposteur) :

« *Quel est le coût de l'inaction ?* »

Posez cette question en trois parties :

- Quel est le coût de l'inaction dans *6 mois* ?
- Quel est le coût de l'inaction dans *1 an* ?
- Quel est le coût de l'inaction dans *3 ans* ?

Vous regretterez toujours, toujours, toujours les choses que vous n'avez pas faites plus que celles que vous avez faites.[183] Combien de regrets pourriez-vous avoir si, plus tard dans la vie, vous vous retournez et vous vous demandez :

« *Et si j'avais simplement tenté ma chance ?* »

En utilisant la Définition de la peur pour écrire et rendre tangibles toutes les choses qui se passent dans votre tête, vous vous donnez une meilleure chance de gérer la situation. Comme l'ABC de la TCC, le cadre de la Définition de la peur vous incite à méditer sur les *antécédents* (déclencheurs) qui pourraient conduire à des *comportements* ayant des *conséquences* négatives. Vous, à travers cet exercice cognitif, apprenez à placer la préméditation des maux sous votre contrôle attentif. Permettez-moi de partager avec vous une histoire où j'ai appliqué l'exercice de Définition de la peur.

Lorsque je travaillais en tant que chercheur postdoctoral, sans encore diriger ma propre équipe de recherche, je voulais commencer à solliciter des financements pour m'aider à franchir cette étape importante dans ma carrière scientifique. Vous pouvez considérer cet exemple comme celui d'essayer de chercher des investissements pour votre première start-up, lever des fonds pour une cause caritative ou passer du statut d'instrumentiste à celui de chef d'orchestre.

Lorsque l'idée de demander des financements pour la recherche indépendante m'est venue pour la première fois, les formulaires de candidature m'ont terrifié. Je fixais l'écran. La seule partie de moi qui bougeait était la sueur froide qui montait lentement sous ma peau. Il y avait ce qui me semblait être mille options de financement à essayer, et je ne savais pas comment fonctionnait aucune d'entre elles. Tout cela me semblait trop compliqué, trop étranger, trop difficile à essayer, trop loin de ma portée.

Puis l'inévitable s'est produit. J'ai pensé à tous les autres qui *pourraient* essayer de gagner les mêmes subventions, puis je me suis concentré sur la justification du fait qu'ils étaient des candidats plus méritants que je ne pourrais jamais l'être. Que ce soit le nombre d'articles publiés qu'ils avaient, d'où ils venaient, où ils avaient étudié, peu importe. Tout cela me faisait craindre que tout ce que je pouvais faire pour gagner une subvention et créer un groupe de recherche était voué à un échec spectaculaire. J'étais terrifié. Cependant, grâce à la structure pratique de la Définition de la peur, j'ai encadré mes inquiétudes concernant la demande de subvention préméditée comme suit.

D'abord, je me suis posé la question directe liée à ce que je voulais essayer :

(1) **Définir l'action.** *Qu'est-ce que vous envisagez de faire mais que vous craignez d'essayer ?*

> **MA RÉPONSE** : Rédiger et soumettre une demande de subvention pour m'aider à créer mon propre groupe de recherche. J'ai peur parce que c'est une entreprise complexe et très compétitive. Je ne peux pas m'empêcher de penser qu'il y a trop d'inconnues à prendre en compte, et trop d'autres personnes plus dignes de demander ce financement que moi.

(2) **Envisager la prévention des catastrophes.** *Quelle action proactive pouvez-vous entreprendre pour réduire les chances de catastrophe ?*

> **MA RÉPONSE** : Une « catastrophe » dans mon cas serait de voir ma candidature rejetée. Je me sentirais coincé, sans valeur et me demandant s'il y a un intérêt

à réessayer un jour. Pour me donner les meilleures chances de succès, je pourrais parler à des collègues et mentors plus âgés qui ont été dans une situation similaire. Je pourrais apprendre comment ils ont postulé pour de telles subventions, apprendre ce qui a fonctionné pour eux et ce qui n'a pas fonctionné. Pour chaque organisme de financement auquel je postule, je pourrais étudier les lignes directrices de la candidature et m'assurer de ne manquer aucun point obligatoire dans ma candidature finale. Pour les idées de recherche que je souhaite inclure, je pourrais demander à mes collègues de vérifier la validité scientifique. De même, je pourrais solliciter leur aide pour me dicter mes idées, ce qui me permettrait de voir à quel point ma propre écriture est claire. La liste de ces actions proactives est longue, mais je pense que vous comprenez l'idée.

(3) **Envisager les réparations**. *Si le pire scénario se produit, que pouvez-vous faire pour limiter les dégâts ?*

MA RÉPONSE : Si ma boîte de réception m'annonce la redoutable lettre de refus, m'informant que ma candidature n'a pas été retenue, je serai tenté de fuir, de me cacher et de pleurer dans le coin le plus froid et le plus sombre que je puisse trouver. Pour me concentrer sur l'action pratique, je pourrais d'abord demander des commentaires à l'organisme de financement lui-même pour voir quelles étaient leurs raisons de ne pas soutenir ma candidature cette fois-ci. Si cela n'est pas possible (ce qui est souvent le cas), je pourrais reprendre la demande de subvention finale et la soumettre à mes collègues et mentors en leur demandant - très directement - ce qu'ils auraient fait différemment. Je pourrais également prendre un moment pour célébrer le fait que j'ai tenté ma chance en premier lieu ! Je n'ai pas à souffrir de me

> demander ce qui se serait passé si j'avais postulé. J'ai un résultat. Ce n'est pas ce que je voulais cette fois-ci, mais je sais maintenant avec certitude quel a été le résultat. J'ai maintenant une candidature complète à partir de laquelle je peux travailler, m'améliorer et soumettre à nouveau ultérieurement. Si je m'étais convaincu de ne pas postuler, je me retrouverais avec une page blanche.

Avec la prise d'action, la prévention des catastrophes et les réparations possibles prises en compte, la chose suivante à faire était de me poser la question que Ferriss a posée :

« Est-ce que quelqu'un d'autre, moins motivé ou moins intelligent, a déjà résolu ce problème dans l'histoire du temps ? »

Poser cette question est difficile et audacieux dans les meilleures conditions. Mais c'est peut-être encore pire pour moi ou vous, qui souffrez d'expériences d'imposteur, d'être aussi franc pour répondre « oui » ! Vous pourriez être tenté de penser que tout le monde que vous connaissez est plus motivé et plus intelligent que vous. Essayez plutôt de poser une question connexe qui est tout aussi utile :

« Y a-t-il des mesures que je peux prendre aujourd'hui pour être plus informé sur ce problème demain ? »

Pour mes craintes concernant la rédaction de subventions, j'ai posé cette question afin de me concentrer sur le « comment » et de m'inquiéter moins du « quelqu'un d'autre » de la question initiale. Pourtant, la réponse à cette question alternative est presque toujours « oui » ! Il y a presque toujours quelque chose que vous pouvez faire aujourd'hui pour vous rendre plus conscient, plus préparé, plus enthousiaste, plus désireux, plus capable de résoudre le problème demain. Au début, je n'avais pas la moindre idée de ce que certains des grants pour lesquels je pourrais postuler étaient même appelés. Je ne savais pas où les trouver, ni à quoi ressemblerait une demande finale. J'avais peur de l'inconnu.

En poursuivant cet exemple, la question suivante dans la partie 2 de l'exercice de définition de la peur était :

« Quels pourraient être les avantages d'une tentative ou d'un succès partiel ? »

Alors que je commençais à me convaincre qu'une candidature valait la peine d'être tentée, j'ai utilisé l'exercice de définition de la peur pour noter ce que je pourrais tirer de l'expérience, même si je ne gagnais pas le financement. Dans mon cas, j'ai utilisé la question du « succès partiel » pour me pousser à énumérer ce que j'aurais demain, même si j'échouais dans ma demande aujourd'hui. Sans être exhaustif, essayer et échouer à obtenir une subvention compétitive me permettrait de :

> (1) Me rendre compte d'au moins une partie des autres options de financement disponibles.
> (2) Me donner une compréhension plus précise de la quantité de travail impliquée dans la rédaction d'une telle demande.
> (3) M'aider à comprendre combien de semaines ou de mois de préparation pourraient être optimaux pour améliorer ma prochaine demande de financement, de médiocre à passable, puis à bonne, puis à excellente.
> (4) Me donner des idées d'où trouver des lauréats de subventions précédents avec qui je pourrais essayer de me connecter et d'apprendre.
> (5) Mettre entre mes mains une demande à partir de laquelle construire, affiner, retravailler et redemander. Si je ne postulais pas, je n'aurais rien sur quoi travailler, sauf ma peur initiale.
> (6) M'aider à comprendre si c'est quelque chose que je veux même faire. Si c'est le cas, j'ai maintenant informé mes mentors de la direction que je veux prendre. Plus ils savent, plus ils peuvent aider. Si je décide, après avoir essayé la rédaction de subventions, que c'est quelque

chose que je ne veux pas refaire, je viens de faire le premier pas vers un changement de cap vers un nouveau parcours professionnel.

Et enfin, après avoir énuméré les succès partiels qui résulteraient d'une tentative infructueuse d'atteindre votre objectif, vient la partie 3, et peut-être la question la plus importante de tout l'exercice de définition de la peur :

« *Quel est le coût de l'inaction dans six mois, un an et trois ans à partir de maintenant ?* »

Si je ne tente pas cette première demande de subvention, je pourrais tergiverser pendant encore six mois avant de me convaincre de commencer. D'ici là, je pourrais être proche de la fin d'un contrat de travail à court terme et préoccupé par des soucis plus pratiques de trésorerie. Un an plus tard, je n'aurais pas accumulé tous ces articles de recherche, vidéos et séminaires qui alimentent la création de nouvelles idées. Trois ans plus tard, je pourrais me convaincre que je n'ai aucune idée qui vaille la peine d'être essayée. J'aurais peut-être complètement abandonné ma carrière. Je pourrais être assis en me demandant, *Et si j'avais tenté ma chance ?*

Alors que la TCC vous aide à réfléchir sur les processus de pensée dans votre passé récent, et que la définition de la peur vous aide à vous projeter dans votre avenir, il existe d'autres outils que j'ai trouvés essentiels pour me rendre plus conscient de ce qui est là, ici et maintenant.

Partie 5 - Pleine conscience

Dans les derniers mois de ma position de postdoctorant, je faisais la navette en bus entre les villes. Chaque matin, les premières lueurs des phares des voitures se reflétaient sur les nuages épisodiques de mon souffle s'échappant de sous mon écharpe. Je ne prêtais guère attention aux silhouettes alignées devant moi à l'arrêt de bus. Il n'y avait rien à dire sauf partager le silence qui exprimait notre désir collectif d'être n'importe où ailleurs qu'ici. Lors de ces matins froids et chargés de bus, mon corps grelottant aspirait à la chaleur, et ma tête brûlait sous le feu des pensées d'imposteur omniprésentes.

Le grondement du bus était entendu avant d'être vu. Et chaque matin, lorsque la porte jaune s'ouvrait en sifflant, le chauffeur m'invitait (ainsi que les silhouettes) à monter à bord où je passerais deux heures avec mes pensées. La plupart de ces trajets pour aller travailler étaient centrés sur toutes les personnes que je saluerais plus tard dans la journée. Toutes les personnes que je pensais attendre pour me découvrir et me renvoyer dans le bus. Mêmes pensées d'imposteur, jour différent. Chaque jour. Mais j'ai trouvé un moyen d'apaiser le bavardage dans ma tête lorsque j'ai essayé quelque chose que je pensais naïvement réservé aux moines bouddhistes et aux charlatans. J'ai médité.

L'idée de méditer m'a saisi lorsque je l'ai entendue mentionnée dans un podcast. Une célébrité vantait les mérites de la méditation et j'étais automatiquement prêt à rejeter la prémisse comme une sorte de foutaise homéopathique. Cela dit, les matins froids et mes inquiétudes constantes de fraude faisaient disparaître mon sentiment de valeur professionnelle. Je cherchais désespérément le calme et j'ai décidé que peut-être cette méditation valait la peine d'être essayée.

Je me suis installé carrément sur mon siège dans le bus. Les pieds bien à plat ; mon menton parallèle au sol. Tout ce que je pouvais voir, c'était les fins fils gris qui composaient la housse du siège devant le mien. Le moindre scintillement de ma vision périphérique se déclenchait comme pour surveiller l'embarras possible de quelqu'un d'autre regardant ce que je faisais. Mon scepticisme m'a empêché d'essayer cette méditation seul, alors j'ai utilisé une application sur mon téléphone pour me guider.

Main dans la main audio, j'écoutais alors qu'on me disait doucement de respirer par la bouche... puis de sortir par le nez. Les sifflements d'air à travers mes narines rouges étiraient le temps entre ma poitrine se gonflant... et se dégonflant. J'ai fermé les yeux et suis revenu à ma direction normale de respiration. Par le nez... sortir par la bouche. Par le nez... sortir par la bouche. Par le nez...

Derrière moi (je ne sais pas à quelle distance), j'ai perçu le faible chuchotement d'un appel téléphonique, périodiquement noyé par le clic et le cliquetis des toilettes du bus dont l'arôme clinique peu engageant rencontrait mon nez frémissant. J'ai remarqué que mon genou me démangeait à travers le grondement des roues du bus sur l'autoroute. À travers ces mêmes vibrations, l'harmonie aiguë et métallique des essieux et des tuyaux sous le bus résonnait dans mon oreille comme des acouphènes. Le grognement plus profond du moteur diesel ondulait à travers les vitres. C'était drôle. Le chœur constant du bus aiguisait la conversation joviale que le chauffeur de bus avait avec un passager à l'avant. Je ne l'avais pas remarqué auparavant. Je n'avais pas non plus remarqué la lumière du jour. Ou que j'avais manqué mon arrêt de bus pour le travail. J'ai remarqué, cependant, que je m'en fichais. Alors que j'ouvrais doucement les yeux, j'ouvrais mon esprit à ce que la méditation pouvait offrir. Pour ce qui semblait être la plus brève des expériences, j'étais simplement là, dans l'instant. À chaque instant.

Pour la première fois depuis que j'avais quitté mon laboratoire de doctorat, deux ans plus tôt, je n'avais pas pensé à quel imposteur j'étais. C'était la réalité déconcertante de la méditation que j'avais auparavant tant dédaignée. J'étais stupéfait qu'un exercice aussi simple puisse, au moins temporairement, faire taire les pensées épuisantes dans ma tête. Et la respiration contrôlée que j'ai essayée n'est qu'une variante de la méditation. Il existe une multitude de méditations que vous pourriez essayer : yoga, écriture de journal, bienveillance, balayage corporel, gratitude, zen, mantra, transcendantale et ne rien faire du tout pendant vingt minutes par jour.

Quoi que ce soit pour vous, choisissez une tâche qui requiert votre attention.

La TCC, la définition des peurs et la pleine conscience ont travaillé ensemble pour cartographier les schémas de pensée passés, futurs et présents. Mais avec cette prise de conscience de la manière dont les pensées peuvent être gérées est venu l'émerveillement de ce que sont les pensées en général.

Partie 6 – La seule personne dans votre tête

Si des outils comme la TCC couvrent le *quoi* et le *comment* pour gérer votre cerveau, la question qui reste est : pourquoi le cerveau peut-il être géré en premier lieu ?

Pourquoi les psychanalystes freudiens, avec leur traitement passif et leur affirmation de l'absence de libre arbitre, avaient-ils tort ? Pourquoi, alors, les praticiens de la *Thérapie cognitivo-comportementale* ont-ils été beaucoup plus efficaces que les praticiens de la psychanalyse pour les patients dont ils s'occupaient ? Pour faire face à mes expériences d'imposteur, les techniques d'entraînement cérébral ont été incroyables, mais pas tout. J'ai constaté que connaître un peu comment fonctionne - et ne fonctionne pas - le cerveau dans nos têtes a été un complément nécessaire aux pratiques de gestion de l'esprit.

En repensant à tout ce que j'ai partagé avec vous sur le phénomène de l'imposteur et mon expérience de celui-ci, une chose a été très difficile, presque impossible, à éviter. Il a été facile de décrire les expériences d'imposteur comme si elles étaient incarnées en un petit démon à l'intérieur de ma tête, ou de la vôtre ; une créature imminente, préparatrice, condamnée qui hante et corrompt nos pensées, nous convainquant que nous sommes des imposteurs. Nous sommes évolués pour visualiser deux choses très bien : les itinéraires dans l'espace et les agents d'action incarnés en tant que personnes. Dans le livre de Joshua Foer, *Moonwalking with Einstein*, de telles visualisations de personnes et de lieux sont utilisées par Foer pour remporter un championnat de la mémoire.[184]

Utiliser de telles cartes de sens est utile pour enseigner des concepts difficiles et utile pour la survie. Utile... mais finalement imparfait et potentiellement dangereux.

En 1980, le cosmologiste et maître communicateur Carl Sagan a présenté la série documentaire Cosmos sur nos écrans de télévision.[185] Dans le cadre de cette œuvre magistrale d'éducation scientifique, Sagan a raconté l'histoire à jour de comment tout, partout et chacun est venu à être. Une partie de l'histoire de Sagan concernait l'évolution de notre cerveau. Grâce à une prose érudite et aux notes graves de sa voix, Carl Sagan a éduqué une génération de grand public sur ce qui nous rend humains. À 500 millions de téléspectateurs dans 60 pays, il a expliqué que nos cerveaux contiennent dans leur structure les indices des trois principales étapes de l'évolution à travers lesquelles ils sont passés. Cette histoire particulièrement populaire de l'évolution du cerveau était d'un modèle « de l'intérieur vers l'extérieur », expliquant comment ces organes crâniens merveilleux ont atteint leur état actuel de complexité et de taille. Comme en enlevant des couches d'un oignon, les trois chapitres de l'histoire du cerveau de Sagan ont commencé avec la couche du cerveau la plus proche du toucher de notre main - le *cortex cérébral*.

Considéré comme la partie la plus jeune du cerveau, le *cortex cérébral* aurait évolué le plus récemment chez nos ancêtres primates. Il a été identifié comme le siège de la créativité et du calcul, de la conscience et de la critique. Tout ce que vous considérez comme *vous*. Alors que cette partie présumée humaine du cerveau aurait évolué il y a des millions d'années, la deuxième des trois couches du cerveau aurait évolué plus tôt, il y a des dizaines de millions d'années. Le soi-disant *système limbique* a évolué chez les mammifères plus anciens, pas encore des primates. Ici, cette couche intermédiaire du cerveau, Sagan racontait, était le producteur de nos humeurs, émotions et soins pour nos enfants. En allant encore plus profondément, en regardant le troisième et dernier chapitre de l'histoire du cerveau raconté par Sagan dans *Cosmos*, vous trouvez le *complexe-R* ou *cerveau reptilien*. Cette partie la plus profonde de la structure cérébrale en couches aurait été chargée de diriger les parties les plus sombres de notre caractère inébranlable : l'agression brute, la hiérarchie, le rituel et la territorialité. Évolué il y a des centaines de millions d'années, le *complexe-R* du cerveau est comparé au cerveau d'un crocodile.

L'histoire que Sagan a racontée sur l'évolution de notre cerveau fait partie de ce qu'on appelle le modèle du *Cerveau Triunique*. C'est juste une façon élégante de dire trois-couches-en-un. Sagan nous a éduqués à travers nos écrans de télévision et dans ses spéculations récompensées par un prix Pulitzer sur la théorie du cerveau intitulées *Les Dragons de l'Éden*.[186] Scientifiquement, le modèle du cerveau en trois parties a été développé, en grande partie, par le neuroscientifique Paul D. MacLean.[187]

À partir des années 1940, MacLean a travaillé à partir de l'inspiration de géants antérieurs du 19ᵉ siècle comme Charles Darwin et Paul Broca.[188] Ce faisant, MacLean a été en mesure de faire progresser un modèle linéairement structuré de l'évolution de notre cerveau, avec ses responsabilités régionalisées de ce que nous vivons finalement dans la vie quotidienne. La partie la plus convaincante, omniprésente et sans doute intuitive du modèle du *Cerveau Triunique* de MacLean était son affirmation que nos cerveaux ont évolué de manière additive, du reptile au mammifère à l'humain, nous laissant dans une trêve malaisée entre nos soi logiques évolués et nos ancêtres en cage. Selon le modèle du cerveau de MacLean, il y a deux personnes dans votre tête : la personne que vous savez être vous et l'habitant des cavernes guidé par l'instinct que votre lignée était autrefois.

Le modèle *Triune Brain* beau, sensé et tragique épouse notre sentiment que tout ce que nous faisons n'est pas sous notre contrôle. Il est étrangement réconfortant de penser qu'il y a vraiment une version sauvage de nous-mêmes à l'intérieur de notre tête, luttant pour le contrôle, nous déchargeant de la responsabilité de ce qui ressemble à nos réactions les plus impulsives et nos comportements embarrassants. Non seulement cela, les trois couches du modèle cérébral de MacLean se marient parfaitement avec des modèles de gestion réussis comme le *Chimp Paradox* du professeur Steve Peters.[189] Dans ce modèle, il souligne clairement qu'il s'agit d'une simplification utile de la vérité sous-jacente. Peters a appliqué les trois couches simplifiées du cerveau pour aider avec succès les meilleurs athlètes, ainsi que le grand public, à comprendre que le prétendu « *chimpanzé* » dans votre tête peut être contrôlé. Il montre ensuite que ce contrôle de soi peut être exercé grâce à des processus de pensée réguliers et attentifs qui mettent à jour l' « *ordinateur* » dans votre cerveau. Ainsi, l'homme des cavernes intérieur est maintenu au calme, vous donnant plus de temps sous le contrôle de votre « *humain* » logique. Le modèle à trois couches du cerveau s'adapte également de manière magistrale au modèle psychologique parallèle de l'esprit du psychanalyste Sigmund Freud,[190] contenant le *Id* (nos instincts), le *Superego* (notre boussole morale) et l' *Ego* (notre négociateur réaliste entre la traction dialectique du *Id* et du *Superego*).[191]

Le seul problème avec le modèle cérébral à trois couches de MacLean, que Sagan a si poétiquement raconté, est qu'il est complètement faux. Vous et moi, en tant qu'êtres humains, ne sommes pas aussi uniques que le modèle *Triune Brain* de MacLean pourrait nous le faire croire. MacLean a rassemblé des preuves convaincantes en faveur de son modèle, comme des victimes d'accidents changeant de comportement après avoir une partie de leur cerveau enlevée ou endommagée, mais il n'a pas ralenti pour considérer des contre-modèles ou des arguments contre sa théorie. Mon but ici n'est pas de tomber dans le terrier du lapin de la neuroscience, mais plutôt de vous montrer suffisamment d'éléments prometteurs que vous pouvez utiliser dans vos luttes avec les expériences d'imposteur.

Avant d'en arriver là, essayons de comprendre pourquoi le modèle *Triune Brain* et toute idée que vous luttez avec un singe intérieur insécurisé sont faux. Premièrement, l'idée de MacLean selon laquelle le cortex cérébral, la couche externe supposée de votre cerveau, était la « gloire couronnante » d'une évolution linéaire et la plus récente des trois couches du cerveau, ne correspond pas au registre scientifique.

Les premiers mammifères avaient déjà des cortex bien formés,[192] ce qui signifie que certaines pensées de haut niveau précédaient complètement les humains.[193] D'autres opérations de haut niveau supposées réservées aux humains dans cette partie externe du cerveau, comme la fabrication d'outils et le langage complexe, peuvent également être revendiquées par la nidification industrielle et les chants magnifiquement communicatifs des oiseaux. Certainement pas humain. En termes évolutifs, il est bien plus probable qu'un groupe commun de structures cérébrales existantes ait évolué de différentes manières le long de différents chemins lors d'une bifurcation préhistorique partagée.

Les mythes sur le *système limbique* central du cerveau peuvent également être réfutés. Certains reptiles, les crocodiles par exemple, présentent des comportements dits *paleomammaliens*, comme les soins aux enfants, plutôt que d'abandonner leur progéniture après la ponte des œufs, comme le font de nombreux autres reptiles.[194] En creusant encore plus profondément dans les trois couches du cerveau de MacLean, les preuves de la présence d'un *R-complex* (ou cerveau reptilien) hérité des premiers lézards terrestres sont également fragiles. Il existe des poissons à mâchoire précoce possédant les *ganglions de la base* plus techniquement étiquetés, révélant que de telles structures cérébrales profondes précédaient les reptiles dont nous étions censés avoir hérité nos composants les plus inhumains et inhumains. Ensemble, toutes ces preuves indiquent une vérité alternative.

Votre cerveau n'existe pas en trois couches semi-indépendantes luttant pour le contrôle de votre corps. Il n'y a pas de « vous contre le singe ». Au lieu de cela, votre cerveau agit comme un tout unifié, avec une constitution structurelle similaire à celle d'un requin, d'une grenouille, d'un singe et d'une lamproie, évolué simplement le long d'un chemin différent pour devenir une taille plus efficace sur le plan cognitif.

Alors, quelles sont les chances de vraiment comprendre nos pensées ? Que reste-t-il lorsque vous ne pouvez pas attribuer votre irrationalité à un chimpanzé protestataire perpétuel à l'intérieur de votre tête ? Poser ces questions m'a conduit à une vision fascinante et moderne du cerveau, et qui a énormément contribué à ma capacité à remettre en question mes expériences d'imposteur. Si vous ne retenez rien d'autre après avoir lu la suite de cette histoire, souvenez-vous de ceci :

Les émotions que vous associez à vos expériences d'imposteur sont construites, mais elles ne sont pas innées.

Partie 7 – La théorie de l'émotion construite

En ce qui concerne la réflexion sur la manière dont la structure du cerveau est liée aux luttes mentales, le modèle intuitif mais erroné *Triune Brain* de MacLean vous tente de blâmer un chimpanzé survivaliste pour tout ce qui pourrait vous sembler être une réaction défectueuse au monde extérieur à votre tête.

Les trois couches fictives du cerveau vous incitent à vous demander où vos émotions sont créées lorsqu'il y a une question plus utile à poser ; une question qui, depuis lors, m'a permis de cesser de parler des expériences d'imposteur comme si elles étaient un monstre dans ma tête. Arrêtez de vous demander où vos émotions sont créées. La question meilleure et plus stimulante est de savoir comment vos émotions sont créées. C'est la magie qui change l'esprit de la *Théorie de l'émotion construite*.[195]

Il y a une conversation constante entre votre corps et votre cerveau. Votre corps envoie en permanence des données sensorielles à votre cerveau pour interprétation. Bien que crucial, votre moi conscient n'est pas câblé pour éprouver cette conversation corps-cerveau en haute définition ou avec un son surround.

Plutôt que d'être très conscient des détails fins de la conversation corps-cerveau, vous faites l'expérience d'un banquet mélangé de sensations floues comme agréable, désagréable, confortable, inconfortable, et ainsi de suite. Cette humeur ou *affect* est l'équivalent de petits voyants et symboles sur le tableau de bord de votre voiture. Si quelque chose ne va pas, vous en serez alerté. Une enquête plus approfondie sera nécessaire pour comprendre ce qui ne va pas exactement et pourquoi les voyants se sont allumés en premier lieu.

Les données sensorielles recueillies par vos yeux, votre nez, vos oreilles, votre peau et votre langue sont le résultat des rencontres de votre corps avec le monde extérieur. D'un autre côté, votre cerveau est enfermé, protégé à l'intérieur de la boîte noire de votre crâne. Et lorsque votre cerveau reçoit les informations recueillies par vos sens, il vient essentiellement de recevoir un dump de données brutes. Le pétrole brut. Il n'y a pas encore d'informations raffinées, pas de rapport détaillé, rien que le chaos kaléidoscopique des images, odeurs, goûts, touchers et sons de ce que votre corps vient de rencontrer là-bas. Que peut faire votre cerveau pour donner un sens aux données désordonnées qu'il vient de recevoir ? Eh bien, il devine !

En utilisant l'expérience passée, votre cerveau examine toutes les nouvelles données sensorielles et essaie de les associer à l'expérience passée la plus proche, à partir de laquelle des ensembles de données similaires ont été acquis. Lentement mais sûrement, au fil du temps, lorsque vos organes envoient à votre cerveau des collections similaires de données sensorielles brutes, votre cerveau développe un concept pour cette classe particulière de données expérientielles. Chaque instance d'une expérience impliquant ce *concept* stocké sera différente - les données variées, les chiffres exacts différents de la fois précédente - mais il y aura une sorte de modèle que votre cerveau commence à reconnaître.

Quand tout va bien, les suppositions de votre cerveau deviennent plutôt des prédictions éclairées. Vous pourriez même dire que de telles suppositions deviennent une expertise. Le simple fait de pouvoir lire les mots sur lesquels vos yeux parcourent maintenant est dû au fait que votre cerveau a recueilli tant d'expériences passées de squiggles, correspondant aux sons prononcés par un autre humain, que les squiggles vous frappent maintenant naturellement comme des lettres et des mots et de la prose parlée. Cependant, si ces mêmes squiggles écrits dans votre langue maternelle étaient traduits dans une autre langue, vous n'auriez pas la même expérience de reconnaissance instantanée. Au lieu de cela, vous seriez aveugle sur le plan de l'expérience. Par exemple, vous serez probablement moins clair sur la phrase '*Tu probabiliter non intelligis linguam Latinam*' que sur la phrase '*Vous ne comprenez probablement pas le latin*'. Mais une telle cécité expérientielle ne se manifeste pas uniquement par un manque de compétence linguistique. Les jeux de devinettes joués par le cerveau ont des conséquences profondes sur notre compréhension des émotions.

Vos émotions ne sont pas universellement exprimées et reconnues par les autres, et ces émotions ne sont pas non plus des réactions automatiques primitives au monde extérieur. Les émotions n'ont pas d'empreinte irréductible partagée par tous et partout. À moins que vous ne soyez du Portugal, vous n'avez probablement jamais éprouvé l'émotion exacte de *desbundar* (se débarrasser de ses inhibitions et s'amuser). Si vous n'êtes pas allemand, vous n'avez peut-être jamais été en mesure d'exprimer exactement *sehnsucht* (un sentiment de nostalgie pour un état de choses alternatif). Et si vous venez de l'extérieur de certaines régions du Moyen-Orient, il ne vous est probablement jamais venu à l'esprit de dire que vous ressentez *tarab* (un état d'extase pure induit par la musique). Il en va de même pour les expressions faciales. En Occident, un simple sourire peut exprimer le bonheur, alors qu'en Orient, la même expression est plus susceptible d'être utilisée comme signe de respect ou pour cacher une autre émotion. Dans des pays comme le Japon, les gens lisent les visages avec les yeux plus qu'en Occident, où les sourcils et la bouche font une grande partie du travail. C'est pourquoi il est plus difficile de feindre un sourire à l'Est qu'à l'Ouest.

Dans mon étude sur le phénomène de l'imposteur, la variabilité des concepts émotionnels s'est manifestée de manière plutôt surprenante. Plus tôt, nous avons évoqué l'échelle du phénomène de l'imposteur de Clance, où des scores proches du maximum de 100 indiquaient les expériences d'imposteur les plus chroniques et les plus graves. En plus de ce score et des récits à réponse libre que les participants ont partagés, chacun a également été invité à relier son expérience à l'un des neuf emojis possibles. Que ce soit un visage en pleurs, une moue, un visage impassible, une grimace, un sourire fermé, un sourire ouvert, une expression folle avec la langue tirée, des joues rougissantes de timidité ou un sourire narquois, chaque participant a associé l'un de ces emojis jaunes à sa propre histoire. Que pensez-vous qu'il pourrait arriver au choix de l'emoji lorsque les scores du phénomène de l'imposteur atteignent des valeurs de plus en plus élevées ? Si, comme moi, vous vous attendiez à ce que des scores plus élevés donnent exclusivement des choix d'emojis sombres, vous vous tromperiez. Jetez un œil au graphique suivant pour quelques exemples de ce qui s'est réellement passé.

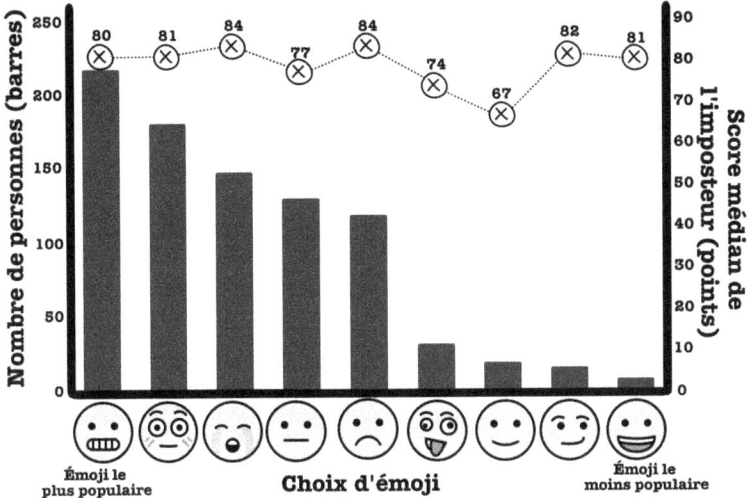

Barres : Mesurées à l'aide de l'échelle située à gauche, les barres montrent le choix d'emoji le plus populaire au moins populaire parmi les participants invités à choisir parmi 9 emojis pour décrire leur expérience d'imposteur. La grimace était la plus populaire, le sourire ouvert était le moins populaire. Points de données : Dans l'ensemble, le score médian (« moyen ») du phénomène de l'imposteur associé à chaque choix d'emoji était élevé. En d'autres termes, le choix de l'expression faciale d'une personne ne peut pas prédire de manière fiable ce qu'elle ressent. Nous ne devrions pas juger un livre émotionnel par une couverture faciale trompeuse.

Tout comme il n'existe pas de « feuille de triche » pour résumer de manière fiable les occurrences d'émotion ou d'expression faciale, les neurosciences modernes considèrent qu'il n'y a pas de circuits émotionnels distincts dans votre cerveau. Vous ne pouvez pas tenir un moule de cerveau dans votre main et pointer du doigt l'endroit où une émotion a été créée.

Si tout cela vous semble étrange ou contre-intuitif, cela devrait l'être. Certains des mythes du cerveau à trois couches qui imprègnent désormais de nombreuses cultures ne sont que des hypothèses persistantes issues de la science la plus convaincante mais dépassée du passé.

Il n'y a pas d'habitant de la grotte réactif dans votre tête.

Il n'y a personne pour dicter l'émotion appropriée à exprimer à un moment donné. Vos émotions, chaque dernière variation de chaque dernière instance de chacune d'entre elles, sont des suppositions construites par votre cerveau prédictif. Aucune de vos émotions n'est intégrée dans votre tête à la naissance. Au lieu de cela, elles sont simplement construites.

En utilisant l'expérience passée, votre cerveau construit et affine continuellement des concepts à partir desquels il tire. L'expérience passée est utilisée pour prédire comment votre corps se comportera dans le présent. Lorsque vous lisez les mots « brosse à dents » et « citron », votre cerveau s'appuiera sur vos expériences passées pour créer de nouvelles expériences instantanées de menthe rafraîchissante et d'agrumes acides. Vous pourriez même synthétiser un nouveau concept de brosse à dents au goût acide, en combinant citron et brosse à dents.

Bien que les émotions elles-mêmes soient construites, variables et prédites, il y a (en même temps) des sentiments « introspectifs » légitimes qui détectent le plaisir et le déplaisir de base dans le corps. Ces sentiments flous et mal définis, collectivement appelés *Interoception*, ne sont pas comme les émotions que nous étiquetons comme colère, peur, excitation, exaltation, terreur, tension, chagrin, sécurité, pessimisme ou panique. L'interoception est une sorte de sixième sens qui vous permet de détecter si quelque chose ne va pas à l'intérieur. C'est un sentiment, mais il n'est lié à aucun concept émotionnel précis. Ce n'est pas quelque chose sur lequel on peut coller un emoji. Une partie de l'*Interoception* est l'humeur ou l'*affect* mentionné précédemment.

Nous vivons les émotions comme si elles nous arrivaient, mais elles sont en réalité créées par nous. L'expérience passée mène à des prédictions d'expérience présente, et l'expérience présente façonne les concepts que votre cerveau utilisera pour faire des prédictions futures. Et cela tourne en rond. Mais voici la beauté de la chose.

Nous sommes les architectes de notre propre expérience. Si nous faisons des petits pas pour changer nos expériences aujourd'hui, nous préparons notre cerveau à des prédictions plus favorables demain. C'est pourquoi la psychanalyse freudienne passive a échoué et pourquoi des thérapies actives comme la TCC peuvent fonctionner. Mais avec une telle réalisation magnifique vient quelque chose de vraiment effrayant - vous avez plus de responsabilité pour vos émotions que vous ne le pensez. Pas un chimpanzé, pas le monde extérieur, pas quelqu'un d'autre. Vous !

Il incombe à chacun de nous de mettre à jour nos concepts stockés afin que notre cerveau puisse mieux éviter les prédictions inexactes qui conduisent à des comportements épuisants pour l'énergie.

Nous ne contrôlons pas directement nos émotions, mais nous contrôlons la manière dont nous percevons et interprétons chaque expérience.

Ainsi, vous pouvez prendre des mesures petites mais délibérées pour vous éloigner des prédictions aveugles et dépourvues de données de votre cerveau dans l'avenir. Alors, si les expériences d'aujourd'hui contribuent aux prédictions de demain, comment voudriez-vous percevoir les expériences d'imposteur d'aujourd'hui en prévision de demain ?

Bien que la nature prédictive du cerveau vous place la responsabilité sur vous, cela ne signifie pas que les facteurs sociaux externes n'ont pas d'importance. Imaginez que vous vous comparez (une fois de plus) à quelqu'un d'autre. Vous collectez les indices sensoriels concernant cette personne. Vous concluez que vous êtes un imposteur et, dans ce moment de terreur familière, vous vous épuisez physiquement.

Que pensez-vous qu'il se passera la prochaine fois que vous commencerez à vous comparer à quelqu'un d'autre ? Et la fois suivante ? Si le cycle se poursuit et que vous vous fatiguez à vivre une telle expérience après l'autre, où mène une telle lassitude ? Cela peut rendre plus difficile de traîner votre corps lourd. Cela pourrait vous amener à penser qu'il est trop difficile de sortir du lit. Dans vos expériences d'imposteur, vous renforcez inconsciemment la collection de concepts dans votre cerveau qui mèneront à des prédictions affinées futures selon lesquelles vous êtes effectivement un imposteur. Vous aiguisez le couteau qui s'enfoncera de plus en plus profondément dans votre dos.*

Depuis que j'ai appris la *Théorie de l'émotion construite*, j'ai constamment essayé de voir les expériences d'imposteur à travers ce prisme éclairant. L'expérience d'imposteur est un autre concept cloisonné que notre cerveau utilise pour construire notre façon de voir et de ressentir le monde. Lorsque vous faites le tour du Cycle de l'Imposteur dont nous avons parlé au **Chapitre 2**, vous renforcez ces concepts négatifs et facilitez les mauvaises prédictions pour chaque nouvelle situation qui, pour des situations similaires dans le passé, initie une nouvelle instance de votre expérience d'imposteur.

Partie 8 - Résumé

Chacune de nos réalisations dans les chapitres précédents était un pas vers une vision plus consciente, réfléchie et mesurée des expériences d'imposteur. Mais maintenant, vous avez les histoires psychologiques de ce chapitre pour renforcer les bases de la façon dont vous gérez le Phénomène de l'Imposteur. Je n'avais pas besoin d'obtenir un autre diplôme pour que les pépites de connaissances pratiques de ce chapitre me soient utiles. Ni vous non plus.

La thérapie cognitivo-comportementale (TCC) a triomphé de la psychanalyse freudienne et du béhaviorisme car elle a placé le pouvoir, l'information et la responsabilité de la gestion des pensées entre nos mains. Ce n'est plus le singe fictif dans notre esprit qui est

---

*. Le titre original de ce livre était *Retirer le Poignard*. Selon la date à laquelle vous lisez le livre, les vestiges de ce titre peuvent être conservés dans la couverture originale du livre sous forme de jeton non fongible (NFT)…

à blâmer. Si vous pouvez utiliser la TCC pour parler à voix haute ou, seul, écrire ce que vous vivez, vous vous entraînez activement à transformer les pensées négatives automatiques en points de réflexion constructive.

Associez la TCC à la méditation - guidée, chantée ou simplement assise immobile - et vous êtes sur la voie d'un niveau d'autoconscience inébranlable. Prenez du recul pour examiner vos réactions comme si vous étiez en dehors de vous-même, en dehors de votre corps. Rien ne calme l'esprit comme pouvoir l'observer comme si on le voyait d'un point de vue d'oiseau. Le livre que vous lisez en ce moment est, en partie, le résultat de plus de cent mille pensées brutes et non filtrées déversées sur une page, pendant deux années entières, alors que je luttai avec l'auto-comparaison, l'échec, l'ego et le sentiment éternel d'être un imposteur. Vous pouvez être votre propre observateur extérieur.

Si vous combinez ensuite vos nouveaux outils de gestion de l'esprit avec même juste les connaissances de haut niveau sur la manière dont (et non où) les émotions sont créées dans votre esprit, vous pouvez devenir plus bienveillant envers vous-même. En même temps, vous assumerez davantage de responsabilité pour ce qui est en votre pouvoir de changer.

La vision traditionnelle des émotions et de leur origine est erronée. Les émotions sont réelles, mais elles sont des prédictions plutôt que des réactions innées d'un singe en cage. Elles ne sont pas des étiquettes fixes, ni universelles. Toutes les cultures n'ont pas les mêmes concepts d'émotion et il n'y a pas d'expression faciale déterminée pour les émotions courantes comme la peur, la colère, l'anxiété, le bonheur, l'excitation ou l'extase. L'ancienne vision d'un cerveau à trois couches reste convaincante car elle est presque intuitive, même si elle a été scientifiquement réfutée depuis longtemps. Pourquoi cela importe-t-il ? Parce que ce que vous vivez comme une réaction émotionnelle instantanée ne reflète pas nécessairement la réalité. Demandez-vous dans les moments d'angoisse d'imposteur :

« Quelles hypothèses fais-je qui ont amené mon cerveau à faire la prédiction qui conduit à ma pensée d'imposteur ? »

Vos sentiments accablants de ne pas être à la hauteur sont orchestrés par un cerveau prédictif, et non réactif. Vous utilisez votre passé pour prédire comment vous vous comportez dans le présent. Ce comportement présent construit et renforce les concepts que votre cerveau utilisera pour une future instance de cette catégorie d'expérience.

La façon dont vous vivez le monde aujourd'hui influencera la façon dont vous vivez le monde demain.

Lorsque vous êtes capable de vous auto-réfléchir plus délibérément, vous êtes plus susceptible de remettre en question les prédictions de votre cerveau et d'utiliser des outils tels que la TCC et la mise en situation de la peur pour construire de nouveaux concepts et de nouvelles réponses. Une fois que vous êtes capable de vous réexaminer, vous pouvez réexaminer bien plus encore.

Il y a de la place pour les spécialistes et les généralistes.[196] Vous pouvez envisager l'option C lorsque tout le monde argumente férocement en faveur de l'option A ou B. Vous pouvez apprendre à comprendre les tentations de la pensée de groupe.[197] Vous pouvez apprendre à remettre en question chaque indice personnel et social qui vous a autrefois conduit à vous sentir comme un imposteur.

La cerise sur le gâteau ? Si vous gardez avec vous la connaissance de la manière dont votre cerveau construit votre expérience du monde, chaque fois que vous aurez l'impression d'être un imposteur sera moins grave que la dernière fois.

Que ce soit pour apprendre une langue, apprendre à faire du vélo ou apprendre à mieux gérer le phénomène d'imposteur, comprendre ne serait-ce qu'une fine tranche de la *Théorie de l'émotion construite* peut être très utile. Si vous pouvez utiliser des outils tels que la TCC, la mise en situation de la peur et la pleine conscience pour mieux interpréter vos expériences, si vous prenez simplement conscience que votre cerveau prédit plutôt que réagit, vous vous dotez également de la capacité de faire en sorte que votre cerveau fasse des prédictions futures plus significatives, utiles et précises. Avec le temps, vous pouvez passer du texte rouge sur la couverture de ce livre qui dit « Vous êtes un imposteur », à la lecture de la correction griffonnée...

...Vous n'êtes *PAS* un imposteur !

Vos défis de chapitre

1. **Les outils connexes de la thérapie cognitivo-comportementale et de la mise en situation de la peur vous permettent d'adopter une approche écrite structurée pour observer vos pensées.**

Repensez à l'(aux) expérience(s) d'imposteur que vous avez écrite(s) dans les défis de chapitre précédents.

Recadrez ces histoires en termes d'antécédents (déclencheurs), de comportements (actions) et de conséquences (résultats).

Un modèle d'une version modifiée de l'exercice original de mise en situation de la peur (qui intègre des éléments des chapitres précédents de ce livre) est disponible dans les ressources du journal. Tout d'abord, écrivez comment l'exercice aurait pu avoir un impact sur vos comportements et, par conséquent, sur les conséquences, si vous aviez connu la TCC à l'époque.

Ensuite, réalisez le même exercice pour quelque chose que vous n'avez pas encore accompli. Quel pourrait être l'événement déclencheur ou antécédent ? Quels sont les comportements négatifs et plus proactifs qui pourraient résulter de cet événement déclencheur ? Quelles sont les conséquences possibles découlant du comportement négatif par rapport au comportement possible ?

2. **La tranquillité de la méditation et de la pleine conscience peut cultiver votre capacité à adopter une vision « descendante » de**

votre comportement. Voyez-vous comme si vous étiez l'observateur.

Trouvez une méthode de méditation que vous souhaitez essayer. Cela peut être l'un des exemples classiques (comme le yoga ou simplement rester assis immobile), mais l'essentiel est que ce soit un exercice qui concentre votre esprit sur une tâche particulière.

Documentez les changements que vous observez en vous-même après avoir pratiqué l'exercice pendant environ un mois (au moins).

3. Le cerveau prédit plus qu'il ne réagit. Il n'y a pas deux personnes à l'intérieur de votre tête et il n'y a pas une version ancestrale de singe de vous qui tire les ficelles. Utilisez cette connaissance pour diriger votre utilisation des outils des défis 1 et 2 ci-dessus.

En relisant votre (vos) réponse(s) écrite(s) au défi 1, identifiez les éléments des comportements que vous avez documentés qui renforcent le concept cérébral que vous êtes un imposteur.

Identifiez la partie de votre histoire qui illustre ce qui déclenche la prédiction de votre cerveau du sentiment et de la menace d'être une fraude.

Ensemble, vos 18 défis de chapitre réalisés dans les 8 chapitres du livre devraient constituer un journal individuel. Les actions que vous avez entreprises ici serviront, je l'espère, à améliorer votre conscience, votre compréhension et vos premiers pas pour gérer vos expériences d'imposteur. Que vous gardiez tout cela entièrement privé, partagiez les composantes sociales des défis, ou réalisiez l'ensemble de l'exercice en groupe, l'essentiel est de le faire. De tenter votre chance. De cette façon, vous vous préparez non seulement à gérer vos propres expériences d'imposteur, mais aussi à relever mon plus grand défi pour vous...

Épilogue : La responsabilité des dirigeants

À la fin du XVIIIe siècle, Joseph Black donna ses dernières conférences sur la chimie à l'Université d'Édimbourg. Il ne commença pas le cours par un exposé sur ce sujet. Au lieu de cela, le professeur Black, le même homme qui inventa la principale société scientifique écossaise, qui fut parmi les premiers à dompter le gaz dioxyde de carbone et qui développa la première balance analytique, décida de mettre en garde ses étudiants contre la menace imminente des expériences d'imposture. Dans les transcriptions de ses conférences, on peut lire que Black commença par offrir à ses étudiants « *quelques précautions générales et remarques concernant ce sujet* ».

Il s'adressait spécifiquement à ceux qui « *n'ont pas les avantages de l'expérience pour les guider* ».

Plus important encore, Joseph Black dit à son auditoire émerveillé que « *même ceux qui ont été les plus distingués par leur savoir, ont souvent rencontré autant de difficultés à leurs débuts que la plupart des autres* ».[198]

Deux cents ans avant que le Dr Pauline Rose Clance ne forge le terme de Phénomène de l'imposteur, le professeur Joseph Black mettait en garde ceux dont il avait la charge contre les épreuves probables du doute de soi. Il prévenait ses étudiants de la possibilité que chacun d'entre eux, à sa manière unique, se sente comme un imposteur. Il s'assurait qu'ils savaient que même les plus grands érudits de l'époque n'étaient pas à l'abri de se sentir sur le point d'être démasqués et dépouillés de leurs robes. Et il inculqua à ses étudiants une prise de conscience stimulante avant que de tels sentiments menaçants ne puissent vraiment prendre racine.

C'est dans ces dernières pages qu'un résumé du livre pourrait normalement vous être présenté. Mais ce n'est pas ce dont nous avons besoin. Voici pourquoi.

Mon histoire n'est plus la seule dont je suis personnellement responsable. J'ai maintenant des étudiants, des mentorés et des collègues plus jeunes sous ma responsabilité, sans parler de mes propres enfants bien-aimés. Tout cela me terrifie. Je partage cela en imaginant que vous et moi sommes assis l'un en face de l'autre à une table. Et avec ce privilège, je m'adresse à vous non pas en tant qu'âme errante accablée par des sentiments d'imposture non gérés. Je m'adresse plutôt à vous, le leader en devenir. Parce qu'un jour, peut-être même maintenant, la responsabilité du leadership reposera sur vos épaules. Il vous appartiendra de guider, d'écouter, d'encourager et d'élever ceux qui vous entourent. Vous, pas moi, aiderez quelqu'un qui souffre de ne pas se sentir à la hauteur de sa position. Ces personnes ont besoin de vous, pas de moi.

Les leaders sont plus que des patrons.

Ils sont des confidents, des accompagnateurs pastoraux, des conseillers. Lorsqu'on leur demande conseil, les leaders sont en position de responsabilité ultime. Ils sont à l'aise pour être critiques tout en étant bienveillants. L'objectif d'un véritable leader est d'être aussi utile qu'il est direct. Ils ne sont pas des facilitateurs ou des validateurs ou des éviteurs de malheur.

Compte tenu de toutes les manières dont nous avons examiné la gestion du Phénomène de l'imposteur, je vous laisse maintenant avec sept principes à prendre en compte pour poursuivre ce voyage à votre manière.

Principe 1 - Le leadership charitable commence à la maison

Avant d'essayer d'aider quelqu'un d'autre souffrant d'expériences d'imposture, adressez-vous d'abord aux vôtres. En tant que leader, ne prétendez pas un instant que vous avez tout compris. Vous n'avez pas toutes les réponses et vous ne portez pas une peau de pierre. Oui, j'ai écrit ce livre sur la gestion des expériences d'imposture, mais cela ne signifie pas que je suis en quelque sorte « guéri ». J'ai encore des moments où je me sens comme un imposteur, mais ces sentiments ne me déstabilisent plus. Je ne veux plus courir vers les toilettes les plus proches et en verrouiller la porte à chaque fois que je me compare à la personne à qui je parle.

Ces expériences d'imposture réapparaissent encore dans ma vie, comme elles le feront probablement dans la vôtre. Si nous laissons faussement nos collègues aux prises de croire qu'il existe un moyen d'éteindre irréversiblement toutes leurs pensées d'imposteur, nous les préparons à l'inévitable déception écrasante déclenchée lorsque leurs pensées d'imposteur reviennent dans un nouveau contexte.

Les combats intérieurs auxquels vous ferez face avant de diriger les autres ne sont pas nécessairement des combats que vous gagnerez. Au fur et à mesure que vous prendrez de plus en plus de risques affirmant la vie, le monde extérieur pourrait provoquer une autre instance des conditions qui vous ont fait sentir comme un imposteur. D'innombrables livres se vendront mieux que celui-ci. Presque garanti. Cela est en partie dû à la promesse que font bon nombre de ces livres de vous permettre de guérir, d'écraser, de vaincre ou de surmonter votre « syndrome » d'imposteur. Rejetez ces fausses promesses.

Comme le dit l'entrepreneur et podcasteur Peter Shepherd, vos expériences d'imposteur doivent être « dansées » avec.[199] Considérez les expériences d'imposteur comme dormantes mais jamais mortes. Maintenues en respect mais jamais totalement écartées.

Vos expériences d'imposteur doivent être comprises, reconnues et gérées. Chaque fois que vous vous aventurez dans l'inconnu passionnant, considérez vos expériences d'imposteur comme un vieil ami plutôt que comme un ennemi fervent.

Seulement lorsque vous aurez géré vos propres expériences d'imposteur, vous pourrez espérer aider quelqu'un d'autre avec les siennes.

Principe 2 - Apprenez ce qu'est votre cerveau et ce qu'il n'est pas

Pensez à la personne sous votre responsabilité qui pense avoir deux personnes dans sa tête. Cette personne pourrait être condamnée à procrastiner sur tous ses objectifs et à blâmer un singe mental mystique pour chaque expérience d'imposteur paniquée. Vous, en tant que leader, pouvez être là pour écouter quels antécédents (ou déclencheurs) provoquent les comportements qui mènent aux conséquences ultimes d'imposteur pour cette personne. Partagez avec eux les concepts de la TCC et de la définition des peurs, non pas pour faire le travail à leur place, mais pour leur montrer les cadres (et peut-être même les thérapeutes qualifiés) qui peuvent les aider à développer l'autonomie dont ils ont besoin pour mieux gérer leur doute de soi.

Vous faites fonctionner un logiciel cérébral qui vous donne la fausse impression qu'il y a deux personnes à l'intérieur de votre tête. Il y a un sentiment d'avoir le vous logique et l'habitant de la grotte ancestral réactif sur lequel vous pouvez rejeter chaque peur, chaque inaction surprotectrice. Mais il n'y a pas deux personnes là-dedans. Vous le savez maintenant. Et ceux qui sont sous votre responsabilité doivent le savoir aussi. N'oubliez pas que votre cerveau utilise les expériences passées pour construire ce qu'il juge être la meilleure réponse physique et émotionnelle à ce moment-là.

Lorsque la personne sous votre responsabilité est tentée de pointer du doigt la faute, c'est votre chance de leur montrer les trois doigts qui leur pointent en retour.

Principe 3 - Écoutez plus que vous ne parlez

Lorsque vous devenez la personne assise en face de quelqu'un souffrant des maux familiers du Phénomène de l'Imposteur, considérez ce qui suit :

Écoutez.

Le regretté Larry King, maître de l'interview journalistique, a mené plus de 60 000 entretiens au cours de sa carrière. Il croyait que, pour avoir une conversation intéressante et apprendre de quelqu'un, il faut savoir poser la bonne question.

Combien de fois avez-vous demandé à quelqu'un comment il va sans vraiment prendre le temps d'écouter ? C'est juste quelque chose que nous disons. « *Comment ça va ?* ». C'est une conversation de cocktail. À l'inverse, combien de fois vous a-t-on demandé comment vous allez et vous avez répondu légèrement, « *Bien* », ou « *Ça va, et toi ?* » ? La réponse est aussi banale qu'elle est souvent fausse.

En tant que leader, il est de votre responsabilité de pouvoir non seulement entendre, mais écouter attentivement les personnes dont vous avez la charge. Pour être *intéressant*, nous devons être *intéressés*.

Vous avez deux oreilles et une bouche pour une raison. Tout en partageant la vulnérabilité de votre propre expérience avec ceux dont vous avez la charge, ne comparez pas votre histoire à la leur. Les difficultés individuelles méritent votre attention individuelle. Ne manquez pas de respect au privilège de quelqu'un qui s'ouvre à vous en récitant paresseusement des lieux communs sur votre similitude. Et quoi que vous fassiez, ne leur dites pas que vous savez *exactement* comment ils se sentent. Vous ne savez pas. L'empathie n'est pas de l'imitation. Envisagez d'encourager votre collègue en difficulté à réfléchir profondément sur sa propre expérience dans l'espace non-jugeant que vous avez créé pour lui. L'apprentissage est souvent émergent, pas transmis. L'apprentissage est plus par expérience que par instruction. Ne volez pas leur révélation. Amenez-les à l'endroit où ils la révèlent eux-mêmes.

Principe 4 – Ne les laissez pas oublier l'improbabilité d'exister

J'ai écrit tout ce qui concerne les arbres généalogiques et la perspective qui aide à gérer les expériences d'imposteur autour de la naissance de ma première fille. Je lui ai écrit la lettre que vous avez vue dans le **Chapitre 5**. Sous une forme plus générale, cela m'amène à un quatrième principe. Un principe que vous devez partager avec toute personne aux prises avec des expériences d'imposteur, en les regardant dans les yeux comme si vous regardiez ceux de votre propre enfant.

Trouver un jouet perdu dans le bain est facile. Trouver le même jouet dans une piscine olympique est beaucoup plus difficile. Mais trouver ce même jouet dans l'océan, avec sa couverture, ses courants et ses profondeurs colossales, est pratiquement impossible. Improbable, mais pas totalement impossible.

Gardez à l'esprit, pour vous-même et pour ceux qui cherchent vos conseils, que nous sommes tous ce jouet de bain improbable.

Et pour toute personne dont vous avez la charge qui se noie dans ces horribles sentiments d'être un imposteur, rappelez-leur que les chances qu'ils soient là sont si ridicules qu'il n'y a pas de temps à perdre. Les chances d'être en vie sont d'environ 1 sur $10^{2685000000}$.

Que ceux dont vous avez la charge le sachent ou non, ils ont gagné au loto. Et vous êtes le catalyseur qui leur ouvrira les yeux avant qu'ils ne se rendent aveugles à ce qui est possible.

Principe 5 – Sauvez leur travail des flammes de la perfection

Envisagez de près la valeur de « suffisamment bon » par rapport à la perfection. Le phénomène d'imposteur est une arme parfaitement conçue pour l'inaction. Dans les affres du doute de soi, les opportunités sont manquées, les chances ne sont pas saisies. Le phénomène d'imposteur manifeste l'excuse ultime pour vous garder, vous et votre travail, cachés du monde. Et cela peut aussi arriver à quelqu'un dont vous avez la charge. C'est là que votre mentorat généreux entre en jeu.

Alexander Pope était un poète et satiriste. Ses œuvres phares ont balayé la Grande-Bretagne au XVIIIe siècle. Une telle influence sur la littérature que Pope est maintenant consacré à l'abbaye de Westminster à Londres (Royaume-Uni), orné de bijoux et célébré dans la mort. Il est enterré à côté de Sir Isaac Newton. Les contributions littéraires de Pope sont incontestables. Pourtant, ce géant de la littérature n'était pas exempt de ses propres combats avec le doute de soi.

De 1728 à 1743, Pope publia trois versions de son chef-d'œuvre poétique satirique, *The Dunciad**. Écrit d'abord anonymement et avec des pseudonymes avant que Pope ne mette jamais son nom dessus, le poème se moque des avancées du mauvais goût en Grande-Bretagne. C'est une attaque peu subtile et sans excuse contre la nature humaine.

Mais l'ensemble de l'œuvre a failli ne jamais exister.

---

*. Pope, A. (1999). The Dunciad : in four books. Kiribati : Longman.

Plongé dans une haine insondable de son propre travail, Pope a failli jeter son brouillon original de *The Dunciad* dans le feu. C'était au XVIIIe siècle… il n'y avait pas de copie de sauvegarde, pas de clé USB verrouillée, pas de stockage dans le nuage éthéré. Pope voulait se débarrasser de son travail de l'existence. Point final. Cependant, à l'aide de l'histoire, est venu le meilleur ami d'Alexander Pope (et géant littéraire) Jonathan Swift.

Swift – surtout connu pour son œuvre Les Voyages de Gulliver – était un ami d'Alexander Pope pendant près de trente ans. C'est pendant une partie de leur temps ensemble que Pope a agi pour bannir son brouillon de Dunciad aux flammes. Swift a agi… eh bien, rapidement. Il s'est levé de son fauteuil, arrachant les pages de l'emprise du feu. *The Dunciad* a été sauvé d'un sort irrémédiable.

Pope avait produit l'une des œuvres satiriques les plus fines de son temps, encore célébrée aujourd'hui. Pourtant, il a fallu une amitié profonde et le sens objectif d'un autre être humain pour éviter l'auto-sabotage de Pope. Pope a finalement réfléchi à cet événement avec gratitude, gravant l'action héroïque de Swift dans l'introduction de *The Dunciad* en disant :

« …sans toi, cela n'aurait jamais été »*

Alors, quel travail pourrait brûler si vous n'êtes pas là pour surveiller le feu ?

Principe 6 – Transformer les comparaisons terribles en actions inspirées par la crainte

Aidez ceux dont vous avez la charge à voir que leur environnement de travail (ou les changements qui en découlent) peut être une

---

*. L'auteur et scénariste célèbre Steven Pressfield n'a pas eu la chance d'avoir Jonathan Swift à ses côtés. Bien que Pressfield soit devenu célèbre dans la quarantaine, il a écrit ses premiers romans à la fin de la vingtaine. Ces brouillons ont vu le fond d'une poubelle avant de pouvoir voir les yeux d'un public.

source d'expériences d'imposteur.

En tant que leader, vous devez écouter attentivement les comparaisons infondées que quelqu'un pourrait utiliser comme catalyseur pour se considérer comme un imposteur. Dans le **chapitre 7**, nous avons discuté des systèmes et des mesures qui alimentent les comparaisons inutiles qui peuvent amener les expériences d'imposteur à des endroits encore plus sombres.

Quelqu'un dont vous vous occupez pourrait se comparer aux autres et *immédiatement* arriver à la conclusion qu'il n'est pas et ne pourrait jamais être aussi bon que cette autre personne.

En tant que leader, vous pouvez aider vos collègues à regarder au-delà du « *quoi* » et davantage sur le « *comment* » du succès d'un pair. Aidez-les à voir comment cette autre personne est parvenue à réussir. Envisagez de les aider à passer d'un sentiment de détresse à un sentiment d'admiration. Relisez cela : admiration-*inspirée*.

Les personnes à succès, malgré d'innombrables distractions, savent comment accomplir des choses. Ils peuvent se rendre compte que le multitâche n'est pas tout ce qu'on en dit. Ils se concentrent sur une tâche et ne s'arrêtent pas avant qu'elle ne soit terminée. Ensuite, ils avancent et progressent. Suivant, suivant, suivant !

La position de leadership ne doit pas nécessairement signifier une relation hiérarchique directe, où la personne cherchant des conseils est votre employé, étudiant ou assistant. Il pourrait tout aussi bien s'agir d'un étranger, quelqu'un reconnaissant ou percevant vos connaissances avancées sur un sujet. Un exemple particulièrement utile en la matière est celui de Rainer Maria Rilke, un romancier et poète bohémien-autrichien considéré comme l'un des écrivains de langue allemande les plus influents du 19e et du début du 20e siècle. En 1902, Rilke reçut une lettre d'un jeune poète, Franz Kappus, un jeune homme cherchant des conseils critiques sur sa poésie de la part de Rilke. Dans la réponse reconnaissante et mesurée de Rilke, il a exhorté Kappus à ne pas se concentrer sur l'approbation et la comparaison avec d'autres personnes :

« *Vous demandez si vos vers sont bons... Vous avez demandé à d'autres avant. Vous comparez [vos poèmes] avec d'autres poèmes, et vous êtes troublé lorsque certains éditeurs rejettent vos efforts. Maintenant (puisque vous m'avez permis de vous conseiller), je vous supplie, abandonnez tout cela.* »[200]

Les conseils de Rilke pour éviter les comparaisons externes sont primordiaux. Il poursuit en expliquant ce que Kappus devrait faire à la place de la recherche insidieuse de validation externe :

« *Cherchez la raison qui vous pousse à écrire ; découvrez si elle étend ses racines dans les endroits les plus profonds de votre cœur... Creusez en vous-même pour trouver une réponse profonde.* »

À moins de le faire pour vous-même, il n'y a aucun espoir d'être heureux avec ce que vous produisez. Rilke demande essentiellement, « *Est-ce vraiment ce que vous voulez faire de votre vie ?* ». Soyez bien sûr. Sinon, vous continuerez à chercher les louanges des gens pour un travail qui ne vous tient pas vraiment à cœur.

Et, en se comparant trop aux autres, Rilke exhorte Kappus à éviter le piège de devenir dérivatif :

« *...évitez d'abord ces formes qui sont trop faciles ou banales.* »

Comparez-vous aux autres et vous vivrez à leur place plutôt qu'à la vôtre. Si vous êtes capable de vous pencher en vous-même et d'être vraiment, sincèrement à l'aise avec ce que vous faites, alors vous vous libérerez de l'envie de plaire aux autres avec les résultats. Ce dernier point de Rilke à Kappus se lit comme suit :

« *Et si, de cette introspection... des vers viennent, alors il ne vous viendra pas à l'idée de demander à quelqu'un si ce sont de bons vers... en regardant vers l'extérieur et en attendant de l'extérieur des réponses aux questions que seul votre [sentiment le plus intime] dans votre heure la plus silencieuse peut peut-être répondre.* »

Pour les personnes sous votre responsabilité, vous avez le devoir de repérer ces pièges de comportement malheureux. Ces pièges sont ce qui contribue fortement aux sentiments d'être un imposteur. Écraser les pensées de comparaison chez les personnes qui sollicitent vos conseils peut sembler cruel au début lorsque vous les confrontez. En réalité, c'est la plus admirable des gentillesses que vous pouvez offrir en tant que leader.

Envisagez d'aider ceux dont vous avez la charge à se concentrer sur ce qu'ils ont le pouvoir de changer, plutôt que sur ce qui, selon eux, les rend impuissants par rapport à quelqu'un d'autre. Aidez-les à se concentrer sur le fait de rendre la version d'eux-mêmes qui existe aujourd'hui meilleure que celle qui existait hier.

Principe 7 – Regardez par d'autres fenêtres

Dans l'adaptation cinématographique de *Harry Potter et l'Ordre du Phénix*, Harry dirige la formation de ses amis de l'école dans les compétences essentielles nécessaires pour combattre leurs ennemis. Leurs adversaires sont plus grands qu'eux, plus forts qu'eux et ont plus d'expérience dans la même magie qu'eux. Dans une salle de réunion secrète, Harry aide ses camarades de classe à s'entraîner, jour et nuit, chaque fois qu'ils ont l'occasion de se réunir. Certains acquièrent rapidement les compétences et les sorts, tandis que d'autres doivent persévérer malgré de nombreux échecs. Tout le monde, quel que soit le niveau de compétence initial, doit s'entraîner et s'entraîner encore. Pour écarter les sentiments d'auto-doute parmi ses pairs, Harry fait remarquer que chaque grand sorcier qui a vécu a commencé en tant qu'étudiant.[201] Ces grands personnages ont été façonnés, et non pas nés.

Quelqu'un peut facilement rester coincé dans un cycle de sentiments d'imposteur s'il juge ses choix de vie comme étant soit A, soit B. Noir ou blanc. Zéro ou un. Grand sorcier ou note de bas de page oubliable. Regarder les décisions binaires décourage quiconque de jamais regarder au-delà de ce domaine. La *fenêtre d'Overton* nous dit que tout débat qui se situe sur un spectre de deux extrêmes peut nous aveugler sur les options en dehors de la fenêtre de ces extrêmes. Pendant que le monde se déchire en deux camps sur A ou B, encouragez ceux dont vous avez la charge à envisager les options C, D et E. Favorisez le confort avec la pensée hétérodoxe. Conduisez-les à être insatisfaits de la vision d'imposteur qu'ils ont encadrée pour leur vision du monde déformée.

Un appel téléphonique bien placé

Vers la fin de la rédaction de ce livre, j'ai été contacté par un ancien collègue de mon époque de doctorat. Ils étaient partis pour une vie dans l'industrie et cherchaient maintenant à poursuivre une carrière universitaire.

Lorsque le téléphone a sonné, j'étais ravi d'entendre leur voix - un retour dans le passé, et une personne que je respectais énormément. Mais là où je pensais initialement que la conversation se dirigerait vers la recherche de voies logistiques pour permettre à ce collègue de revenir dans le monde universitaire, l'appel a pris une direction plutôt différente. Au lieu de simples aspects pratiques, nous avons discuté des principales préoccupations de mon collègue concernant son retour dans le milieu universitaire. Ils étaient effrayés. Ayant comparé leurs connaissances et leurs compétences à celles de leurs anciens superviseurs, d'autres étudiants de leur génération, et même à moi, ils ne pouvaient s'empêcher de se demander :

« Pourquoi est-ce que je pense même à y retourner ? »

« Ai-je le même niveau de connaissances que les autres ? »

« Pourrais-je vraiment faire ce travail ? »

« Suis-je assez bon ? »

Alors qu'ils posaient ces questions, je n'avais pas une sensation de déjà vu mais plutôt une sensation de croissance. Du soulagement, même. La conversation avait désormais la familiarité moins intimidante de pensées qui m'avaient autrefois consumé.

Équilibrant un sourire complice avec le frémissement d'une larme, je savais, après d'innombrables années d'exploration du Phénomène d'Imposteur, que je pouvais maintenant aider quelqu'un d'autre que moi-même. Ce moment, cet appel téléphonique, m'a montré que l'apprentissage de la gestion des expériences d'imposteur, apprendre à les reconnaître, les accepter et les gérer, en avait valu la peine. Le monstre qui menaçait autrefois ma subsistance et ma vie était maintenant un vieil ami.

Au bout de ma langue se trouvait désormais la connaissance que se sentir comme un imposteur n'est pas un syndrome, que nous ne sommes jamais seuls à nous sentir comme des imposteurs, et que nous avons tort de nous parler de la même manière que les véritables fraudeurs. Là aussi, résonnaient les prises de conscience que notre existence même est ridiculement improbable, que les échecs sont des expériences et que se comparer à des versions antérieures de nous-mêmes est le seul jeu de comparaison que nous puissions jamais gagner. Aucun monstre ou homme des cavernes tueur de mammouths ne vit dans nos têtes. Et nos émotions, déclenchées ou non par des expériences d'imposteur, sont construites, mais pas de manière immuable.

Mon attention s'est reportée sur le téléphone.

« *Ne t'inquiète pas* », ai-je dit à mon collègue en difficulté.

« *Tu as dit que tu as l'impression de ne pas être assez bon. Tu te sens peut-être même comme un imposteur. Si c'est le cas, voici quelques éléments que tu pourrais envisager...* »

Remerciements

Au cours de la rédaction de Vous n'êtes pas un imposteur, le soutien est passé d'une poignée de personnes à un petit village de personnes. Par moments, j'ai eu la naïveté de croire que je pouvais écrire ce livre tout seul. Cette approche solitaire du travail était bien loin de la réalité de la manière dont le livre a finalement vu le jour. À tous ceux qui m'ont aidé à éviter que ce livre ne devienne un gâchis embarrassant, je vous en serai éternellement reconnaissant.

Je remercie la première personne qui m'a entendu jouer avec l'idée de transformer mes écrits secrets en un livre : le Dr Calum Forsyth. Calum, merci d'avoir transformé ta patience et ta présence dans les conversations en la motivation dont j'avais besoin pour laisser cette première graine grandir. Je ne savais pas, lors de notre repas au Mini Grill en 2016, que j'aurais besoin de cette motivation pour m'aider à traverser cinq années supplémentaires pour donner vie à cette chose.

À mes bêta-lecteurs - Amanda McFarlane-Reid, John-Paul et Elaine Rafferty, Ross et Colette Batpie, Mark McLaughlin, Paul McClair, Kenny Doherty, Heather Walton, Jimbo McKee, Dr Katherine Geogheghan, Dr Ella Gale et Dr Tommy Reilly - j'ai du mal à comprendre la générosité désintéressée avec laquelle vous avez consacré du temps à lire le brouillon du livre que je pensais naïvement être « final ». Non seulement vous avez tous apporté un encouragement formidable, mais (relevant mon défi de ne pas être un simple support) vous avez également fourni des notes écrites vraiment perspicaces pour aider à donner au livre la clarté plus concise que j'espère avoir maintenant pu offrir. Une mention spéciale ici aussi à l'auteure Dr Claire Jarvis : Claire, merci d'avoir partagé ton don de recherche en écriture avec moi. Tu as aidé à déclencher ce qui est devenu plus tard l'Épilogue que je voulais vraiment écrire.

Aux Drs Stuart Cantrill et Elizabeth Gadd - merci d'avoir pris le temps d'être une caisse de résonance pour mes prises de conscience difficiles concernant les indicateurs académiques sur lesquels j'aurais peut-être eu du mal à écrire... du moins en termes équilibrés.

À ma merveilleuse éditrice Kirsten Rees, je serai éternellement reconnaissant que vous ayez décidé de vous lancer dans ce projet. Ce fut une joie inattendue de vous avoir trouvée grâce au circuit des podcasts de Glasgow. Et ce fut un privilège incommensurable que de relever la barre de ce que j'aurais pu espérer produire grâce à vos défis. À notre prochain projet !

J'ai commencé le livre par une préface qui précisait que je ne suis pas un psychologue professionnel. Dans cette optique, je suis redevable à mon cher ami, meilleur homme et confident de toujours, Paul Reynolds-Cowie. PRC ! Dès les premières notes que j'ai prises sur cette idée de livre, tu étais là pour me prêter ton regard d'expert. Tu as maintenu l'équilibre de mes questions de recherche, mes affirmations référencées et mes recommandations claires. Avoir traversé l'école ensemble et finalement collaborer à ce livre, deux décennies plus tard, a été une joie de boucler la boucle que je n'aurais jamais pu imaginer.

Et de l'inspiration d'un psychologue expert en PRC est venue le courage de chercher davantage de soutien pour la recherche, notamment sous les traits d'Iona Craig. Alors que tu étais en début de licence en psychologie, tu m'as montré une sagesse et un professionnalisme que je ne savais même pas exister à ton âge. Ta passion, ta patience et ta persévérance pour aider à analyser l'une des tâches de collecte de données les plus éprouvantes de la recherche de ce livre ne seront jamais oubliées. Jamais. Merci, Iona.

À Francesco Gentile et Tolga Burcak, mes sorciers argentins et turcs du codage respectivement, merci d'avoir transformé mes premiers scripts et idées éthérées en outils utilisables. Vos idées programmatiques ont aidé à extraire plus d'or informationnel des données brutes et brutes de recherche qu'il n'aurait jamais été possible seul.

Peut-être que la pièce la plus joyeuse à tomber pour moi était celle qui venait de l'étude de l'histoire familiale, des arbres généalogiques et de tout ce qui concerne la généalogie. À l'immortel Pete Berrie, je te remercie de m'avoir ouvert les yeux sur le monde du recensement. Merci de m'avoir présenté la vraie Zora Raeburn. Ta main guidante à travers les failles de l'histoire a comblé les lacunes d'un chapitre 5 autrement errant !

À Isaac, Valentina, Zoltan, Kelly et Ali, merci à tous pour vos petites mais essentielles contributions à la recherche des histoires d'imposteurs dans l'histoire. Vous m'avez montré la véritable magie de la constitution d'une équipe de pigistes.

À David Colon, le graphiste qui a conçu la couverture originale du livre Pull Out the Dagger, merci de m'avoir aidé à comprendre que le projet devait évoluer pour devenir quelque chose de complètement différent.

Pour avoir poli professionnellement et patiemment les séances de livre audio, le producteur Paul Shields à la Green Room de Glasgow mérite mes remerciements éternels. Merci d'avoir gardé la lumière rouge allumée pendant que je faisais virer l'air au bleu dans la Green Room.

À ma mère May, mon défunt père Mark, mes frères Joni et Jamie, et mes grands-parents Joe, May, Archie, petite Meg, ainsi qu'à Carol, Joe, Sharon et Demi, beaucoup de choses dans notre famille sont loin d'être pittoresques, mais vous n'étiez jamais loin de mes pensées en réalisant la chance que j'ai d'être ici, maintenant, n'importe où.

Et enfin, mais ce n'est pas le moindre, à ceux à qui ce livre est le plus cher... Amanda, Adaline et Lachlan. Sans votre amour et votre soutien, il resterait bien peu de moi (sans parler du livre). Merci de m'avoir aidé à regarder vers l'avant. Je range l'ordinateur portable maintenant. Promis.

À propos de l'auteur

Marc est né et a grandi à Glasgow, en Écosse.

Il a obtenu sa maîtrise en chimie à l'Université de Strathclyde en 2011. En 2015, il a terminé son doctorat en chimie financé par la Carnegie Trust à Strathclyde. De 2015 à 2016, Marc a été chercheur postdoctoral associé à l'Université d'Édimbourg. Pendant cette période, il a été intronisé dans le programme SciFinder Future Leaders in Chemistry.

En 2016, Marc a remporté la prestigieuse bourse Leverhulme Trust Early Career Fellowship et a réintégré le département de chimie pure et appliquée de Strathclyde de 2017 à 2020. Ce poste était soutenu par GlaxoSmithKline, et il a ainsi été le premier universitaire en début de carrière Strathclyde-GSK. En 2018, Marc a été sélectionné pour participer au programme de leadership Scottish Crucible, à la Merck Innovation Cup, et a fait partie du Top 30 du concours d'entrepreneuriat Converge Challenge. En 2020, Marc est devenu maître de conférences pour l'innovation en éducation à l'Université de Bristol.

Plus récemment, Marc a reçu une bourse UKRI Future Leaders Fellowship, rejoignant le département de chimie pure et appliquée de Strathclyde en 2021.

Il a été maître de conférences invité à l'Université de Bristol et au Hunter Centre for Entrepreneurship de l'Université de Strathclyde. En 2021, Marc a terminé l'altMBA de Seth Godin.

Ses domaines de recherche incluent la chimie organique physique, la vision par ordinateur, la réalité virtuelle, la sécurité des processus et la psychologie du phénomène d'imposteur.

Il vit avec sa femme, ses deux enfants et son border terrier dans « l'ensoleillée » Glasgow.

Contacter l'auteur

Si vous avez apprécié le livre et pensez que quelqu'un que vous connaissez pourrait en bénéficier, veuillez envisager de partager les détails du livre.

Tweetez vos défis !

Pour ceux qui pourraient apprendre de votre exemple en complétant les **Défis des chapitres** du livre, partagez vos expériences sur Twitter ou sur l'une des autres plateformes listées ci-dessous.

Le hashtag pour ce livre est **#YouAreNotAFraud** ou **#TuNesPasUnImposteur**.

Découvrez ce que les autres disent du livre en recherchant le hashtag sur Twitter.

Connectez-vous avec Marc

Les principaux réseaux sociaux et canaux de correspondance de Marc sont les suivants :

Twitter - https ://twitter.com/reid_indeed (@reid_indeed - avec un trait de soulignement !)

LinkedIn - https ://www.linkedin.com/in/dr-marc-reid-18974554/ (recherchez "Dr Marc Reid")

Instagram - https ://www.instagram.com/reid__indeed/ (@reid__indeed - avec deux traits de soulignement !)

TikTok – https ://www.tiktok.com/@reid_indeed

Medium - https ://reid-indeed.medium.com/

Site web - https ://www.dr-marc-reid.com/book

Email – https ://www.dr-marc-reid.com/contact (Ajoutez le sujet "You Are Not A Fraud")

Remarques

Préface

1 Alma Mater Studiorum : l'Université de Bologne : à travers l'histoire. (2019). Italie : Alma Mater Studiorum - Università di Bologna.

2 Stokes, H. (2011). L'emblème, les armoiries et la devise de l'Université de Cambridge : notes sur leur utilisation par les imprimeurs universitaires. Royaume-Uni : Cambridge University Press.

3 Levecque, K., Anseel, F., De Beuckelaer, A., Van der Heyden, J., & Gisle, L. (2017). Work organization and mental health problems in PhD students. Research Policy, 46(4), 868-879.

4 Shackle, S. (2019, septembre 27). "The way universities are run is making us ill" : Inside the student mental health crisis. The Guardian. Récupéré le 2 décembre 2021, sur https ://bit.ly/2nDTfcD.

5 Oswald, A. (2018, juin 28). Middle-aged academics are at Greater Suicide Risk Than Students. Times Higher Education (THE). Récupéré le 2 décembre 2021, sur https ://bit.ly/3OOf3cp.

6 Haidt, J., & Lukianoff, G. (2019). The coddling of the American mind. Penguin Books.

7 Kinman, G., Wray, S. (2013). Higher Stress : une enquête sur le stress et le bien-être parmi le personnel de l'enseignement supérieur. Syndicat des universités et collèges.

8 Guthrie, S., Lichten, C.A., van Belle, J., Ball, S., Knack, A., et

Hofman, J. (2017). Comprendre la santé mentale dans l'environnement de recherche : une évaluation rapide des preuves. Santa Monica, CA : RAND Corporation. https ://bit.ly/2sDmFtM.

9 Ce que les chercheurs pensent de la culture dans laquelle ils travaillent. Wellcome. (2020, 15 janvier). Consulté le 3 décembre 2021, sur https ://bit.ly/3OR06Gv.

10 Stephan, P. (2013, 23 janvier). Trop de scientifiques ? Chemistry World. Consulté le 4 décembre 2021, sur https ://bit.ly/3JmxCU8.

11 Larson, R. C., Ghaffarzadegan, N. & Xue, Y. Trop de diplômés de doctorat ou trop peu d'offres d'emploi universitaires : le nombre de base reproductif R0 dans le milieu universitaire. Syst. Res. Behav. Sci. 31, 745–750 (2014).

12 Galloway, S. (2020). Post Corona : De la crise à l'opportunité. États-Unis : Penguin Publishing Group.

13 Loveday, V. (2018). L'universitaire névrosé : Anxiété, précarisation et gouvernance dans l'université néolibéralisante. Journal of Cultural Economy, 11(2), 154-166. https ://bit.ly/3oLUUcw.

14 Nous aurons toute une discussion sur les raisons pour lesquelles le *Syndrome de l'imposteur* n'est pas un syndrome.

Chapitre 1 : La naissance d'un imposteur innocent

15 Spottiswoode, R. (Réalisateur). (2000). The 6ème Jour [Film]. Phoenix Pictures, Columbia Pictures.

16 Ferriss, T. (Host). (2017, 20 décembre). Terry Crews — How to Have, Do, and Be All You Want (No. 287) [Épisode de podcast audio]. Dans The Tim Ferriss Show. https ://bit.ly/3bnpiXJ.

17 Mirror.co.uk. (2009, 22 février). Kate Winslet : 'I still worry I'm a rubbish actress'. Consulté le 6 décembre 2021, sur https ://bit.ly/3Qa83aY.

18 Cooper, A., Vanderbilt, G. The Rainbow Comes & Goes : A Mother and Son on Life, Love, and Loss. (HarperCollins, 2016)

19 Le syndrome de l'imposteur | Mike Cannon-Brookes | TEDxSydney - YouTube. (2017, 1er août). Consulté le 6 décembre 2021, sur https ://bit.ly/2NUCX8e.

20 Gottlieb, A. (2016). Le rêve des Lumières : L'essor de la philosophie moderne. Royaume-Uni : Éditions Penguin Books Limited.

21 Nast, C. (2019, 5 mai). Emma Watson parle de ses 30 ans, de travailler avec Meryl Streep et d'être heureuse célibataire. British Vogue. Consulté le 6 décembre 2021, sur https ://bit.ly/3oQBi7g.

22 Gaiman, N. (2017, 12 mai). L'histoire de Neil (avec note supplémentaire). Consulté le 7 décembre 2021, sur https ://bit.ly/3d0RErd.

23 Sinek, S. (2019). The Infinite Game. Royaume-Uni : Penguin Books Limited.

Chapitre 2 : Ce n'est pas un syndrome

24 Dawkins, R. (2012). The Magic of Reality : How We Know What's Really True. Royaume-Uni : Transworld Publ. Limited UK.

25 Clance, P.R., NIH Graduate Student Research Symposium (2016). "The Face of Tomorrow's Science".

26 Clance, P. R., Imes, S. A. (1978). Le phénomène de l'imposteur chez les femmes à haut potentiel : Dynamiques et intervention thérapeutique. Psychothérapie : Théorie, Recherche et Pratique, 15(3), 241-247. https ://bit.ly/3bmW2jE.

27 Caselman, T. D., Self, P. A., Self, A. L. (2006). Adolescent attributes contributing to the imposter phenomenon. Journal of Adolescence, 29(3), 395–405. https ://bit.ly/3zqJbFb.

28 Langford, J., Clance, P. R. (1993). The imposter phenomenon : Recent research findings regarding dynamics, personality and family patterns and their implications for treatment. Psychotherapy : Theory, Research, Practice, Training, 30(3), 495–501. https ://bit.ly/3Jw2L7B.

29 Josa, C. (2019). Ditching Imposter Syndrome : How To Finally Feel Good Enough And Lead With Courage, Confidence And Passion. Beyond Alchemy Publishing.

30 Lane, J. A. (2015). The imposter phenomenon among emerging adults transitioning into professional life : Developing a grounded theory. Adultspan Journal, 14(2), 114–128. https ://bit.ly/3QfeDgi.

31 Badawy, R. L., Gazdag, B. A., Bentley, J. R., Brouer, R. L. (2018). Are all impostors created equal ? Exploring gender differences in the impostor phenomenon-performance link. Personality and Individual Differences, 131, 156–163. https ://bit.ly/3oOCFmI.

32 Clance, P. R. (1985). Le Phénomène de l'Imposteur : Surmonter la Peur qui Hante Votre Succès. États-Unis : Peachtree Publishers.

33 Tavris, C., 'Success - Time Is On Your Side', Vogue Magazine, décembre 1982 (107/1).

34 Oxford English Dictionary, Draft Additions ("impostor syndrome" et "impostor phenomenon"), juin 2018. Voir aussi : 'Oxford English Dictionary adds 1,000 old-new words', The Standard (Hong Kong), 22 juin 2018. Récupéré le 2 août 2022, à partir de https ://bit.ly/3zoq4LT.

35 Calvo, F., Karras, B. T., Phillips, R., Kimball, A. M., Wolf, F. (2003). Diagnoses, syndromes, and diseases : a knowledge representation problem. AMIA. Annual Symposium proceedings. AMIA Symposium, 2003, 802.

36 Chrisman, S. M., Pieper, W. A., Clance, P. R., Holland, C. L., Glickauf-Hughes, C. (1995). Validation of the Clance Imposter Phenomenon Scale. Journal of Personality Assessment, 65(3), 456–467. https ://bit.ly/3bmT8f0.

37 Reed, R. (2016). If I Could Tell You Just One Thing…: Encounters with Remarkable People and Their Most Valuable Advice. United Kingdom : Canongate Books.

38 Woolston, C. (2016). Faking it. Nature, 529(7587), 555–557. https ://go.nature.com/3d0UiNF.

39 de Beauvoir, S. (1959). Memoirs of a Dutiful Daughter. Kirkup, J. (translator). United Kingdom : World Publishing Company.

40 Clark, M., Vardeman, K., Barba, S. (2014). Perceived Inadequacy : A Study of the Imposter Phenomenon among College and Research Librarians. College & Research Libraries, 75(3), 255–271. https ://bit.ly/3PSdTOs.

41 Reisz, M., (2018). California scheme to get ex-prisoners into HE ripe for imitation. Times Higher Education.

42 Henning, K., Ey, S., Shaw, D. (1998). Perfectionism, the impostor phenomenon and psychological adjustment in medical,

dental, nursing and pharmacy students. Medical Education, 32(5), 456–464. https ://bit.ly/3JowLCd.

Chapitre 3 : Ne plus être seul

43 Kelly, R. (2001). Donnie Darko [Film]. Newmarket Films.

44 Malhotra, R., Tareque, Md. I., Saito, Y., Ma, S., Chiu, C., Chan, A. (2021). Loneliness and health expectancy among older adults : A longitudinal population-based study. Journal of the American Geriatrics Society, 69(11), 3092–3102. https ://bit.ly/3JoyOpT.

45 Levine, S. (2016). Belonging and Loneliness : A sense of belonging is a boon to life, while loneliness is the bane of life. Psychology Today.

46 Badawy, R. L., Gazdag, B. A., Bentley, J. R., Brouer, R. L. (2018). Tous les imposteurs sont-ils créés égaux ? Exploration des différences de genre dans le lien entre le phénomène d'imposteur et la performance. Personality and Individual Differences, 131, 156-163. https ://bit.ly/3PS7v9P.

47 Goleman, D. (1984). Les thérapeutes trouvent que de nombreux réussisseurs se sentent comme des imposteurs. The New York Times.

48 Matthews, G. (1984). The impostor phenomenon : Attributions for success and failure. In G. Matthews (Chair), Impostor phenomenon : Research, assessment, and treatment issues. Symposium conducted at the 92nd Annual Convention of the American Psychological Association, Toronto, Canada.

49 Okoro, C. (2016). Comment le colorisme façonne nos normes de beauté. TEDxStanford. Consulté le 2 août 2022, à partir de https ://bit.ly/3Q4quhk.

50 Kopelman, A., Roché, J. M. (2013). The Empress Has No Clothes : Conquering Self-Doubt to Embrace Success. États-Unis : Berrett-Koehler Publishers.

51 Tom Hanks dit que le doute de soi est "un numéro d'équilibriste que nous faisons tous". Interviews de films. NPR. 26 avril 2016.

52 Pennebaker, J.W., Boyd, R.L., Jordan, K., & Blackburn, K. (2015). Le développement et les propriétés psychométriques de LIWC2015. Austin, TX : Université du Texas à Austin.

53 Goleman, D. Therapists Find Many Achievers Feel They're Fakes. New York Times. September 11, 1984.

Chapitre 4 : Les imposteurs authentiques

54 Holmes, E. (2014). TEDMED Session Three : Achieving the Seemingly Impossible. [Au moment de la publication du livre en 2022, cette référence semble avoir été retirée du site Web de TED.]

55 Carreyrou, J. (2018). Bad Blood : Secrets and Lies in a Silicon Valley Startup. Royaume-Uni : Pan Macmillan.

56 Klockars, C. B. (1980). The Dirty Harry Problem. The ANNALS of the American Academy of Political and Social Science, 452(1), 33–47. https ://bit.ly/3OXXXZM.

57 Siegel, D. (1971). Dirty Harry. Warner Bros.

58 Hartmans, A., Leskin, P., Jackson, S. (2021). L'ascension et la chute d'Elizabeth Holmes, la fondatrice de Theranos qui est maintenant jugée pour fraude. Business Insider. Consulté le 2 août 2022, sur https ://bit.ly/3oMiTbp.

59 Auletta, K. (2014). Blood, Simpler. Annals of Innovation. The

New Yorker Magazine. Citation de Holmes tirée de https ://bit.ly/2PJxPDs.

60 Cramer, J. (2015). Theranos : A hot company takes fire. Mad Money. CNBC (USA). Consulté le 2 août 2022, sur https ://cnb.cx/3PWwCIE.

61 Depuis le compte Twitter @eholmes2003. Lien direct vers le tweet : https ://bit.ly/3vzbxw1 (Toujours accessible au moment de la rédaction, décembre 2021).

62 Stripling, J., Zahneis, M. (2018). The Big Lie : A professor schemed to get a raise and win his department's respect. Instead, he wrecked his career. The Chronicle of Higher Education. Retrieved 2 August 2022, from https ://bit.ly/3zTjwXj.

63 Battersby, M. (2014). Le talentueux John Myatt : faussaire à l'origine de la « plus grande fraude artistique du 20ᵉ siècle » sur son passé criminel - et comment il est revenu dans le droit chemin. Independent.

64 Landesman, P. (mots), Edelstein, J. (photographie). (1999). Une arnaque de maître du 20ᵉ siècle. The New York Times Magazine.

65 Con Man Case Files (2007). Saison 1, Épisode 1. Crime & Investigation Network.

66 'Arrestation lors d'un braquage de banque : L'image du suspect à la télévision provoque des tuyaux'. (1996, 19 avril). Pittsburgh Post-Gazette.

67 Kruger, J., & Dunning, D. (1999). Unskilled and unaware of it : how difficulties in recognizing one's own incompetence lead to inflated self-assessments. Journal of personality and social psychology, 77(6), 1121-1134. https ://bit.ly/2GNphtv.

68 Dunning, D. (2011). The Dunning–Kruger Effect : On Being Ignorant of One's Own Ignorance. Advances in Experimental Social Psychology, 44, 247–296. https ://bit.ly/3zRd4jl.

69 Rosling, O., Rosling, H., Rönnlund, A. R. (2018). Factfulness : Ten Reasons We're Wrong About the World-and Why Things Are Better Than You Think. United Kingdom : Flatiron Books.

70 Henriques, D. B. (2011). The Wizard of Lies : Bernie Madoff and the Death of Trust. United States : Henry Holt and Company.

71 White, R. (Director). (2017). The Keepers [web series]. United States : Film 45 and Tripod Media.

72 Joost, H. & Schulman, A. (Directors). (2010). Catfish [documentary film]. United States : Relativity Media, Rogue Pictures, Hit the Ground Running, and A Supermarche.

Chapitre 5 : Trouver une perspective

73 Eliott-Drake, L. (1911). The Family and Heirs of Sir Francis Drake, in Two Volumes. Royaume-Uni : Smith, Elder and Co.

74 Smith, J., Forbes, A. (2010). Tinderbox Heroes : Commémoration de la catastrophe de Cheapside Street et des défis extrêmes auxquels étaient confrontés les pompiers de Glasgow d'après-guerre. Royaume-Uni : Strathclyde Fire & Rescue Retired Employees Association.

75 Benzer, A. (2009). The Tao of Dating for Women : The Smart Woman's Guide to Embracing Your Inner Goddess and Finding the Fulfillment You Deserve. Elite Communications LLC.

76 Bays, C. (Producteur exécutif), How I met your mother. États-Unis : Columbia Broadcasting System.

77 Dawkins, R. (Writer), Barnes, R. (Director) (2006). The God Delusion [épisode de série télévisée]. Dans The Root of All Evil ? Royaume-Uni : eyedoubleyousee pour Channel 4.

78 Vaynerchuk, G. (2015, February 23). Monday Morning Motivational Video [vidéo]. GaryVee. YouTube. Récupéré le 3 mars 2022, sur https ://bit.ly/3Q7EQh6.

79 Clance, P. R. (1985). Chapitre 9. Dans : Le Phénomène de l'Imposteur : Surmonter la Peur qui Hante Votre Succès. États-Unis : Peachtree Publishers.

80 Ferriss, T. (Animateur). (2018, 6 juin). Shep Gordon — Le Faiseur de Rois sur Ses Meilleures Astuces de RP, Ses Plus Gros Échecs et Ses Philosophies Pratiques (No. 184) [Épisode de Podcast Audio]. Dans le Tim Ferriss Show. Consulté le 9 février 2019, sur https ://bit.ly/3Qieysy.

Chapitre 6 : Échouer mieux

81 Jaremka, L. M., Ackerman, J. M., Gawronski, B., Rule, N. O., Sweeny, K., Tropp, L. R., Metz, M. A., Molina, L., Ryan, W. S., Vick, S. B. (2020). Expériences académiques courantes dont personne ne parle : rejet répété, syndrome de l'imposteur et épuisement professionnel. Perspectives on Psychological Science, 15(3), 519–543. https ://bit.ly/3QgozXa.

82 Lefcourt, H. M. (1991). Locus de contrôle. Dans J. P. Robinson, P. R. Shaver, L. S. Wrightsman (éd.), Mesures des attitudes personnelles et sociales en psychologie (pp. 413-499). Academic Press. https ://bit.ly/3oRoNbi.

83 Lukianoff, G., Haidt, J. (2018). The Coddling of the American Mind : How Good Intentions and Bad Ideas Are Setting Up a Generation for Failure. Royaume-Uni : Penguin Books Limited.

84 Flores, S. E. (2016). Facehooked : How Facebook Affects Our Emotions, Relationships, and Lives. États-Unis : Reputation Books.

85 Whitcomb, N. (1952, 14 juin). Under the Counter. The Daily Mirror.

86 Russell, K. (1955). Zora, l'invaincue ! [Collection de photographies]. Royaume-Uni : TopFoto.

87 Whitcomb, N. (1954, 16 décembre). Le bulldog en vieille dentelle. The Daily Mirror.

88 Armitstead, C. (2013, 17 décembre). Comment Beatrix Potter a auto-édité Pierre Lapin. The Guardian. Consulté le 2 août 2022, sur https ://bit.ly/3zQxQ2v.

89 Judkins, R. (2015). Chapter 76. In : The Art of Creative Thinking. United Kingdom : Hodder & Stoughton.

90 The Marilee Brothers. Famous Book Rejections. Retrieved on 26 January 2021, from https ://bit.ly/3Sm49xB.

91 Stein, G. (1933). The Autobiography of Alice B. Toklas. New York : Harcourt, Brace and Company.

92 Golding, W. (1954). Lord of the Flies. United Kingdom : Faber & Faber.

93 Morris, S. (2014, September 17). Lord of the Flies milestone marked with archive loan to University of Exeter. The Guardian. Retrieved on 26 January 2021, from https ://bit.ly/3oNKKYP.

94 Dawson, M. (2017, August 2). Editor who plucked 'Diary of Anne Frank' from rejection pile dies. New York Post. Retrieved on 26 January 2021, from https ://bit.ly/3OXSgLk.

95 (2020, November 5). Famous authors who have been rejected multiple times. The Cultured Giraffe. Retrieved on 26 January 2021, from https ://bit.ly/3Q5ttGi.

96 King, S. (2012). On Writing : A Memoir of the Craft. United Kingdom : Hodder.

97 Bach, R. (1973). Jonathan Livingston Seagull. United States : Scribner.

98 Bell, J.S. (2010). Rejecting Rejection. Retrieved on 29 January 2021, from https ://bit.ly/3Qea0mJ.

99 Jesmyn Ward. National Book Foundation. Retrieved on 12 January 2022, from https ://bit.ly/3JpDZG5.

100 Adams, R. (1972). Watership Down. United Kingdom : Rex Collings Limited.

101 Mitchell, M. (1936). Gone with the Wind. United Kingdom : Macmillan.

102 Jiang, J. (2015). Ce que j'ai appris de 100 jours de rejet. TEDxMtHood. Consulté le 7 décembre 2016, sur https ://bit.ly/3OVyuAi.

103 Jiang, J. (2015). À l'épreuve du rejet : comment j'ai vaincu la peur et suis devenu invincible grâce à 100 jours de rejet. États-Unis : Harmony Books.

104 La société Rejection Therapy de Jiang possède maintenant un jeu de cartes Rejection Therapy, initialement développé par Jason Comley, décrit dans cet épisode de podcast : Spiegel, A, & Miller, L. (2015). La peur disparaît [Épisode de podcast]. Invisibilia (Saison 1, Épisode 2, Partie 2). https ://n.pr/3vyY5bg.

105 Stefan, M. (2010). A CV of failures. Nature, 468(7322), 467. https ://bit.ly/3Sob6hy.

106 Yoder, J. (2017, April 24). I Found a Tenure-Track Job. Here's What it Took. The Chronicle of Higher Education. Retrieved on 27 April 2017. https ://bit.ly/3PYE06s.

107 Lord, S.J. Everyday Scientist : the Website of Sam Lord. Retrieved on 4 February 2021, from https ://bit.ly/3vXRGXB.

108 CV of Failures. I'm Sara Rwye. An imperfect Venture Capitalist. Retrieved on 4 February 2021, from https ://bit.ly/3JqTJJ4.

109 Voytek, B. VOYTEKlab. Consulté le 4 février 2021, sur https ://bit.ly/3A1H6Bj.

110 Tweet original du compte @soragnilab. Consulté le 4 février 2021, sur https ://bit.ly/3JqU4vk.

111 (2016, 30 avril). CV of failures : Princeton professor publishes résumé of his career lows. The Guardian. https ://bit.ly/3PWZe4B.

112 Swanson, A. (2016, 28 avril). Why it feels so good to read about this Princeton professor's failures. The Washington Post. https ://wapo.st/3zPZbBY.

113 Fernandes, J. D., Sarabipour, S., Smith, C. T., Niemi, N. M., Jadavji, N. M., Kozik, A. J., Holehouse, A. S., Pejaver, V., Symmons, O., Bisson Filho, A. W., Haage, A. (2020). A survey-based analysis of the academic job market. eLife, 9, 1–30. https ://bit.ly/3OPtMUt.

114 Heggeness, M. L., Carter-Johnson, F., Schaffer, W. T., Rockey, S. J. (2016). Policy Implications of Aging in the NIH-Funded Workforce. Cell Stem Cell, 19(1), 15–18. https ://-

doi.org/10.1016/j.stem.2016.06.012.

115 La Bible. Matthieu 25:29.

116 Altucher, J. (2021). Skip the Line : Ingenious, Simple Strategies to Propel Yourself to Wealth, Success and Happiness. United Kingdom : Ebury Publishing.

117 Duckworth, A. (2018). Grit : The Power of Passion and Perseverance. India : Scribner.

118 Nylund, J. (2018). Sisu : The Finnish Art of Courage. United Kingdom : Octopus Publishing Group.

119 Jay, M. (2017, November 10). The Secrets of Resilience. The Wall Street Journal. Récupéré le 14 novembre 2017, à partir de https ://on.wsj.com/3oLs1gJ.

120 Seligman, M. E. (2011). Learned Optimism : How to Change Your Mind and Your Life. États-Unis : Knopf Doubleday Publishing Group.

121 Taleb, N. N. (2012). Antifragile : Things that Gain from Disorder. Royaume-Uni : Penguin Books Limited.

122 Haidt, J., Paresky, P. (2019, January 10). En couvant trop nos enfants, nous alimentons la maladie mentale chez les adolescents. Experience Stern. Récupéré le 2 août 2022, à partir de https ://bit.ly/3vvBJYj.

123 Godin, S. (2011). Le Creux. Royaume-Uni : Little, Brown Book Group.

124 Kahneman, D. (2003). Maps of Bounded Rationality : Psychology for Behavioral Economics. The American Economic Review, 93(5), 1449–1475. https ://bit.ly/3PXEQjK.

Chapitre 7 : Comparaisons sociales

125 François Vatel. Cook's Info. (2005, July 13). https ://bit.ly/3blNhXm.

126 (2018, November 15). How to throw a medieval feast. History Extra (BBC). https ://bit.ly/3QdzXCT. Voir aussi : Chiquart (2010). On Cookery of Master Chiquart (1420). États-Unis : ACMRS.

127 Bowlin, B., Brown, N. La honte et le poisson : L'histoire embarrassante et tragique de François Vatel [Épisode de podcast]. Ridiculous History. (2019, 20 août). Récupéré le 30 mars 2020, https ://bit.ly/3vAR0qO.

128 Walker, M. Mme de Sévigné sur la mort de Vatel. Micheline's Blog ~ Art, musique, livres, histoire et actualités. (2014, 8 août). https ://bit.ly/3OT16u2.

129 Chelminski, R. (2006). Le Perfectionniste : Vie et mort dans la haute cuisine. États-Unis : Gotham Books.

130 Clarke, B. (2019, 15 mai). Le Guide Michelin, les cicatrices Michelin, les mensonges Michelin [Épisode de podcast]. Parlons du Chef (No. 8). Récupéré le 2 août 2022, à partir de https ://apple.co/3BAan70.

131 Guide Michelin. https ://bit.ly/3oSsVYN.

132 Steinberger, M. Michelin et la mort de deux chefs français. The New Yorker. (2016, 5 février). Consulté le 2 août 2022, sur https ://bit.ly/2KWahOh.

133 Muller, J. Z. (2019). La tyrannie des métriques. Royaume-Uni : Princeton University Press.

134 Rémy, P. (2004). L'inspecteur se met à table. France : Éd. des Équateurs.

135 'They needed a scapegoat' : Michelin Guide accused of hiding role in French chef's suicide. National Post. (2013, January 23). https ://bit.ly/3JsMQqs.

136 Sitwell, W. (Présentateur), Waldman, M. (Réalisateur). (2010). Michelin Stars – The Madness of Perfection. Royaume-Uni : silver river (pour la BBC).

137 Henley, J. (2016, 1er février). Le suicide apparent de Benoît Violier souligne les pressions sur les grands chefs. The Guardian. Consulté le 2 août 2022, sur https ://bit.ly/3zul74n.

138 Benedictus, L. (2019, 20 juillet). 'I'm not a grieving widow, I'm a seething widow'. The Sydney Morning Herald. Consulté le 2 août 2022, sur https ://bit.ly/3oQOkBs.

139 Garfield, E. Quelle est la référence primordiale pour l'expression 'Publier ou périr' ? The Scientist. (1996, 9 juin). Consulté le 3 février 2021, sur https ://bit.ly/3PWTXKe.

140 Acquisition of the Thomson Reuters Intellectual Property and Science Business by Onex and Baring Asia Completed. Cision PR Newswire. (2016, October 3). https ://prn.to/2nSlGzZ.

141 Garfield, E. (1955). Citation indexes for science. Science, 122(3159), 108–111. https ://bit.ly/3oMDU67.

142 Gallagher, R. (2017, February 27). Eugene Garfield – 1925-2017 – a life of impact. Annual Reviews News. https ://bit.ly/3bm9rst.

143 Garfield, E. (2006). The History and Meaning of the Journal Impact Factor. JAMA, 295(1), 90–93. https ://bit.ly/3bkVWt7.

144 Lawrence, P. A. (2007). The mismeasurement of science. Current Biology, 17(15), R583–R585. https ://bit.ly/3JoQVvU.

145 Curry, S. Sick of Impact Factors [blog entry]. Reciprocal Space. (2012, August 13). Retrieved on 2 August 2022, from https ://bit.ly/3oRFzHi.

146 Chemistry journal citation distributions [Blog entry]. Chemical Connections. (2015, December 10). https ://bit.ly/3zrXWHP.

147 Cantrill, S. (2015, December 5). Nature Chemistry's 2014 impact factor citation distribution. Nature Chemistry. https ://go.nature.com/3vzz3Jk.

148 Tregoning, J. (2018). How will you judge me if not by impact factor ? world-view. Nature, 558(7710), 345. https ://bit.ly/3BzmIbN.

149 Explainer : what is an H-index and how is it calculated ? The Conversation. (2015, May 21). https ://bit.ly/3QbntvG.

150 Ke, Q., Ferrara, E., Radicchi, F., Flammini, A. (2015). Defining and identifying Sleeping Beauties in science. Proceedings of the National Academy of Sciences of the United States of America, 112(24), 7426–7431. https ://bit.ly/3OVEwRs.

151 Wildgaard, L., Schneider, J. W., Larsen, B. (2014). A review of the characteristics of 108 author-level bibliometric indicators. Scientometrics, 101(1), 125–158. https ://bit.ly/3Qd5u7X.

152 La Déclaration de San Francisco sur l'évaluation de la recherche (DORA). https ://bit.ly/3SpNFED.

153 Manifeste de Leiden pour les indicateurs de recherche. https ://bit.ly/3JnPhLa.

154 Johnson, E. Les périls d'être Paul Ehrenfest, un physicien oublié et un mentor sans égal. The MIT Press Reader. (2019, 1ᵉʳ juillet). Consulté le 5 mai 2020, https ://bit.ly/3JqhHnK.

155 van Delft, D. (2014). Les dernières années de Paul Ehrenfest. Physics Today, 67(1), 41. https ://bit.ly/3d0U9tE.

156 Toby, J. (2019). Samuel Stouffer - Brève vie d'un habile chercheur en sondages : 1900-1960. Harvard Magazine.

157 The American Soldier, par Samuel A. Stouffer [et autres]. (1949). États-Unis : Wiley.

158 Pettigrew, T. F. (2015). Samuel Stouffer et la privation relative. Social Psychology Quarterly, 78(1), 7–24. https ://bit.ly/3zpDXtf.

159 Festinger, L. (1954). Une théorie des processus de comparaison sociale. Human Relations, 7, 117–140. https ://bit.ly/3vz4F1s.

160 Davis, J. A. (1966). Le campus comme mare aux grenouilles : une application de la théorie de la privation relative aux choix de carrière des hommes de l'université. American Journal of Sociology, 72(1), 17–31. https ://bit.ly/3ONRSz6.

161 Marsh, H. W., & Parker, J. W. (1984). Déterminants de l'autoconcept des étudiants : est-il préférable d'être un poisson relativement gros dans un petit étang, même si on n'apprend pas à nager aussi bien ? Journal of Personality and Social Psychology, 47(1), 213–231. https ://bit.ly/3zQ4HEG.

162 Marsh, H. W., & Hau, K.-T. (2003). Big-Fish-Little-Pond effect on academic self-concept : A cross-cultural (26-country) test of the negative effects of academically selective schools. American Psychologist, 58(5), 364–376. https ://bit.ly/3Qbnz6s.

163 Loyalka, P., Zakharov, A., Kuzmina, Y. (2018). Catching the Big Fish in the Little Pond Effect : Evidence from 33 Countries and Regions. Comparative Education Review, 62(4), 542–564. https ://bit.ly/3BBGDqo.

Chapitre 8 : Questionner votre cerveau

164 Freud, S., Riviere, J. (1943). A General Introduction to Psychoanalysis. États-Unis : Garden City Publishing Company.

165 Paris, J. (2017). Is Psychoanalysis Still Relevant to Psychiatry ? The Canadian Journal of Psychiatry, 62(5), 308–312. https ://bit.ly/3Qgz1Oo.

166 Dewsbury, D. A. (1997). In celebration of the centennial of Ivan P. Pavlov's (1897/1902) The Work of the Digestive Glands. American Psychologist, 52(9), 933–935. https ://bit.ly/3oVIL4F.

167 Pavlov, I.P. (1897). Lektsii o rabote glavnykh pishchevaritel'nykh zhelez [Lectures on the work of the principal digestive glands]. St. Petersburg, Russia : Typografiia Ministerstva Putei Soobsheniia ; Pavlov, I. P. (1902). The work of the digestive glands (W. H. Thompson, Trans.). London : Griffin. (Original work published 1897).

168 Watson, J. B. (1913). Psychology as the behaviorist views it. Psychological Review, 20(2), 158–177. https ://bit.ly/3SojmOT.

169 (2012). Une brève biographie du Dr Albert Ellis 1913-2007. Consulté le 2 août 2022, à partir de https ://bit.ly/3znctVc.

170 Ellis, A. (2002). Surmonter la résistance : Une approche intégrée de la thérapie comportementale rationnelle émotive, 2e édition. États-Unis : Springer Publishing Company.

171 Leahy, R. L. (1996). Thérapie cognitive : Principes de base et

applications. États-Unis : Jason Aronson, Incorporated.

172 Spiegel, A, Miller, L. (2015, 8 janvier). Pensées sombres [Épisode de podcast]. Invisibilia (Saison 1, Épisode 1, Partie 1). https ://n.pr/3br7OcM.

173 Pollard, C., Foreman, E. I. (2016). Thérapie cognitivo-comportementale (TCC) : Votre boîte à outils pour modifier votre humeur, surmonter les obstacles et améliorer votre vie. Royaume-Uni : Icon Books, Limited.

174 Mayo-Wilson, E., Dias, S., Mavranezouli, I., Kew, K., Clark, D. M., Ades, A. E., Pilling, S. (2014). Interventions psychologiques et pharmacologiques pour le trouble d'anxiété sociale chez les adultes : une revue systématique et une méta-analyse en réseau. The Lancet Psychiatry, 1(5), 368–376. https ://bit.ly/3cQbZiI.

175 Vasile, C. (2020). TCC et médicament dans la dépression (Revue). Experimental and Therapeutic Medicine, 20(4), 3513–3516. https ://bit.ly/3QboKms.

176 Kearns, M. C., Ressler, K. J., Zatzick, D., Rothbaum, B. O. (2012). Interventions précoces pour le TSPT : un examen. Depression and Anxiety, 29(10), 833–842. https ://bit.ly/3BydufJ.

177 Gloster, A. T., Wittchen, H. U., Einsle, F., Lang, T., Helbig-Lang, S., Fydrich, T., Fehm, L., Hamm, A. O., Richter, J., Alpers, G. W., Gerlach, A. L., Ströhle, A., Kircher, T., Deckert, J., Zwanzger, P., Höfler, M., Arolt, V. (2011). Traitement psychologique pour le trouble panique avec agoraphobie : un essai contrôlé randomisé pour examiner le rôle de l'exposition guidée par le thérapeute in situ dans la TCC. Journal of Consulting and Clinical Psychology, 79(3), 406–420. https ://bit.ly/3Sm4xwg.

178 Kolubinski, D. C., Frings, D., Nikčević, A.V., Lawrence, J. A., Spada, M. M. (2018). Une revue systématique et une méta-

analyse des interventions de TCC basées sur le modèle de Fennell de faible estime de soi. Psychiatry Research, 267, 296-305. https ://bit.ly/3bkXAuN.

179 Szentagotai, A., David, D. (2009). L'efficacité de la thérapie cognitivo-comportementale dans le trouble bipolaire : une méta-analyse quantitative. The Journal of Clinical Psychiatry, 70(1), 5997. https ://bit.ly/3oNTr5p.

180 Hazell, C. M., Hayward, M., Cavanagh, K., Strauss, C. (2016). Une revue systématique et une méta-analyse de la TCC de faible intensité pour la psychose. Clinical Psychology Review, 45, 183-192. https ://bit.ly/3d582ah.

181 Aurèle, M. (2006). Pensées pour moi-même. Paris : Éditions Flammarion.

182 Ferriss, T. (2017). Pourquoi vous devriez définir vos peurs plutôt que vos objectifs [Talk]. TED. Consulté le 2 janvier, 2021. https ://bit.ly/3PXK6E0.

183 Ware, B. (2019). Les cinq plus grands regrets des mourants : Une vie transformée par les défunts. États-Unis : Hay House.

184 Foer, J. (2012). Moonwalking with Einstein : The Art and Science of Remembering Everything. United Kingdom : Penguin Books.

185 Sagan, C. (Presenter and Producer), Soter, S., Druyan, A. (Co-producers), Malone, A. (Director). (1980). Cosmos (Documentary). United States : PBS.

186 Sagan, C. (1978). The Dragons of Eden. United States : Ballantine Books.

187 Newman, J. D., Harris, J. C. (2009). Les contributions scienti-

fiques de Paul D. MacLean (1913-2007). The Journal of Nervous and Mental Disease, 197(1), 3-5. https ://bit.ly/3zuo98y.

188 MacLean, Paul D. (1952). Quelques implications psychiatriques des études physiologiques sur la partie frontotemporale du système limbique (cerveau viscéral). Électroencéphalographie et Neurophysiologie Clinique 4 (4) : 407-418. https ://bit.ly/3JocyfX.

189 Peters, P. S. (2012). The Chimp Paradox : The Acclaimed Mind Management Programme to Help You Achieve Success, Confidence and Happiness. Royaume-Uni : Ebury Publishing.

190 Freud, S. (1923). Das Ich und das Es. Autriche : Internationaler Psychoanalytischer Verlag.

191 (2008). Une théorie abandonnée mais toujours convaincante. Yale Medicine Magazine. https ://m.yale.edu/twd7.

192 Northcutt, R. G. (2002). Understanding Vertebrate Brain Evolution. Integrative and Comparative Biology, 42(4), 743-756. https ://bit.ly/3BCsoBH.

193 Toker, D. (2018). You Don't Have a Lizard Brain. The Brain Scientist. Récupéré le 2 août 2022, sur https ://bit.ly/3zSrgZv.

194 Thomas, B. (2012). Revenge of the Lizard Brain. Scientific American. https ://bit.ly/3d1ldIW.

195 Barrett, L. F. (2017). How Emotions Are Made : The Secret Life of the Brain. Royaume-Uni : Pan Macmillan.

196 Epstein, D. (2019). Range : How Generalists Triumph in a Specialized World. Royaume-Uni : Pan Macmillan.

197 Asch, S.E. (1955). Opinions et pressions sociales. Scientific

American. https ://bit.ly/3PXkS91.

Épilogue : La responsabilité des dirigeants

198 Black, J. Conférences sur la chimie. Scans d'archives pris avant la dernière édition du livre. Consulté le 2 août 2022, sur https ://bit.ly/3p8owRL.

199 Shepherd, P. (2019). Et si le syndrome de l'imposteur était une bonne chose ? [Conférence]. TEDxUniMelb. Consulté le 2 août 2022, https ://bit.ly/3QjNbhH.

200 Rilke, R. M. (2021). Lettres à un jeune poète. États-Unis : Dover Publications.

201 Yates, D. (2007). Harry Potter and the Order of the Phoenix. Warner Bros.

www.ingramcontent.com/pod-product-compliance
Lightning Source LLC
Chambersburg PA
CBHW051827160426
43209CB00033B/1943/J